制造型企业
组合创新管理研究

祝春华◎著

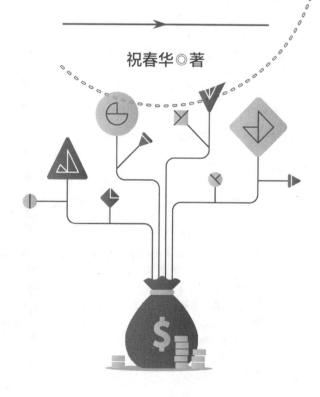

清华大学出版社
北京

内 容 简 介

纵观世界制造业的发展进程可以发现，在世界各发达国家的制造业发展进程中，制造业的增长速度都与创新密切相关。欧美等国家和地区的大量实践表明，作为系统创新的一种类型，组合创新对企业创新的成败而言至关重要。首先，本书对组合创新相关理论及文献进行了梳理、总结与归纳，探讨了组合创新与制造型企业创新资源能力要素之间的关系。其次，本书以研究与开发能力、制造能力、市场营销能力、组织能力、资金投入能力等组合创新要素为基础，构建了制造型企业组合创新能力评价体系，并通过统计分析问卷调查结果，对制造型企业工艺创新及产品创新之间的技术与创新匹配关系进行了组合与优化。最后，通过对中诚国联公司、中兴公司、宁德时代公司、比亚迪公司、格力公司、华为公司等多家知名企业组合创新能力的评价来验证这一匹配关系，为各类制造型企业组合创新模式的选择提供了新的途径。

本书理论分析扎实、实证研究严谨，可操作性强，是一本完整、详细、实战性强的企业战略指导书，可作为各类制造型企业筛选创新模式、实施创新战略、调整创新要素、评价创新效果的参考书，对企业长期可持续发展具有很高的理论指导价值。

本书封面贴有清华大学出版社防伪标签，无标签者不得销售。
版权所有，侵权必究。举报: 010-62782989，beiqinquan@tup.tsinghua.edu.cn

图书在版编目（CIP）数据

制造型企业组合创新管理研究/祝春华著. —北京：清华大学出版社，2024.3
（清华汇智文库）
ISBN 978-7-302-65502-2

Ⅰ.①制… Ⅱ.①祝… Ⅲ.①制造工业－工业企业管理－研究 Ⅳ.①F407.406

中国国家版本馆 CIP 数据核字(2024)第 044780 号

责任编辑: 付潭娇
封面设计: 汉风唐韵
责任校对: 王荣静
责任印制: 曹婉颖

出版发行: 清华大学出版社
　　网　　址: https://www.tup.com.cn, https://www.wqxuetang.com
　　地　　址: 北京清华大学学研大厦 A 座　　　　**邮　　编:** 100084
　　社 总 机: 010-83470000　　　　　　　　　　　**邮　　购:** 010-62786544
　　投稿与读者服务: 010-62776969, c-service@tup.tsinghua.edu.cn
　　质 量 反 馈: 010-62772015, zhiliang@tup.tsinghua.edu.cn
印 装 者: 三河市少明印务有限公司
经　　销: 全国新华书店
开　　本: 170mm×240mm　　　**印张:** 13.5　　　**字　　数:** 245 千字
版　　次: 2024 年 5 月第 1 版　　　　　　　　　**印　　次:** 2024 年 5 月第 1 次印刷
定　　价: 129.00 元

产品编号: 100848-01

总 序

作为 PSL·巴黎第九大学校长,我很荣幸能受邀为高级工商管理博士(Executive DBA)中国项目"基于中国实践的管理理论"系列学术专著撰写这篇序言,并诚挚感谢清华大学出版社帮助我们迈出这关键性的一步,即实现从"学习知识"向"传播知识"的跨越。

正如《管理百年》开篇所述:"回顾管理思想和理论发展史,组织尤其是经济组织的演变与管理思想和理论的发展存在着互相促进的关系,而管理研究的进展又为新型组织的巩固提供了支持和保证,这种如影随形的互动关系是管理思想和理论演进的根本动力。"

时光荏苒,岁月如白驹过隙,在中国改革开放 40 多年和中法建交 60 周年之际,Executive DBA 中国项目以研究为导向,跨越了第一个十年,以发展"管理的中国思想"与成就"企业思想家"为己任,建立起严谨求真的学术体系和质量框架,汇聚了 30 余位来自中法两国顶尖学术机构、拥有深厚学术造诣且博学谦逊的学者,组成一流师资队伍,以严格审慎的标准选拔了近 200 位杰出企业家学者从事管理实践研究,并已累计撰写出 60 余篇优秀的博士毕业论文。论文主题涉及管理创新、商业模式、领导力、组织变革、战略管理、动态能力、跨文化管理、金融创新、风险管理、绩效管理、可持续发展等多个领域,现已逐步建立起项目博士文库。这些原创知识成果来源于实践,能直接或间接用于解决商业组织和社会中的重要问题,对中国、法国乃至全世界都是弥足珍贵的。此次将这些知识进行公开出版,必将推动知识的传播与分享,为企业家和管理者处理管理实践问题提供新的有益借鉴。

毫无疑问,Executive DBA 中国项目的成功既是管理实践与理论螺旋式相互促进的成功案例,也是中法两国教育合作的典范,这不仅得益于企业家学者们严谨求实的研究态度,还得益于中法两国项目管理者对于细节的极致追求和对项目使命的坚守。正是双方有着这样相得益彰的信任与合作,才使得这一博士项目坚强地挺过三年新冠疫情时期而继续扬帆远航。如果没有对学术一丝不苟、孜孜不倦的科研团队，没有对研究全神贯注、废寝忘食的学生和项目运营团队群策群力的支持，这样硕果累累的国际合作将无法实现。我们所携手开展的不仅是一个简单的国际合作项目，更是一个国际项目合作中如何驾驭和克服不确定性与处理突发情况的典范！

成功还得益于 Executive DBA 项目尊重与强调的独特价值观。首先，我们特别强调反思性管理中实践与研究的联系，这将促使兼具管理者身份的同学们逐渐成长为服务于其组织的"企业家学者"，学会像学者一样思考问题、像科学家一样探究事物的本质。其次，中欧纷繁多元的思维与文化通过本项目产生强烈的碰撞与融合，给予同学们在更宽广的平台上将多种价值观去粗取精和有机融合的机会。在此基础上，同学们得以在全球范围内探索并理解管理和经营上的前沿议题与最新挑战，并开展深入的研究。基于我们的深厚沉淀以及对未来管理研究发展趋势的把握，PSL 巴黎九大教授们联合清华大学、国家会计学院，致力于通过 Executive DBA 项目帮助同学们建立起全球和本土视野间的理想平衡。同时，我们更期待能够共同建立起一种反思性对话，探索并建立起连接理论和实践经验的新途径。

最后，在清华大学出版社的大力支持以及中法学术委员会的领导下，我们推出了"基于中国实践的管理理论"学术专著系列丛书，为本项目同学们提供了绝佳的出版机会。我相信任何对金融、战略、经济、电子商务、供应链、生产、人工智能、人力资源、研发等领域感兴趣的读者、研究员和专家都将受益于这套系列丛书，并从中汲取和深化管理方面的实践知识和概念知识。这美好的成就离不开支持我们的所有人。

在此我祝愿 Executive DBA 项目系列丛书的出版与发行取得圆满成功，我也坚信未来会有更多优秀的研究使它变得更加完善与充实！

艾尔·穆胡·穆胡德
PSL·巴黎第九大学校长

推荐序

作为祝春华博士的导师，我很高兴为祝春华博士的学术专著《制造型企业组合创新管理研究》写序言，并诚挚感谢清华大学出版社帮助出版本专著。

祝春华博士以农业起家，从农民技术员到正高级经济师、高级政工师、高级农艺师、博士研究生，跨越了艰苦卓绝的奋斗历程。与其他企业家不同的是，他一直对学术研究保持着高度的兴趣和关注，不断从学术研究中汲取养分，进而反哺企业管理实践。在博士求学期间，我与春华保持着高频度的沟通交流，他经常能够在自身企业管理过程中敏锐地发现理论与实践的结合点，并加以系统的分析和论证，形成阶段性的研究成果，最终形成了这本《制造型企业组合创新管理研究》学术专著。

本书不仅有理论分析，更重要的是本书的实证研究部分占据了绝大部分篇幅。研究数据翔实、分析得当，具有很强的代表性和说服力。特别值得一提的是祝春华博士还将实证研究成果运用到自身企业管理实践，真正做到了理论与实践相结合。这也为其他制造型企业创新模式的选择提供了新的借鉴路径。

了解一本书最好的方式永远是亲自阅读，本序只能抛砖引玉，最终还是要回归到书本身。最后，祝愿祝春华博士在今后的企业管理实践中继续保持学术的敏感性，不断将企业管理的实践案例上升到理论，产出更多优秀的研究成果！

杨之曙

清华大学经济管理学院教授

清华大学全球证券市场研究院院长

前言

　　创新是制造型企业在激烈的市场竞争中占据优势地位，提升自身竞争力的重要条件，也是企业在激烈的市场竞争中获得发展机遇的关键因素。制造型企业的创新已不是单一的产品或工艺创新，而成为了一个系统性工作。大量研究表明，作为系统创新的一种类型，组合创新对企业创新的成败而言至关重要。在历史发展进程中，美国在第二次世界大战后由于忽视了制造工艺创新，片面关注产品创新，而在世界工业领域逐渐失去了竞争优势。同时，日本、德国重视产品创新和工艺创新的协同发展，其制造业则逐渐处于世界领先地位，在经济上快速崛起。目前在我国制造型企业创新管理中，大部分都侧重于单一的产品创新或工艺创新，而忽视了产品和工艺等方面的组合创新管理，这使得我国制造型企业产品附加值较低。加强我国制造型企业组合创新研究、为制造型企业选择有效的组合创新模式已经成为我国制造型企业创新管理研究的重点问题。因此，本书针对制造型企业组合创新的管理问题进行研究，并结合制造型企业实例对组合创新与企业创新能力要素之间的关系、制造型企业如何选择合适的组合创新模式进行深入探讨。

　　在理论研究部分，本书首先对组合创新相关理论及文献进行梳理、总结与归纳，然后对组合创新进行理论分析，从企业创新资源与企业家创新能力两方面分析影响企业组合创新的要素，明确制造型企业在研究组合创新时适合采用的创新资源能力要素，以此为基础探讨组合创新与制造型企业创新资源能力要素之间的关系。

　　在实证研究部分，本书分析了以产品创新为主导、以工艺创新为主导等几种组合创新方法，阐述了组合创新的实现条件。本书以研发能力（Research & Development，R&D）、制造能力、市场营销能力、组织能力、资金投入能力等组合创新要素为基础，构建了制造型企业组合创新能力的评价体系，通过对五项创新能力要素的逐个细化分析，运用因素分析法对该指标体系进行了优化。在此基础上，本书还通过统计分析问卷调查结果对制造型企业工艺创新及产品创新之间的技术与创新匹配关系进行了组合与优化。最后，本书通过对中诚国联公司、中兴公司、宁德时代公司、比亚迪公司、格力公司、华为公司等多家知名企业组合创新能力的评价来验证这一匹配关系，得出中诚国联公司、格力公司适合采用以工艺创新为主导的组合创新模式，而中兴公司、宁德时代公司、比亚迪公司及华为公司适合采用以产品创新为主导的组合创新模式的结论，为制造型企业的组合创新模式之选择提供了新的途径。

本书在编写过程中得到了清华大学经济管理学院金融系教授、全球证券市场研究院院长杨之曙的关心与指导，得到了清华大学自动化系教授、系统集成研究所所长、网络化制造实验室主任范玉顺的大力支持和帮助。作者与杨之曙教授进行了深度的探讨，同时相关研究成果在部分企业中也得到了初步的应用、实践、完善，在此一并表示衷心的感谢。

作者将坚持持续改进的思想，以实践为准绳，不断完善、学习和发展体系建设内容、方式与方法。本书如有未尽之处，欢迎广大老师和读者批评指正。

祝春华

2023 年 9 月

目录

第 1 章　制造型企业组合创新管理研究的重要性 ······················· 1

第 2 章　组合创新的相关理论 ·· 5
  2.1　组合创新的概念与能力 ··· 5
  2.2　相关理论 ·· 9
  2.3　组合创新的发展历程与成果 ··· 24

第 3 章　组合创新的模式、方法及实现条件 ························· 30
  3.1　组合创新的模式 ······································· 30
  3.2　组合创新的方法 ······································· 35
  3.3　组合创新的实现条件 ···································· 39

第 4 章　组合创新与创新能力要素的关系 ························· 45
  4.1　制造型企业组合创新的创新能力要素 ······························ 45
  4.2　组合创新与制造型企业创新资源能力之间的关系 ········· 51

第 5 章　制造型企业组合创新能力评价体系的构建 ············· 53
  5.1　制造型企业组合创新能力要素分析 ································· 53
  5.2　制造型企业组合创新能力评价体系的设计 ···················· 57
  5.3　组合创新模式与制造型企业创新要素的匹配关系调查 ······ 62

第 6 章　中诚国联公司组合创新能力评价案例分析 ············· 67
  6.1　中诚国联公司概况 ··· 67
  6.2　中诚国联药肥发展概况 ··································· 69
  6.3　中诚国联公司成果转化能力分析 ······················ 80
  6.4　评价结果 ··· 96

第 7 章　中兴公司组合创新能力评价案例分析·············98

- 7.1　中兴公司概况·············98
- 7.2　中兴公司创新能力分析·············99
- 7.3　评价结果·············112

第 8 章　宁德时代公司组合创新能力评价案例分析·············114

- 8.1　宁德时代公司概况·············114
- 8.2　宁德时代公司创新能力分析·············116
- 8.3　评价结果·············133

第 9 章　比亚迪公司组合创新能力评价案例分析·············135

- 9.1　比亚迪公司概况·············135
- 9.2　比亚迪公司创新能力分析·············137
- 9.3　评价结果·············154

第 10 章　格力公司组合创新能力评价案例分析·············156

- 10.1　格力公司概况·············156
- 10.2　格力公司创新能力分析·············157
- 10.3　评价结果·············175

第 11 章　华为公司组合创新能力评价案例分析·············177

- 11.1　华为公司概况·············177
- 11.2　华为公司创新能力分析·············178
- 11.3　评价结果·············194

第 12 章　结论与展望·············196

- 12.1　结论·············196
- 12.2　研究创新点·············198
- 12.3　不足与展望·············198

附件 A　组合创新能力评价体系调查问卷·············199

附件 B　技术创新能力评价指标体系权重调查表·············199

参考文献·············200

第 1 章

制造型企业组合创新管理研究的重要性

在新一轮产业转移过程中,产品制造过程中劳动密集型环节承接间的竞争愈演愈烈,越来越多的国家效仿我国之前的发展模式积极承担产业转移,利用后发优势对我国原有制造型企业进行打压。之前在华进行投资的跨国制造型企业开始将目光瞄准成本更低廉的发展中国家,将产业线向东南亚或其他地区的发展中国家进行转移,同时与之配套的上下游环节也相继被转移。从现有国内学者的调研结果可知,如今我国的制造型企业吸引力明显降低,吸引外资的困难程度在加大。越南税收政策的优惠、印度尼西亚财政补贴的支持与印度经济特区的设立都给我国制造业吸引外资带来不小的压力(全毅等,2011),全球范围内劳动密集环节承接间的竞争趋于白热化,我国制造型企业的立足之地不断缩小,企业升级势在必行。

从世界激烈竞争的形势看,产业和科技不断变革,科技创新赛场上硝烟四起,我国制造型企业外部环境正发生着剧烈变化,国际环境形势逼人,不进则退。以美国贸易政策变化为代表的贸易保护主义趋势日益明显,世界科技创新交流合作的环境日益恶化。我国制造型企业关键核心技术面临"要不来、买不来、讨不来"的"三难"问题,只有依靠实施创新驱动发展战略,着眼于重点领域、重点环节的技术突破,拥有关键核心技术才能从源头保障自身利益。

实施创新是我国现有制造型企业生存的必经之路。从我国制造型企业的发展实际看,在经济新常态背景下加快制造业发展方式转变、破解制造型企业发展过程中的深层次矛盾都必须依靠创新转换发展动力。虽然在新技术革命的推动下,我国部分制造型企业规模不断扩大,迅速成长,逐渐赶超了部分发达国家制造型企业,在全球范围内展现出了强劲的竞争力(郎丽华,2014)。但是,更要看到我国大部分制造型企业依然缺乏核心竞争力,在低成本优势逐步丧失,靠加大投入土地、资金、人力等要素扩大发展规模的模式难以为继的情况下,制造型企业的发展瓶颈凸显。这些企业如果不能依靠创新驱动实现自我升级就会由于缺乏市场竞争力而逐步丧失活力。实施创新驱动是我国制造型企业突破发展瓶颈的必然选择（吴昌德，2020）。我国"十四五"规划纲要中明确提出："坚持创新驱动发展，全面塑造发展新优势"，指出创新在我国现代化建设全局中处于核心地位，要以国家战略性需求为导向推进创新体系优化组合。创新是经济发展的引擎，也是国家兴旺发达的不竭动力，因此，增强创新能力、提高创新效率、进行组合创新就成为我国面临的重大研究课题。

纵观世界制造业的发展进程可以发现，各发达国家在发展制造业的进程中，制造业的增长速度都与产品及工艺的组合创新息息相关。其中，德国、日本及美国这三个国家在 20 世纪 80 年代分别在制造业产品与工艺创新上进行了相应的投入，但产生的效果存在一定差异。德国与日本在这一时期的制造型企业加强了对产品与工艺的组合创新，两个国家的经济体量都由此得到了迅速增长。美国生产率促进委员会通过研究分析得出的结论表示：在美国工业产业中，许多制造型企业由于忽视工艺创新、片面关注产品创新而失去了优势竞争力，这也是造成美国经济放缓的主要因素之一（小力，2000），具体情况如表 1.1 所示。

表 1.1 美、日、德三国产品、工艺创新投入比较

国别	产品创新投入：工艺创新投入
美国	2：1
日本	1：2
德国	1：4.1

资料来源：美国生产率促进委员会 1998 年公布的数据。

埃德温·曼斯菲尔德（1999）分别调查与分析了日本和美国的一些制造型企业，他发现美国与日本制造型企业在产品开发及工艺开发上所消耗的费用存在较大差异，双方分别有 68% 与 36% 的 R&D 费用被用于产品开发，而在工艺开发上双方则分别使用了 32% 与 64% 的费用，通过这一数据结果可以得知，相对美国来说，日本制造型企业对工艺开发的资金投入更大，由此可以认为日本经济在这一阶段的快速发展可能与工艺创新的不断投入存在联系。此外，还有一些其他方面的研究分析可以得出推论：在新产品市场的竞争环境中，日本制造型企业通过新工艺与新产品的组合创新，借助外部技术获得了较大优势（郭斌等，1997；Christopher，1990）。近年来，发达国家的制造型企业高层管理者逐渐认识到，他们可能忽视了工艺创新而过多地强调了产品创新，出现了新产品与新工艺在创新组合上的不平衡现象，因此他们开始对工艺创新进行了重点关注，加大了相关投入，这种改变对提高产品竞争力可能具有积极作用（Cesaratto et al.，1991）。

无论何时，创新都是一个国家发展的动力，也是一个企业不断发展、获得优势竞争力的重要推动因素。对制造型企业来说：不能持续创新就无法在市场上寻

找生存与发展的机会；不能持续开拓创新，企业的发展能力就会被遏制，只能停留在低级制造阶段，甚至可能灭亡。在当前激烈的市场竞争环境下，制造型企业要想不断创新、图求更大的发展，就要勇于在产品与工艺上突破局限性，对现有的不合时宜的旧方法、旧思想进行革新，在新的市场环境下进行创新性的发展与创造、改革创新体制、开发新产品、创造新工艺，如此才能走到市场发展的前端，获得优势的竞争地位。

制造型企业的发展创新离不开产品与工艺的创新，其生产经营活动是以营利为最终目标，这一目标归根结底需要通过服务或产品体现。而对消费者来说，服务与产品的好坏就是企业的名片，是其继续选择与消费的主要影响因素。制造型企业进行产品创新的目的是强化产品与服务的实效性，通过对产品性价比的优化，企业可以获得更多消费者的支持，占据更加广泛的市场。

经过一段时间的研究与开发后的产品创新，企业可以在一定阶段内保持较高的竞争优势，获得更加广泛与有利的生存空间，但同时，在产品创新之后，会遭到大量同行业企业的模仿，也会有大量的竞争对手受利益驱使迅速抢占创新市场，瓜分由于产品创新带来的市场，在这一恶性的竞争环境之下，产品的创新达到一定高度后便会定型，这一时期产品利润下降，久而久之企业可能会逐渐亏损。自此之后，同行业企业之间的竞争开始向降低生产成本与提升生产效率转变，此时要想继续保持竞争优势，企业就需要对产品工艺进行创新，通过产品与工艺的创新组合获得市场竞争优势。事实上，在制造型企业发展技术的过程中，产品与工艺的组合创新也是其必然需要经历的途径（毛维青等，2012）。针对产品与工艺的组合创新，企业需要对两种创新之间的平衡点进行发掘，根据不同的发展阶段侧重某一种创新。

换个角度说，基于技术水平的发展与进步，工艺创新带来的是制造型企业基础技术能力和水平的提高，而工艺创新活动达到相当程度后还会推动制造型企业生产方式的重大变革。

另外，因为新产品是关系企业生存与发展的重要因素，所以制造型企业管理人员在经营管理过程中习惯把管理重点放在产品的开发与创新研究上，而忽略对产品工艺的研发与创新。通常说来，一个企业对产品创新的研究与工艺创新的投入是成反比的，但是在企业的发展过程中，工艺的创新也是企业赖以生存的重要因素。作为制造型企业创新的两个重要组成部分，产品创新和工艺创新之间的协调匹配是影响企业创新成功的关键因素。所以本书重点研究影响组合创新协调匹配的创新资源能力要素，构建制造型企业组合创新能力评价体系并结合制造型企业案例进行研究。

创新是一个不断发展的过程，也是一个环节、一个系统不断优化的过程，企业要想使一个项目不断发展与创新，就需要对该项目的各个系统与环节进行组织与结合，通过持续的螺旋式上升进行优化，同时也要对项目的组织与结合进行反复改进。认识这一关键点就可以了解组合创新过程中需要对各个要素进行协调。在企业生产过程中，产品与工艺的创新也是由各个单一环节组合而成，只有各环节都得到创新，产品与工艺才能持续创新。

随着经济全球化进展，各行各业的企业如雨后春笋般快速成长，同时企业仅仅依靠技术创新的局限性也逐渐凸显出来。创新网络中各要素之间的互动协同组合促进了知识和资本等要素的转移与融合，企业管理者逐步意识到创新过程的复杂性，从单一要素出发已无法解释创新的系统行为，仅仅依靠单一创新活动对企业发展的促进作用还远远不够（李先江，2009）。在当前的市场环境下，只进行单一的创新并不能成为推动企业发展的万全之策，企业内部的产品创新、工艺创新等已成为驱动企业发展的新动力，只有实现产品、工艺、营销、组织等多要素的组合协同，企业才能合理地配置创新资源，支持自身长足发展。

事实上，在发展过程中的产品与工艺创新是制造型企业持续发展的必经之路，企业管理者需要做的是发掘产品与工艺创新之间的平衡点。在不同的发展阶段，企业对产品创新与工艺创新的侧重程度应有所不同。制造型企业要实现组合创新效益就必须组织结合产品创新与工艺创新。在实际经营管理过程中，几乎所有企业都无法耗费大量的人力、物力及财力进行同步的产品与工艺创新，因此，企业的组合创新是要分步完成的。

此外，企业管理人员要从战略上加强对组合创新的认识，同时也要认识到，产品与工艺的创新组合不是一蹴而就的，需要根据不同阶段的市场需求分步完成。对企业组合创新的研究可以揭示创新的本质，搞清楚创新实现的过程，抓住创新的机遇并结合诸多因素协调配合，获得创新发展。同时，企业在发展过程中要自觉进行产品与工艺的组合创新，企业管理人员要认识到只有持续不断地改革创新、抓住创新的环境，以及创新的重点，才能在创新效果上获得突破。

近年来，我国乃至世界范围内制造型企业对组合创新都进行了一系列的研究，并提出了许多关于创新研究领域的新想法，但是当前研究成果较少。本文对企业的组合创新进行研究，重点关注组合创新与企业创新资源能力要素之间的理论关系，同时探索分析其规律及动态特征、协同机理及实现的条件，通过构建企业组合创新资源能力评价体系并结合相关企业实际进行研究，为我国众多制造型企业的组合创新管理提供新的思路和理论依据，为企业选择与实现产品创新和工艺创新提供参考与借鉴，具有重要的作用。

第 2 章

| 组合创新的相关理论 |

2.1　组合创新的概念与能力

2.1.1　组合创新的概念

组合创新起源于创新研究的深入发展。创新这一概念最早是由熊彼特提出的，他认为"创新是把一种新的生产要素和生产条件的'新结合'引入生产体系"，之后他对创新的内容进行了具体化阐述，他认为创新涵盖了产品、技术、市场和制度四个维度。熊彼特的经济发展理论指出，创新就是使各种要素形成一种新的组合，并将之带到生产体系中，变成实实在在的生产力。组合创新实质上是由企业发展战略引导，将企业的有形和无形因素统筹起来，使之互相依存、互相促进、有机结合，是一种受组织因素和技术因素双重制约的、系统性的协同创新形式，具有多重性、系统性、动态性、协同性等特点（刘建业，2010）。熊彼特引入新的生产函数就是创新的过程，而组合创新是基于企业资源及生产要素进行重组的过程，组织因素包括组织结构及资源等丰富组织元素，而技术因素则包括技术环境、技术资源等，如图 2.1 所示。

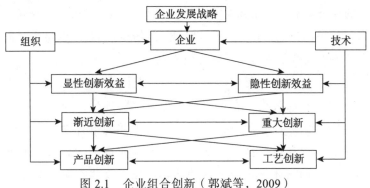

图 2.1　企业组合创新（郭斌等，2009）

长期以来，科技一直是世界发展的首要生产力。现阶段，世界科学技术快速发展，生产环境日新月异，各国之间的竞争不断加剧，其中，核心技术创新是最为主要的竞争点，尤其是各国的自主创新能力，是其核心竞争力的重要体现，也可以说，技术创新能力决定了国家的核心竞争力。

虽然我国的制造业处于世界领先地位，有着"世界工厂"的美誉，但是相对日本等制造强国来说，我国仍然存在较大差距，我国制造业长期处于低端制造阶段，因此，技术创新是我国赶超强国、促进发展所必经的道路。技术创新包括产品创新和工艺创新，这两者是企业技术创新的两个重要方面，产品创新即生产什么，工艺创新即如何生产。在制造型企业进行市场开拓过程中，产品创新是市场占有率的重要保证，而在企业成本控制及效率提升过程中，工艺创新是企业生产的保障因素，两者相互影响、促进、有效互动，由此决定了企业技术创新的成败。实际上，对制造型企业来讲，创新资源是有限的，因此如何在两种创新模式中配置创新资源的比例，是每位具有创新理念的企业管理者需要认真思考的问题（杨丽等，2010）。企业技术创新的成功与否与企业产品与工艺创新的有效性息息相关，基于此，对企业产品与工艺创新之间互动关系进行深入研究，了解二者之间的互动机理、掌握二者之间的互动特点与规律，在此基础上进行理论框架的构建对我国制造型企业创新能力的发展和实现"中国创造"具有重要意义。

在制造型企业发展的过程中，企业技术创新能力的高低直接关系到其在市场上的核心竞争能力，同时也是其提升核心竞争力的重要因素之一。拥有了较高的技术创新能力，企业就相当于拥有了行业内的核心竞争力，能在市场上占据优势地位。因此，要想不断发展就要提升核心竞争力，制造型企业需要通过技术引进和创新不断提升技术创新能力。

制造型企业技术创新的荣衰受到产品创新和工艺创新的共同影响，企业在发展过程中如果片面强调产品创新而不关注工艺创新，那么很可能无法获得持续的发展和较好的经济效益，在市场竞争中会失利（郑士贵，1997）。这是由于随着新产品技术水平的不断提高，落后的生产工艺和设备可能难以满足生产需求，致使其产品在市场中失去竞争优势，最终导致失利。

美国和德国、日本就是两类鲜明的示例。美国在20世纪80年代由于对工艺创新缺乏重视，从而失去了在世界范围内的优势地位；而日本与德国在这一时期不仅关注产品的创新，同时也关注产品与工艺的组合创新，从而获得了经济上的快速发展。仅靠单一技术创新的制造型企业竞争优势越来越小，生存能力越来越弱，组合创新才是企业发展的首要选择，这些企业必须逐渐取代传统的单一技术创新模式，这也是这些年来我国专家学者一直不断进行技术创新组合模式研究的积极动力之来源。

社会经济的快速发展向制造型企业发起了巨大挑战，企业管理者在激烈的竞争形势下逐渐认识到了组合创新对企业发展的重要意义。通过以上研究分析可以得知，在企业技术创新过程中，产品创新与工艺创新发挥的作用各不相同，企业要在激烈的市场竞争中取胜，必须提高自身的综合能力。20 世纪 80 年代，人们对组合创新理论的理解并不全面，对创新理论与创新实践都缺少正确判断，大多认为组合创新是企业在发展过程中为了实现自身持续增长而对不同产品进行的随机组合。20 世纪初我国的许多学者就对组合创新进行了研究，他们基于产品与工艺创新的关联模式提出，组合创新是基于企业持续稳定发展而进行产品与工艺协同创新的过程（陈劲等，2004）。

创新是一个系统，也是一个过程。实现项目的持续创新必然需要完成创新系统的所有环节，这是一个持续的、曲折的、反复进行的过程。只有认识到这一点，才能更好地认识和理解组合创新的概念。

基于此，企业管理者可以从战略上认识到创新组合的重要性，但是在发展过程中，制造型企业的创新与其自身所处的市场环境息息相关，许多微小的创新因素构成了创新组合。作者希望通过本次研究对组合创新的内涵进行发掘，并对组合创新的实施过程及细节进行清晰呈现，由此为制造型企业的发展提供更多推动力。同时也应当看到，组合创新不是一蹴而就的，而是企业在发展过程中根据实际情况不断调整与改进的过程，相应的激励机制可以引导企业加强对创新组合的重视，提升其积极性，选择创新重点，获得创新突破。

组合创新概念的产生从根本上改变了人们对传统技术创新管理理念的认知，引发了技术创新管理范式的巨大变革，人们需要系统地、全面地、深入地研究制造型企业技术创新行为，如表 2.1 所示。

表 2.1 组合创新与传统技术创新管理范式的区别

传统技术创新管理范式	组合创新管理范式
着眼单个创新	着眼组合创新
强调产品创新的重要性	强调产品创新与工艺创新的协调
强调重大创新	重视渐进创新的作用
创新效益评价局限于显性创新效益	均衡考虑显性及隐性创新效益

资料来源：浙江大学管理科学与发展战略研究中心课题。

传统的创新活动中，制造型企业往往关注于单个项目的创新，重视产品的创新，以企业的显性效益作为创新效益的评价标准，但同时行业之间往往缺少合作交流，企业绩效、文化，以及组织创新之间缺乏关联性，企业核心能力与创新能力之间缺少互动。

组合创新相对传统的创新活动具有以下明显的特征：首先，组合创新是产品与工艺创新的组合过程，强调两者的协同发展，重视创新内容、方式、对象的组合，企业在关注创新的过程中也兼顾突破性创新对于自身发展的作用。其次，组合创新在评价创新效益时将显性与隐性效益作为评价标准，在进行组合创新的过程中强调企业文化及组织机构的建设与优化，突出组织文化创新对组合创新的影响力，通过组合创新加强企业的核心能力。

综上所述，要想获得持续稳定的发展，制造型企业不能忽视工艺创新而一味关注产品创新，需要通过有效的组合创新在产品创新与工艺创新之间寻找一个有机的结合点，建立合理的组合关系，以先进的工艺为企业产品生产创新提供支撑，运用产品与工艺的创新实现企业成本的控制、产量的提升和品质的培养，否则工艺创新就失去了意义。

2.1.2　制造型企业组合创新的内核能力

制造型企业的发展是在内外部环境影响下由低技术、低附加值状态向高新技术、高附加值状态的转变，其本质是提升竞争力。企业的发展过程与组合创新活动密切相关，通过组织内外部资源进行组合创新，采用更高附加值的活动实现自身产品附加值的提高或获取收益能力的加强，进而完成发展。制造型企业组合创新是其想要获得长久发展的必经之路，是需要长期持续的过程。制造型企业从之前的劳动、土地等资源驱动或资金、设备等投资驱动逐步演化为组合创新驱动，完成规模扩大、效率提升、结构持续优化的转变。在组合创新过程中，制造型企业应当具备环境识别、科技创新、效益提升和资源整合四项内核能力。

首先，环境识别能力是制造型企业进行组合型创新的前提（宣烨等，2011）。全球化冲击、顾客消费需求多元化、高新技术与制造型企业创新融合步伐的加快都给制造型企业外部环境赋予了复杂、动态、多变的特征。通过对外界环境信息进行搜集，辨析自身面临的内外环境并做出适应环境的调整是企业在如今复杂大环境下生存的内在要求。外部环境在很大程度上影响着企业的行为，其能迫使企业更改竞争方式和运营模式以应对市场带来的严峻挑战。企业环境识别的能力能够使制造型企业对自身位置进行合理定位，进而能够化解所处环境中存在或潜在的风险和危机。

其次,科技创新能力是企业组合创新获得成功的基础和前提。科技创新是制造型企业升级的重要因素,能带动企业提升整体的创新能力,进而提高企业发展水平。随着资源逐步匮乏和人们环保意识的不断加强,科技创新不仅能为企业组合创新提供关键资源、优化资源利用、提升企业的资源转化能力,形成资源优势。同时也会增强企业的核心竞争力,在企业内营造良好的创新氛围,加快企业技术革新与自主研发的步伐,进而将自身核心技术能力转化为利润。科技创新加快了制造型企业新旧动能的转换,促使企业自我提升,是制造型企业在激烈的市场竞争中占据有利位置的关键所在。

再次,效益提升能力的增强是制造型企业组合创新的关键。企业组合创新的最终目的是实现自身竞争力的提升,在市场上保持优势地位。制造型企业的组合创新需要一个相对漫长的时间周期,在此过程中有投入才会有成果,而效益提升就是用相同的投入获得更多的成果,进而获得更多的资源要素,以进一步促进企业组合创新(毛蕴诗等,2016)。通过科技创新、品牌建设、市场开发不断提高产品附加值,企业可以开发出新产品或对现有产品进行改进,完成向较高价值增值环节的跨越,销售具有更高附加值的产品,提升效益。好的企业效益能够直接促成企业升级,是企业组合创新能力的重要表现。

最后,资源整合能力是制造型企业组合创新的重要保障(余东华,2020)。现有研究表明,企业资源是能够被企业直接利用和控制的内外部资源。企业组合创新不仅要对内部资源进行合理配置,也要因势利导实现外部资源的支配利用。由于土地、水、人才等资源的稀缺性,能否实现最大限度的资源整合很大程度上影响着企业组合创新效率。同时,信息、知识等流动性资源对维持、发展及提升组合创新优势也具有重要作用。通过充分整合重要核心产品与其他资源,制造型企业不断拓展其相关服务范围,为自身提供解决方案,从而提升利润和效益。资源整合的过程中,企业通过了解识别优势资源、组织协调资源配置使利用率达到最大化,为组合创新提供基础性和支撑性的资源保障,是组合创新的重要内容。

2.2 相关理论

2.2.1 产品创新理论

1. 产品创新的概念与分类

《奥斯陆手册》将产品创新分为渐进产品创新和重大产品创新两大类(张治河

等,2007)。其中:涉及全新技术或对已有技术进行新的应用,具有与以往制造产品存在明显的用途、属性及性能差异的材料或部件的创新称为重大产品创新;而渐进产品创新则是对原有的某一产品进行改进优化或进行相关性能提升的创新过程。渐进产品创新过程分为两种:第一种,基于原产品的性能优化或控制制造成本,有目的地运用高性能部件或材料进行改进;第二种,对一些复杂产品(如有大量集成技术的子系统)进行局部或子系统的改进。

产品创新根据产品层次可以分为以下三种:第一种为一般意义上的技术性产品创新,重点强调的是对产品有形层或核心层的创新;第二种为质量与产品性能几乎无变化的市场型产品创新,主要是改变营销方式使产品市场发生改变,属于产品延伸层的创新;第三种是通过产品扩张效应进行产业型产品创新,创新的产品对产业发展具有较大影响,属于产品扩张层的创新(郜振庭,1996)。产品创新的实践并没有清晰的层次界线,上述三种类型的组合应用才是产品创新实践的常态。

产品创新依据创新源又可分为自主创新、合作创新与模仿创新三种模式。无论选择何种模式进行产品创新,制造型企业的目的都在于通过该方式为自身发展提供动力。目前,大多数制造型企业在进行产品创新时会选择风险与成本较低但收益较高的模仿创新,但随着各国对知识产权保护力度的不断加强及专利制度的不断完善,制造型企业进行模仿创新的成本与难度不断加大,单纯的模仿赫然已经成为制约制造型企业发展的阻碍。因此,制造型企业的产品创新最终都要从"模仿创新"向"突破式创新"转变,摆脱"核心技术依赖"的局面,实现自我升级(孙喜等,2015)。制造型企业在持续的产品创新过程中完成了产品生产工艺流程或产品本身的升级,借助拥有核心技术的产品扩大市场影响力与竞争力,其作用机制如图2.2所示。

2. 产品创新的经济目标和作用

在经济目标及功能创新上,产品创新与工艺创新两者之间存在较大差异。其中,产品创新的具体经济目标包括开拓国内、国际新市场,扩大产品范围,保持市场份额及替代退出市场的产品四个部分。

产品创新对企业的作用体现在以下五点:①为企业增加获利点,有利于企业调整产品结构,降低市场风险。②为企业积累管理经验和技术储备,增强企业快速反应和应变的能力。③增加企业产品的丰富度,从产品宽度和深度两个维度上满足不同层次客户的需求。④不断涌现的新产品可以让员工长期浸染在朝气蓬勃

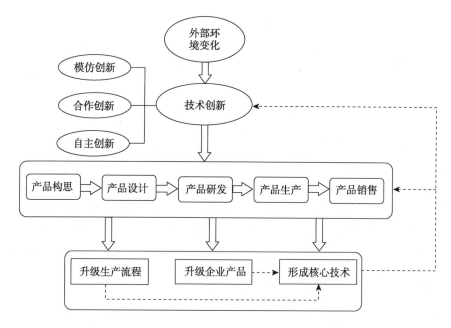

图 2.2　产品创新作用机制

的创新氛围中,增强员工的凝聚力和创造力,有利于企业文化的建设。⑤在激烈的市场竞争中运用产品创新保持竞争优势,维持企业稳步增长(Hart,1996)。

具体到制造型企业,产品创新的作用如下。

(1)技术创新支撑制造型企业生产流程升级。生产流程指产品从原材料到成品形成的一系列相关生产活动。企业通过技术创新可以对生产设备、工艺进行改造,将高技术成果应用到其中,推动生产率的提高与生产力的加强,对制造型企业产品进行生产层面的整合,提高投入产出比。在我国制造业的发展过程中,企业对生产优势的依赖主要集中于我国廉价的劳动力,然而随着劳动力成本的上升,我国企业产品附加值逐渐降低。因此依赖技术创新带来的生产流程升级能够有效解决制造型企业面临的困境,提升制造产品附加值(杨瑛哲等,2018)。

(2)技术创新推动制造型企业产品升级。目前我国制造型企业技术与资源能力都较为薄弱,在创新驱动的大背景下,企业都开始注重培养自主创新能力。一方面,制造型企业通过技术创新实现一系列开发和创新活动(如制造、生产和商业化)的整合,有利于形成自己的新产品或赋予原有产品差异化的新功能,提高自身的市场竞争力,推动自身向技术价值链的更高端移动;另一方面,企业可以通过技术创新开发一种符合当前市场需求的产品并将其投入市场提高收益,或者通过提高现存产品的生产效率而降低成本获取更丰厚的利润,支撑自身进行下一步新产品研发，形成良性循环，提升产品创新能力，促进产品升级（卢福财等，2020）。

（3）技术创新能够形成核心技术。除了通过内部研发部门进行技术创新外，制造型企业还可以充分利用外部资源进行技术创新，通过与研究机构、高校或其他企业合作研发获取先进技术，持续性地在企业内部与外部开展技术创新活动，积累人才资本与知识资本，富集技术水平，增加自身潜在的技术能力。虽然技术创新是一个较为漫长的过程，其收益效果也难以在短时间内得到体现，但是在技术创新时企业人员、知识的积累有一个潜在的增长与巩固过程，厚积薄发、持续性地提升潜在技术能力，完成技术积累，最后很可能会在一个不确定的时间内产生突破式的创新成果，创造出新的技术，企业形成核心技术优势（吴画斌等，2019）。

近年来，社会经济的发展不断刺激消费者的消费需求，个性化、多样化及多层次化的消费需求向制造业生产方式及产品个性化发起了更大的挑战，一些制造型企业逐渐用个性化的定制方式取代了传统的大批量生产方式（Tseng et al.，1996）。制造业产品不断更新换代，部分产品的市场寿命较短。基于这一实际情况，企业需要不断进行产品创新，更快速、精准地开发具有广阔市场前景的适销产品，把握创新的主动权，维持企业的行业优势地位，促进自身不断成长。除此之外，作为企业经营发展的命脉，产品创新可以显著提升企业经济效益，而企业经营的目的是基于社会需求生产商品，获取最大化的经济利益。现阶段，一些发达国家的制造型企业有30%~40%的销售额与利润额来自近五年内研发的新产品（刘希宋等，2001）。通过对1996年的六省市153家大中型工业企业技术创新调查数据分析可以得出结果：这些企业的人均创新产品利润为2107元，在销售利润中创新产品占比达到了7.21%，创新产品相对利润为1.16%。通过这些数据可以看出，相对一般产品，企业的创新产品利润率更高，这也从另一角度说明了产品创新对企业发展的重要推动作用。

3. 产品创新的必要性

产品的出现是技术与需求结合的结果，而产品创新则是运用技术不断实现需求的过程。现阶段，企业进行产品创新的主要目标是提升产品附加值，获得更多的经济效益。企业产品创新过程离不开强大的物资保障，需要具备较高的工艺技术及拥有先进的技术设备，企业在进行产品创新的过程中也必然会带动自身生产管理的一系列变革，无形中推动自己发展进步。此外，通过产品创新活动，企业的凝聚力及创新精神都能得到高度开发，从管理者到生产者，从战略规划到落地生产，每一个流程都需要企业员工发挥创新精神与智慧，而整个创新活动也是各个团队、部门精诚合作的结果。因此，产品创新活动在无形中增加了企业员工的开拓创新精神，是企业凝聚力的展现（Johnstone et al.，2011）。无论到何时，市场永远遵循适者生存、优胜劣汰的原则持续发展。产品是市场竞争的关键，在日新月异的市场环境中，企业只有不断创新、持续调整与优化产品结构、不断发掘市场需求，开发创新产品，才能在市场占据一席之地，确保自身的持续发展（刘瑞俊，2002）。

2.2.2 工艺创新理论

1. 工艺创新的定义和分类

工艺是产品从投入到产出、从虚拟的设计方案转化为现实产品，对原材料或半成品进行加工与处理以最终达到产品设计要求的方法或过程。工艺创新过程是基于原有的生产工艺进行优化或采用全新工艺进行生产的方法，通过工艺创新可以实现产品的改进或生产效率的提升。通常所见的工艺创新活动主要包括以下六类：①基于企业现有生产方式进行的改进措施，如进行工装夹具的安装及机器设备的调试等。②通过生产工序改进等方式进行的生产工艺流程优化。③对产品制造方法的优化与更新。④对产品及部件处理工艺进行优化（如热处理工艺等）。⑤进行全新的生产工艺流程引进。⑥对企业现有生产方式进行效率提升，通常以计算机技术为基础进行"软"优化。

企业工艺创新能力是由若干要素构成的综合性的能力系统，涉及管理、投入、制造、实现等多种能力。季学军（2006）提出了工艺创新能力的构成模型，将工艺创新能力分解为资源投入、决策、R&D、组织管理、生产和营销等六个方面的能力，每个方面又对应几个细分维度，如图2.3所示。这种工艺创新的研究维度具有一定的普适性。

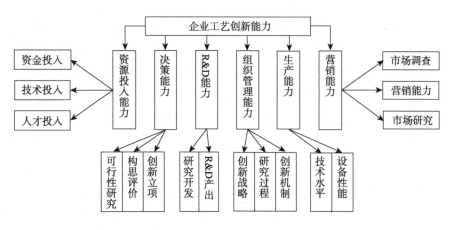

图 2.3 企业工艺创新构成示意图

工艺创新通常可以分为以下三种类型。

（1）对一些工业企业来说，产品创新是其技术创新的主要形式，为了确保新产品可以顺利生产，企业需要采用与新产品生产相配套的工艺创新活动，这一工艺创新过程就是为了保障新产品生产而配套进行的。

（2）部分企业现有产品设计合理，在市场也具有一定优势，但由于生产工艺落后，产品质量一直无法得到改善，或者生产效率太低，其生产规模与市场需求不匹配。这时企业就需要通过工艺创新优化产品生产流程、提高生产效率、提升产品质量，这种为了改善生产工艺条件而进行的工艺创新称为配套性工艺创新。现阶段，我国的许多制造型企业就是通过配套性工艺创新实施技术改造的。

（3）在一些以工艺创新为主导地位的流程性企业，工艺创新在行业技术创新方面占据较大比重，甚至会出现由工艺创新而促成的产品创新。

综合分析：产品创新是以产品及活动结果为导向，最终以物质形态的产品为成果，主要目的是为用户提供新的产品；而工艺创新则是以制造过程为导向，其成果可以体现为生产资料及各种生产力要素的结合。综观诸多生产力要素，生产者是创新的使用者。

2. 工艺创新的经济目标和作用

根据经济目标可以将工艺创新分为提升产品质量、控制生产成本、改善工作环境和降低消耗四个方面。其中：提升产品质量、控制生产成本及降低消耗可以为企业提供直接的经济效益；而改善工作环境的经济效益无法直接衡量，但它对员工生产效率的提升有一定帮助。事实上，工艺创新的具体目标远不止这四项，提升生产效率及增加生产柔性等也是工艺创新的重要目标。

基于传统角度进行工艺创新分析可以得知，工艺创新的主要作用在于控制制造成本，为企业建立一种新的成本结构，从而获得更多的利润。在早期的创新过程中，大多数企业会将重点放在大量的产品创新中，在产品创新阶段相对明确后才会向基于降低成本目标的工艺创新转变。事实上，工艺创新对企业发展的作用远远不止于此，其对产品创新具有潜在的杠杆作用，两者存在有机的动态联系。具体表现在：①工艺创新可以提升新产品的面市速度。②工艺创新可以提高生产效率，加快产业化进程。③工艺创新使新产品性能得到优化。④工艺创新使企业在市场上占据领先地位。

3. 工艺创新的必要性

工艺创新和产品创新一样，都是企业技术创新的重要组成部分。首先，先进合理的工艺是企业产品发展的前提条件。如果没有配套的生产工艺作为前提，企业产品的质量和性价比将难以和同类产品相比，在市场中也将缺乏竞争优势，经济效益难以得到保障。因此可以说，工艺创新是企业发展的新动力，是产品创新的重要保障。其次，工艺创新对企业提升生产效率的意义也十分明显，工艺创新能使生产组织方法得到优化，在无形中提高劳动生产率。除此之外，有资料显示，六至八成的企业运用工艺技术与管理技术的优化实现了劳动生产率的提升，这些因素都与工艺创新密不可分（王秀伦，2004）。最后，工艺创新对企业经济效益的提升具有极大的推动作用，企业经营是将资源转换为效益的过程，工艺技术水平直接决定了资源的转换率，在不改变工艺技术的前提下，企业很难通过其他方式获得大幅的经济效益加成。

我国的高新技术企业工艺创新具有以下意义：①缩短企业产品生命周期，企业运用具有较高生产率、较低资本投入的创新工艺在产品生产初期阶段进行投入，可以在最短的时间内获得最大的资金效益，快速回笼资金。②提高工艺水平与制造能力，当前高新技术企业生产产品难度更大，设计更加复杂，生产过程中存在诸多不确定性，因此，企业需要通过产品创新与工艺创新提高生产效率。③满足消费者的多样化需求，企业针对当前客户的个性化定制需求在生产产品时要基于消费者需求进行高质量低成本的产品生产，这一生产过程对工艺创新提出了较高要求。④提升企业市场地位，知识产权保护力度及科技工程人员流动性加强将使企业工艺创新难度加大，工艺创新的内向性特点使其具有较高的模仿难度，因此企业工艺创新具有的竞争优势更加稳定。企业要想提高经济效益就必须持续开展工艺创新、降低生产成本，通过成本优势提高经济效益。

2.2.3 组织创新理论

1. 组织创新的概念

组织创新的概念从起始的技术创新层面逐渐过渡到管理与战略创新层面，逐渐显现出多元化的趋势。关于组织创新的研究最开始主要着重创新的结果，从狭义上分析就是产品的创新，组织创新的最终目的是能设计与生产创新性产品，并通这一产品在市场上获得经济效益，而广义的组织创新则是一个创新性的行为。一些学者分析研究组织创新过程后提出了各种组织创新的阶段模型。其中，组织创新的两阶段模型是后续研究较为广泛、实际被接纳程度最高的模型。它将组织创新划分为发起与执行两个阶段，将信息的感知、收集、形成，资源的评估，以及活动采纳过程视为发起阶段，将创新组织调整、应用直至成为常规事件与活动的过程视为实施阶段。

组织创新的概念最早可以追溯至熊彼特提出的第五种创新类型——新组织形

式。随着经济社会活动的不断发展，不同学者对组织创新的概念有不同的解释：坎特（2006）认为组织创新包括新构想的产生、产品工艺及服务的产生、产品与工艺创意的实行阶段与迁移；阿马比尔（2009）认为组织创新包括设定议程、设定程序、产生创意、测试实施创意及评估结果五个阶段；我国的学者蔡启通经过研究后提出组织创新包括企业内部产生或外部购得的产品、技术，以及管理措施等。总而言之，现代企业普遍将组织创新视为经营管理的一种组织形式，运用组织创新进行人、财、物的资源整合实现现代化的企业管理目标，帮助企业获得经济效益、提升生产技术水平。

制造型企业的组织创新立足于企业内外部环境，以科学的知识战略规划为需求导向对企业组织进行创新性设计与调整。制造型企业的组织结构是为了适应外部环境，同时协调内部各要素而服务的。目前存在于制造型企业内部的扁平化与职能化组织结构部门间的协调有效性较差，已经难以适应制造型企业的发展。为了加强创新项目在执行过程中的信息沟通，提高制造型企业各部门协调配合的积极性，需要通过组织创新提高信息传递效率。

2. 组织创新的动力

企业组织创新需要系统的推动力，主要有四个部分，包括根本动力、内部动力、外部动力，以及创新阻力。一些国外研究学者通过研究后提出组织创新动力可以分为内部动力及外部环境动力两个部分。外部环境动力包括政治法律环境、社会文化环境、经济环境、技术环境、自然环境，客户需求拉动力等因素（刘训峰等，2008）；内部动力则由利润驱动力及交易管理费用降低驱动力，企业家和员工实现需要的原动力、战略变化的拉动力、创新活动的推动力、企业文化的鼓励力、激励机制的催化力等因素构成（吕峰等，2018）。

制造型企业的组织创新涉及企业内部组织创新与企业外部组织创新两个方面。内部组织创新即通过改变组织结构与流程，整合组织内部要素、畅通内部不同部门沟通渠道、充分利用各部门优势与闲置资源实现内部一致性。企业内部的组织创新主要表现在战略、文化、组织结构与办事流程四个方面：企业战略是制造型企业发展的指导性内容，企业的文化、组织结构与办事流程都是为企业战略的实现而服务的；企业文化是企业在运行过程中各方面所展现出来的精神财富与承载物质；企业组织结构即企业内部层级规划及部门设置的形式，对企业内部不同功能区进行职责、义务及权利的界定；企业办事流程反映着企业运行的方式，是一系列跨越时间和空间的有序活动。以上四个因素共同作用，形成企业内部组织创新。企业外部组织创新涉及企业、大学、政府、科研机构及其他组织机构等多种创新主体，企业通过联系与搭建平台的方式链接不同的创新主体，为多个创新主体沟通和联系提供渠道。组织创新作用机制如图2.4所示。

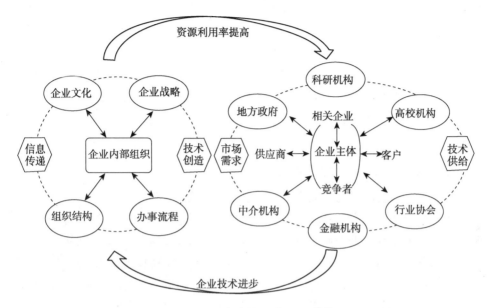

图 2.4　企业组织创新的作用机制模型

制造型企业内部的组织创新能优化组织结构、简化办事流程，从而降低企业的管理成本、提高技术创新与信息交流效率。一方面，组织创新能够使企业内部组织结构日益趋向科学化、合理化，制造型企业通过对现有流程的研究、简化和再设计，消除之前运行中存在的无法为消费者创造价值或价值较低的活动，使企业内部资金流、信息流与物流的流动更加合理有效，提升资源交流速度与效率；另一方面，制造型企业内部对组织结构的优化与整合简化了办事流程与信息传递机制，使企业的管理成本降低，管理效率提高，进而在企业内部形成良好的文化氛围，提高员工的主观性与创造性，使企业的管理者、技术人员及其他组织成员能够更快打破内部壁垒进行信息交流，实现信息高效传递，通过企业文化保障优化员工行为。制造型企业通过对技术、市场部门的组织创新也可以在一定程度上降低产品生产成本和市场协调成本，通过调整内部组织开展技术、市场创新活动，进一步激发企业的创新激情，提高创新能力。制造型企业可以通过内部组织创新创造出良好的组织氛围，高效协调各部门行动，调动部门积极性，为项目的有效实施提供组织保障。

企业外部组织创新能为特定区域内要素的重新组合提供条件，通过外部组织创新能够将制造型企业与政府、金融机构、科研机构等外部主体紧密联系起来（杨震宁等，2020）。政府通过制定协同发展的相关政策从顶层协调制造型企业升级过程中不同组织间存在的利益冲突,为企业升级提供政策支持。金融机构能够维持企业活动资金流的稳定,是企业开展各项活动的基础。科研机构与高校能够为制造型企业提供先进的生产技术,帮助企业实现技术能力升级,提升企业的核心竞争力。制造型企业自身进行创新活动难免会遇到智力资源不足、专业人才缺乏、资金不充裕、享受不到优惠政策等多方面的问题。进行外部组织创新可以帮助制造型企业充分整合多方资源,利用其他主体的资源与优势弥补企业自身不足,加速制造型企业的创新成果转化步伐,提升企业科创能力与资源整合能力,促进企业升级。

3. 企业组织创新面对的挑战

企业组织创新面对的挑战有三种。①管理观念滞后。企业组织创新首先是思想创新,基于现代化市场环境下的管理需要企业简化管理流程、提升管理效率,但是现阶段仍然有不少企业坚持采用传统的科层化组织结构,致使结构臃肿、效率低下,严重影响企业发展。②企业外部不确定因素增加。随着经济全球化的演进,国内外市场竞争更加激烈,全球范围的贸易保护主义、持续低迷的经济形势、供过于求的市场结构对企业提出了更高的要求,企业需要对自身的组织管理体系进行调整和创新,分析市场、分析自身,制定差异化策略以适应新时期的发展需求。③互联网信息对企业组织创新的影响。企业在信息处理过程中应用互联网技术可以有效提升运行效率、提高信息处理与反应速度,给组织管理创新带来巨大影响。

4. 企业组织创新的策略

在市场经济体制持续完善的环境下,为了追求产品利润和市场份额,企业管理者的主要精力大都集中在产品创新、工艺创新和营销创新上,对内部管理、资源配置、政企对接等方面往往重视不够(杨颖等,2016)。俗话说"打铁还需自身硬",企业要想在激烈的市场竞争中赢得一席之地,加强组织创新管理必不可少。企业加强组织创新可从三个方向出发:①提升创新意识,创新意识的建立与组织创新管理密切相连,企业管理者要培养自身的创新意识,不能依据过去经验故步自封,死守些许成绩骄傲自满,而要在企业内部营造一个良好的组织创新氛围,积极听取员工意见、有效沟通交流、提高领导效能。②健全组织学习机制,吸引人才,在企业内,组织创新就是不断进行自我完善从而适应环境变化的一个创新过程,需要对员工进行有组织、有计划的培训,使内部人才结构分布更加合理,企业竞争力将得到显著提升。③强化企业文化建设,以引导员工树立统一的目标、高尚的价值观,以及行为规范理念,企业管理者应该积极倡导具有创新性的企业文化理念,使员工在这种氛围中逐渐形成创新意识、学会创新思维,进而让员工在企业中获得归属感，增强员工的主人翁精神。只有使企业凝聚力增强，企业的竞争力才会提高。

2.2.4 营销创新理论

1. 营销创新的概念

彼得·德鲁克曾提出了"企业只有营销与创新这两个基本职能"的理论。作为企业生存和发展的核心战略，营销和创新是每个企业必须研究和学习的重要课题。当传统的营销手段已经不能满足企业盈利的需求时，营销势必需要得到创新。营销创新的实质就是企业智慧与用户心智之间的较量，在广阔的市场环境中，如何有针对性地找到客户，运用有效的营销策略快速吸引用户促使他们消费，是现阶段企业在营销创新中必须考虑的问题，营销的过程就是吸引用户，引导其消费并获得产品效益的过程。

营销创新涉及三个阶段：第一个阶段是对消费者需求的识别与分析。这一阶段的目的是进行市场划分，并以此确定目标营销群体，主要的依据有消费者层次高低、消费能力大小与消费需求差别三个方面。之后对用户的需求进行收集归纳，寻找企业可能满足的需求进行针对性的营销。第二个阶段是企业明晰可以为消费者创造价值的要素，也就是消费者的价值主张。企业在选定的市场上明晰消费者多方面的需求（即创造价值要素）并进行生产经营活动，例如，过硬的产品质量、较高的产品性价比、温暖的销售服务、优秀的售后服务和良好的客户体验等。在这一过程中，企业为消费者创造价值的同时也能够及时挖掘、发现与满足消费者新的需求，强化企业盈利能力推动企业升级。第三个阶段是制造型企业通过上述两阶段对消费者种类进行划分，为同一范围的消费者提供相同的商品和服务，传递相似的价值主张，完成营销创新活动。不断发展壮大的制造型企业必然需要进一步拓展市场空间，通过营销创新形成的企业市场优势逐渐成为驱动制造型企业发展的重要动力。营销创新的作用机制如图 2.5 所示。

2. 营销创新的必要性与作用

营销创新是企业为了适应和利用市场环境、遵循和运用市场发展规律而进行的新市场开发活动，其中包括为了更好地开发新市场而进行的消费者需求识别和分析、制造型企业围绕消费者需求进行的产品及服务方式创新，以及新市场开发过程中的营销执行等活动（张振刚等，2013）。营销创新能够保证创新的收益，有助于激励持续的创新投入，提升制造型企业收益增长的稳定性。进入 21 世纪以后，经济日益全球化，市场交易格局发生了巨大变化，买卖双方角色互换，供过于求

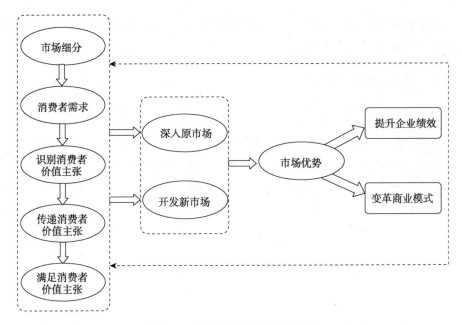

图 2.5 营销创新的作用机制模型

的市场现状导致竞争越来越激烈。制造型企业的生存发展环境发生了巨大变化，获得市场占有率及产品利润是企业营销的最终目标。因此，制造型企业需要对国内外的经济环境进行深入分析，有针对性地进行营销创新，及时调整优化营销策略保障企业稳步发展。

营销创新对制造型企业的作用主要有以下两点。

第一，营销创新帮助企业实现商业模式变革。企业通过营销创新确定目标消费者并明晰其价值主张，从而触及并改变商业模式的核心。在营销创新实施过程中，挖掘新的消费者价值主张并满足消费者价值需求的过程，也就是企业完成商业模式变革的过程。制造型企业通过洞悉市场需求与技术发展的变化等进行产品的完善与服务的优化，从产品的整体概念出发创新配套产品与服务，提升制造产品科技附加值与品牌、服务等其他方面的附加值，形成自身竞争优势。通过营销创新可以完成制造型企业从生产环节向营销环节的转换，使企业重心向市场端倾斜，通过对市场的挖掘与维护提升企业知名度与市场占有率，形成自有品牌，拥有长期市场优势。制造型企业需要准确有效地满足消费者价值主张，通过开发新产品或服务结合营销活动实现原市场的深入挖掘和新市场的开发，推动自身进行商业模式变革，获取新的竞争优势。

第二，营销创新有助于制造型企业提升绩效。尽管技术创新能够为企业带来技术上的突破，形成核心技术优势，但技术创新的难度较大，所需时间也较长，同时也面临着投入多而技术产出少的问题。因此，制造型企业要想扩大发展规模，获取更多利益，推动技术创新就必须依赖营销创新活动。营销创新活动能够通过发现市场中新的盈利点在短时间快速扩大市场占有量，提高制造型企业利润率，有效提升企业绩效。同时，通过发掘消费者需求来开发新产品，能够帮助企业规避当前主流市场的激烈竞争或有效地降低营销推广和渠道建设成本，提高既有渠道的运营效率，在低端市场或新兴市场建立差异化竞争优势。通过识别消费者需求并围绕消费者需求进行服务或产品的提升与开发，企业可以在一定程度上降低新技术成果转化的难度和新产品推广的风险。而通过挖掘新的市场需求，企业进行创新活动可以抢占新市场，获得市场资源、占据先入优势，掌握新市场的主动权。制造型企业通过持续性的营销创新活动不断积累相关经验，深化新市场、逐步降低市场成本、扩大销售规模，就能以最小的成本获取最大的销售利益，形成竞争优势，支撑企业绩效持续性提升。

3. 营销渠道构建的 SWOT 分析

（1）优势分析（strength）：企业应该结合自身发展的实际现状，合理定位、优化配置资源、善于发掘市场空白、抢占市场先机、严抓产品售后服务、不断调研市场，根据客户反应及时做出调整。规模较小的企业运营机制灵活，例如中诚国联公司，对市场变化反馈较快，能及时调整自身，做出对应决策，拓宽销售途径，快速吸收创新策略，而大企业在业内的话语权逼迫小企业不得不以创新求生存。

（2）劣势分析（weakness）：中小企业品牌效应不占优势，相对大企业，其业务员承担的产品风险更高，导致营销渠道变窄、难以找到合作客户、渠道运作缺乏经验、客情关系不能长时间维持，容易出现合作关系断裂等问题。市场潜规则不利中小企业，有些客户会对企业区别对待，造成营销渠道成本居高不下。

（3）机会分析（opportunity）：国家采取的宏观经济调控对中小企业的扶持力度及信息化发展带来的便利为企业营销创新提供了保障。

（4）威胁分析（threat）：渠道扁平化可以降低中小企业的营销成本，但也加强了大企业的市场主导地位，变相增加了中小企业构建营销渠道的难度。国内同行业企业之间喜欢模仿抄袭，造成市场中的热销产品同质化现象严重，利润空间一再压缩，从而导致相互竞争更加激烈。另外，中小企业在市场中只能扮演跟随者的角色，往往需要和大企业保持紧密的距离，就算有了自己的决策也往往不敢轻易尝试，因为他们承担不起失败的代价。

4. 企业营销创新的策略

（1）转换营销意识，紧随时代步伐：营销观念指导营销行为，新时代的营销团队要适应瞬息万变的经营环境，转换营销意识，跟进时代的步伐和角度，对营销模式进行创新。传统的营销理念经历了生产向导、产品向导、营销向导和战略向导四个演变过程。企业经营理念主要包括产品理念、推销理念、市场与战略营销四个部分，战略营销是企业基于消费者需求进行的产品创新。现如今概念性的营销理念和方法就是最好的证明，例如，绿色营销（陈珊珊，2005）、文化营销（范徽强，2020）、知识营销和网络营销。在新的营销环境下，企业必须对营销手段进行创新，丰富产品的属性，使其具有更深层次的文化内涵，增加其附加值，为消费者带来更大的价值（王国海，2019）。

（2）加强服务创新，提高客户黏度：企业营销创新应以为客户提供优质的服务、满足客户的最大需求、提高客户的忠实度、拥有稳定的老客户、开辟更多的新客户为最终目标。对企业来说，消费者只有两类，完全满意客户和非完全满意客户。对完全满意的客户，定期进行回访和售后服务，进一步提高其对企业的忠诚度；对非完全满意的客户，想方设法了解他们的真实需求，结合企业的现状将其努力纳入企业客户目录，拓宽市场。21世纪的消费者消费观念也在发生变化，个性化的定制和多元化的需求对企业提出了更高的要求。

做好市场调研、拓宽营销途径，确保产品顺利进入市场并进行稳步运转，通过市场调研活动对消费者的需求进行充分了解，分析市场信息，避免营销决策制定出现偏差，也可根据市场情况及时调整。

2.2.5 创新资源理论

1. 创新资源的概念

创新资源是支撑企业创新能力的各种要素资源，也是组成创新系统的重要内容之一，其包括企业的人才、制度及文化等内容（李升泉，2018）。

1956年，美国安培公司顺利地研究和生产了磁带录像机，这一产品的技术在当时市场环境中处于领先地位。相对安培公司，后来兴起的索尼公司、胜利公司等企业处于后发位置，在较长的一段时间中一直属于模仿者。但是行业发展至后期，索尼与松下两家公司在录像机市场所占的份额逐渐增长，通过模仿安培公司的产品一跃成为该行业的领军企业，在世界范围内成为电视机与录像机的最优供应商。

松下和索尼公司的成功证明了创新是多种创新资源的集成，不能仅依靠产品创新、工艺创新或组织创新独立完成。创新的实现应该是产品创新、工艺创新、组织创新与管理创新这四个创新资源的结合，它们的权重可能不一样，但各有各的作用。

2. 创新资源的阶段特征

美国学者阿柏纳赛（Abernathy）与厄多伯克（Utter back）通过对美国汽车工业的技术创新速率与时间变化规律的研究创建了 A-U 创新过程模型，将技术创新分为变动、过渡及稳定三个不同阶段（刘建业，2010）。为了对企业创新资源中产品与工艺创新的相互作用与动态特征进行更好的分析，可以运用一个模型对产品创新与工艺创新的动态特征进行分阶段说明，具体如图 2.6 所示（宋安勇，2015）。

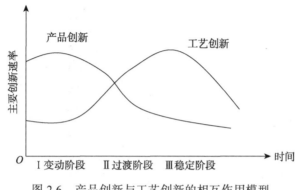

图 2.6 产品创新与工艺创新的相互作用模型

通过图 2.6 可以得知，企业产品在这三个阶段由无序向有序转变。变动阶段的竞争重点在于产品性能的提升，以产品的创新为主。而稳定阶段的竞争重点则向产品质量提升及成本控制转变，是以工艺创新为主，渐进性创新逐渐取代根本性创新。在变动阶段小企业并存的现象较为普遍，但行业内只有一小部分企业可以在变动阶段的竞争中顺利过渡到稳定阶段，这一小部分企业中只有极少数可以通过创新不断发展，最终成为行业的巨头或垄断企业。事实上，行业内会有大多数企业在市场竞争中败下阵来。对创新资源三个阶段进行特征分析后可以得出如表 2.2 所示的创新资源三个阶段的特征。

改革开放 40 多年以来，我国经济在经历持续高速增长和稳定繁荣后，大量既有产业愈发呈现过剩、疲软态势。随着产业周期的不断调整，我国的传统低端制造业也在向新兴产业转型升级。在发展过程中，制造型企业通过不断地创新培养竞争力，但同时也可以看到，经济外延式增长仍然普遍存在。因此，创新驱动成为激发我国经济发展和制造业转型升级的重要推手。制造型企业需要根据自身产品与技术制定技术创新战略，战略内容包括技术能力的提升及技术的创新。在实施战略过程中，制造型企业需要选择优势资源实践，在市场的长期与短期竞争中占据优势地位。最后，在技术创新战略指引下选择最优的创新资源模式，通过学习，培养自身的核心能力，以此来建立企业长期的竞争优势。

表 2.2　创新资源三个阶段的特征

项　　目	变动阶段	过渡阶段	稳定阶段
创新类型	产品变革频繁发生	基于消费者需求变化而进行的工艺革新	产品改进与渐进性提升
创新源	用户、行业引导者	制造商、用户	供应商
产品	多样化定制为主	一种及以上产品设计确保产量稳定	多为标准产品
工艺	灵活、效率较低	固定于一些主要工艺中	成本高、高效、资金密集和固定
研究与发展	无法集中于特定技术，技术高度不稳定	出现主导设计，仅限于特定产品	逐步优化产品技术、强调工艺技术
设备	熟练工人、通用设备	个别班组自动化、某些子工艺自动化	专用设备、生产自动化
工厂	规模小	普通工厂	大规模、特种产品专门化
工艺变革成本	低	中	高
竞争者	很少随市场份额增大而增加	很多，随主导设计而减少	很少，处于垄断阶段
竞争基础	产品功能	产品适用性、多样化	产品的价格
组织管理	采用非正式的企业组织管理形式	以项目组或工作组的形式管理	正式化的企业组织管理，强调结构、目标、规则

2.3　组合创新的发展历程与成果

2.3.1　组合创新的发展历程

通过对组合创新行为的深入研究，部分学者提出了一些观点。他们认为相对于产品与工艺的协同创新，组合创新的应用具有更加积极的意义与更加深厚的内涵，其本质上是基于企业发展的战略指导，打破企业技术因素和组织因素的束缚而形成的创新行为。组合创新是伴随企业诞生而出现的，作为企业发展的动力源泉，对组合创新的研究过程主要可以分为三个阶段。

（1）由于原有的产品受制于功能影响，单一性能的产品不符合消费者需求，故产品简单搭配组合于 20 世纪 70 年代开始出现。这一阶段的研究主要集中在产品方面的创新，即研究如何对现有产品进行优化组合，以满足不同消费者的需求，从而保证企业正常发展（王伟强，1996）。由于当时的组合创新受限于产品的优化组合，不涉及产品性能和品质的提升，因而合理的搭配和组合产品是当时研究的主要目标和内容，如美国的 SDG 公司基于利润为主要目标运用净现值法计算企业创新产品的经济效益，通过合理的组合使企业的利润得到最大化的提升。

（2）20 世纪 80 年代，人们逐渐意识到将产品简单地组合并扩大功能的模式依然难以满足消费需求，产品迫切需要升级功能，而升级功能就需要升级对应的工艺，因此需要对产品与工艺创新之间的关系进行一系列研究，研究的主要内容包括技术创新的关联因素及关联模式，产品与工艺组合创新动态过程模式及进化的规律等。

（3）20 世纪 90 年代，人们开始对组合创新进行更进一步的优化分析，组织创新和文化创新都被纳入组合创新的体系中。那些以往被认为不会直接影响产品性能和企业效益的"软设备"逐渐被重视起来，并在企业组合创新体系中的作用愈发明显。例如，在 2000 年发布的《研究、发展与技术创新管理》一书中，许庆瑞（2000）提出了组合创新不仅受限于技术创新，在文化创新等领域也可以扩大组合创新的范围。组合创新过程包括组合产品与工艺创新的平衡、技术与组织创新的平衡、渐进与重大创新组合的平衡、显性与隐性效益之间的组合平衡四个方面。因此，在新的市场背景下，组合创新的体系将会更加多元化。但无论怎样组合，满足市场需求才是根本的目的。

2.3.2 组合创新的发展成果

早在 1940 年，库兹涅茨就指出工艺创新是产品创新竞争效益得以长期维持的重要条件。阿本德（1979）从管理学角度提出组合创新包含创新理念、创新过程、创新主体及创新组织等多个方面。西蒙·拉莫（1985）指出，在世界技术竞争中，工艺创新是取得胜利的关键因素。Fusfeld 等（1985）对组合创新的内涵进行了界定，认为组合创新是企业为了创新而依据契约形成的一种组织形式。波利斯等（1989）认为组合创新的前提是具有相同的目标，不同主体围绕该目标合作，形成组织之间的联系。弗罗曼（1990）及罗伯茨（1990）在研究与分析后提出工艺能力是新产品投产过程中重要的保障因素。迈克尔·波特（1989）提出了创新驱动这一新概念，将国家竞争力发展过程分为要素驱动、投资驱动、创新驱动和财富驱动四个阶段，并全面阐释了其特征及演进过程。胡贝尔（1998）指出组合创新是为了更好地推动创新开发，确保创新成果传播和顺利应用。

纵观对这一领域的研究成果可以发现，学者们试图找到不同类型企业在不同环境中获取创新带来的最优绩效的方法。产品创新和工艺创新并不是孤立发展的，它们需要根据特定的条件协同组合发展才能为企业带来最优绩效。布恩（2000）运用两阶段确定性博弈分析方法把企业按照成本从低到高（也就是效率从高到低）

分成四种：满足型（实力非常强的企业）、急切型（有一点实力的企业）、奋斗型（实力差一点的企业）和消沉型（实力很差的企业）。当竞争压力增加的时候：满足型企业选择产品创新；急切型企业选择工艺创新和产品创新；奋斗型企业选择工艺创新；消沉型企业不创新。韦斯（2003）运用两阶段非合作博弈分析研究了竞争对差异化市场中的产品创新和工艺创新的影响，研究结果表明：在市场竞争激烈和创新成本低的时候，企业趋向产品创新；而当市场竞争程度低的时候则趋向工艺创新，因为这时进行新产品创新不能给企业带来额外的利益。

科绍茨基（2002）从知识角度提出组合创新是知识在不同组织内部进行流通转移，并被组织利用产出新知识的方式。柏根（2003）提出将工艺与产品创新有效结合可以显著降低产品创新的引用时间。年斯特勃（2006）则认为"产品创新过程中必须考虑现有的工艺基础"。朗贝蒂尼（2004）指出以前的文章主要是对总体的创新活动进行研究（以工艺创新和产品创新为整体）或对某一类创新进行研究（要么是产品创新，要么是工艺创新）。菲利皮尼（2000）认为在伯特兰德和古诺环境下有两种类型的均衡结果：第一个是两个对称的均衡结果，生产低质量产品的企业和生产高品质产品的企业选择相同类型的创新（产品创新或工艺创新）；第二个是不对称的均衡，生产高品质产品的企业选择产品创新，而生产低质量产品的企业选择工艺创新。2008年，曼斯菲尔德对美国及日本的工业创新进行了对比分析后提出，这一时期的日本经济之所以得到快速发展，工艺创新是其重要的推动力。分析一系列的研究结果可以得知，近代技术发展过程中产品与工艺创新并举是有规律性的经验。朗贝蒂尼（2004）在市场定价水平、产品数量及产品的差异化存在的条件下，对工艺创新、产品创新（分为增强产品的差异化和增加品种）在理论上进行研究。研究结果表明，企业在工艺创新和增强产品差异化的创新方面有三个结果：①当品种增加时，两个方向的创新都得到加强。②给定品种的数量，当市场价格低或成本比较高时，企业倾向于进行工艺创新，与品种数量和差异化程度没有关系。如果市场价格高或者成本比较低时则要考虑自损（cannibalization）的问题。③不考虑市场需求和产品的范围则最终的均衡结果是，创新的组合是可以被替代的，最终取决于初始状态，但是互补性只存在于稳定的静态均衡下，如降低成本也会降低产品的可替代性。反之亦然。企业在进行工艺创新和增加品种方面也有三个结果：①产品可替代性降低时，两方面的创新都将得到加强。②当市场价格低时，垄断企业倾向于工艺创新。③同上述的条件相同，则两种创新可以被替代或是互补的，实际上的确是互补的。最后，企业进行三种创新时，上述结论都是有效的。但是当产品差异化足够高或品种数量足够少时，企业倾向于增加产品品种；反之亦然。

在发现了产品创新与工艺创新结合的有效性后，越来越多的学者对组合创新问题进行了持续的研究。在管理方面，亚当·史密斯（1994）在研究、分析了产品创新与工艺创新的匹配模式后提出，要提高企业的生产率就需要对产品与工艺进行专业化分工，提高两者的协作水平。在这一"效率型"生产方式基础上，还有很多学者深入地分析、研究了产品与工艺创新的匹配问题。李（1994）从产品生命周期中的产品创新和工艺创新的角度研究了美国制造业的创新现状。首先建立了一个模型说明产品创新和工艺创新对价格、工资、销售额及出口额的关系。然后用美国 11 个行业的数据进行了分析。研究结果表明：随着企业对产品创新和工艺创新的 R&D 投入增加，工资、销售额及出口额都增加；对产品创新的 R&D 投入增加，价格将上涨；但是对工艺创新的 R&D 投入增加会使价格降低。齐夫（1997）发现，随着研发投入的增加，工艺创新在研发投入中所占比重将呈下降趋势，产品创新在研发投入中所占比重则呈上升趋势。但是创新具有滞后作用，产品创新和工艺创新可能会在两年之后才对投资回报产生影响。经济学家夏皮罗（2007）对产品与工艺创新过程中如果不能进行有效匹配可能造成的后果进行了分析，提出在进行产品创新的过程中需要充分考虑与现有工艺是否匹配。Linton 等（2008）通过研究案例对材料、食品、化工、纳米技术产品创新的过程进行分析，发现对流程类的产品，产品创新和工艺创新的进程紧密联系在一起，无论是在产品生命周期哪一个阶段，制造过程的任何变化都将使最终产品发生巨大的变化。海耶斯和惠尔莱特在 19 世纪 80 年代提出产品工艺矩阵，他们认为在产品生命周期的发展过程中，企业的产品创新将逐渐由低产量向高产量发展，标准化程度也在不断提高（侯晨力，1985）。与此同时，企业的工艺方式也要跟随产品的生命周期发展，由流程法生产逐渐转向规模化的车间加工方式。布罗瓦（2008）对企业的营销策略及产品与工艺创新之间的关系进行了深入分析，并对匹配模式进行了创新。阿伯内西和厄特巴克等（1999）基于"效率是市场竞争优势取得的关键"这一基本原则从 2005 年开始选择例证深入分析不同产品工艺与产品创新在生命周期内的匹配规律。截至 2018 年，提出企业在生产经营过程中要基于不同战略导向合理匹配产品与工艺创新。与此同时，这些学者普遍认为提高企业生产效率及降低企业生产成本是匹配产品与工艺创新的唯一原则。

针对创新的研究不断丰富，一些学者提出了创新体系与创新要素概念。Magnussen（2016）认为创新体系涉及政府、企业、科研院所、国际组织、社会公众等多个主体，包括人才、知识产权、制度建设、资金、科技基础等多个要素，是开放的复杂系统。同时也有学者提出创新体系是涉及政府、市场和科创主体的社会性系统，不同主体拥有着自己的角色及分工（Becker et al.，2020）。如今研究者们对创新的研究已上升到了系统层面,将各参与创新的主体及创新资源、创新环境等要素看作组合创新系统,在创新的基础上逐渐发展出了新的研究领域。

国内学者对组合创新模式也进行了诸多研究,王伟强(1996)在《技术创新研究新思维——组合创新研究》博士论文中首次提出,组合创新实质上是企业在发展过程中为了实现长期稳定发展而进行的与资源环境等相匹配的产品与工艺协同创新。许庆瑞等(2002)认为,要从根本上改变技术创新与管理战略的传统视角,就必须以系统的观点,从组合与集成的角度研究企业的技术创新行为。徐英吉等(2007)在熊彼特创新理论的基础上把技术创新、制度创新纳入新古典经济学的分析框架中,构建出基于技术创新、制度创新协同的企业持续成长创新理论。同时,其研究了技术创新、制度创新的投入对企业持续成长的影响及作用机制。赵青(2007)从企业组合创新的内涵出发,系统分析了企业在不同生命周期阶段的特点,建立了基于生命周期的组合创新范式,为企业能动态地开展技术创新活动提供了理论基础。郑刚等(2008)对企业技术创新过程涉及的多个关键要素的组合问题进行了研究,并创造性地提出全面组合创新过程模型。郭斌等(2009)研究了不同类型的企业资源后,提出企业组合创新过程中,资源柔性及资源冗余对合作与自主创新的不同影响,证实企业在技术创新时只有基于不同资源合理选择创新方式才能保证创新有效,增强核心竞争能力。孙群英等(2011)也从创新要素视角出发,针对企业内部要素组合的创新模式未来发展进行了研究分析。毛维青等(2012)在分析了产品创新、工艺创新两种创新作用的基础上提出产品创新、工艺创新的组合创新。邱建华(2013)则选择从实体企业入手,以铝企业为实例,基于协同创新对企业价值的影响,探讨实现协同创新目标的最佳途径(即协同管理战略)。许朋飞(2015)从系统角度出发,认为组合创新系统需要组合企业内部人力、技术等多个要素。郭净等(2015)通过实证对河北省中小企业创新所面临的困难进行分析,从内部要素组合角度提出了发展建议。王秀山等(2015)以并购 IBM 公司后的联想集团为研究对象,对战略、组织、文化、制度、技术五大要素组合创新进行分析,提出了企业内部组合创新的有效管理方法。黄茜等(2018)提出组合的本质在于创造价值,并以石油工程建设企业为研究对象构建内部技术与组织组合创新机制放大企业管理职能,促进企业组合效应。何乔等(2018)研究了 303 家中国企业数据,提出了技术创新与管理创新的离散性与企业绩效负相关,并提出企业绩效与创新组合性之间存在正相关关系。姚宇等(2019)的研究认为我国创新战略发展应该利用生产要素组合创新,从而获得更好的创新效应。卞秀坤等(2019)以华为公司为例阐述了以专利组合为主导的创新模式,该模式实质上属于以技术为主导的组合创新策略。

2.3.3 发展评述

当前研究领域对制造型企业组合创新的研究成果较少，通过上述研究成果可以看出，在组合创新的研究前期，国内外学术界对组合创新的研究主要还是围绕产品创新和工艺创新，研究目的仅侧重某一个方面，多数研究成果关注的是企业 R&D 能力和制造能力，即关注单一的产品创新或工艺创新，对企业其他资源与创新之间的关系考虑不足，未能重视其他资源组合创新的效果。

进入 21 世纪以后，有些专家、学者开始关注制造型企业制造能力及 R&D 能力以外的因素对组合创新的影响，企业管理者也开始研究分析那些不直接参与产品生产的因素对企业的影响，如各类影响生产的资源等。但是从研究成果可以看出，他们对企业组合创新的研究并不系统与全面，各类资源要素也并未得到科学的量化判断，研究往往过于主观。本书将系统、全面地对制造型企业组合创新进行研究，从 R&D 能力、制造能力、市场营销能力、资金投入能力、组织能力五大企业资源角度深入分析，细化分解每个因素，构建科学的组合创新评价体系形成一套通用的评价方法，以此判断制造型企业适合采取以哪种能力为主导的组合创新模式。

第 3 章

组合创新的模式、方法及实现条件

3.1 组合创新的模式

对制造型企业组合创新的模式,各类专家学者从不同的研究角度和目的出发,划分方式各不相同。在此重点介绍对组合创新的划分,《研究、发展与技术创新管理》一书将组合创新分为产品创新与工艺创新的组合、重大创新与渐进创新的组合、隐性创新效益与显性创新效益的组合、独立创新与合作创新相结合(孙爱英等,2006)。

3.1.1 产品创新与工艺创新的组合

对现有的产品创新或研发全新的产品即产品创新过程。其中,对现有产品的创新为改造产品创新,改造产品创新的动力机制一般为需求拉引型,是基于市场对原产品的需求及定位对功能技术进行拓展的过程,对原产品的技术及原理没有太大改变。而全新产品的创新过程则是研发新的产品,即产品在技术、原理及用途等方面都发生了直接变化,全新产品的创新是以市场对于产品的需求及技术推进等为动力。需求拉引型的实施步骤主要有以下七步:市场发出需求信号,企业根据市场信息构思产品性能,研究开发技术路线和工艺,批量加工生产,投入市场销售,跟踪服务,获得市场反馈(Mebratie et al.,2013)。

产品创新源于市场对新产品的需求和对老产品的摒弃,也就是基于市场需求进行创新。在新产品研发过程中,企业首先要明确产品的技术研究方向,通过对产品技术的发展与创新生产适用于市场需求的新型产品。实际上,许多企业在生产过程中经常会在消费需求与技术能力之间发现矛盾。大多数企业在产品创新过程中是基于自身实际技术能力,结合市场需求进行创新,通过两者的结合实现最佳的风险收益点,因此可以说产品创新的过程是需求拉动与技术推进共同牵引与作用的过程，这两者是产品创新的主要动力。

工艺创新是制造型企业在现有条件下运用新的技术及生产方式生产，以实现企业产品质量、生产效率及技术水平的提升等过程，通常包括两个阶段，即工艺的研发和将研发工艺导入制造环节。

工艺创新基于不同活动目的可以分为六种类型：①产品质量等级的提升，不同的技术规格及工艺水平生产出的产品质量等级也不相同，要提升产品质量等级，企业需要加大工艺的创新力度，协调创新工艺纪律、工艺管理、工艺技术，这三点中任何一点缺失都无法保证产品质量等级。②质量损失率的控制，在一定周期的工业总产值中，企业内部与外部质量损失成本的比重为质量损失率，质量损失率也是质量经济性指标的重要表征。企业为了控制生产废弃物发生率、减少不必要的经济损失，需要加强产品工艺设计、材料及硬件设备等方面的创新。③产品销售率的提高，产品销售率是产品质量适应市场需求的反映，通过工艺创新，企业可以生产具有较高性价比的、符合消费者需求的、具有独特魅力的产品，或是向客户提供优质的产品服务，由此可以提升消费者的购买力，拓展销售量，占据市场优势地位。④新产品产值率的提升，产品产值率也是企业总体工艺水平及技术发展水平的直观呈现（Shin et al.，2010）。制造型企业的生产工艺通常是由多种技术及多种学科内容综合而成，一些现代化的高科技企业或技术密集型生产企业的产品工艺涵盖了声、光、电等多种技术，尤其是计算机集成创造系统（computer-integrated manufacturing system，CIMS）技术的应用促使这些企业为了适应市场环境需要而不得不设法有效控制与协调产品生命周期的信息流、物质流、决策流。⑤资源的节约及成本的控制，企业生产尤其是制造型企业的生产需要耗费大量的传统自然资源，优化生产工艺可以实现对现有资源的高效、合理利用，采用新工艺还可以实现新资源的开发，一定程度上减少企业物料消耗，降低产品的生产成本。⑥环境的优化创新，企业通过工艺的创新减少资源浪费，降低环境污染，通过低污染或无污染的生产工艺提升环境效益。

作为技术创新中的重要一环，制造型企业的工艺创新过程需要遵循一定的规律，基于不同的企业发展目标可以将工艺创新策略分为四种：①企业的新工艺开发需要遵循市场导向策略，以市场需求为基础。②要基于企业原有的技术优势或引入行业内最新技术，遵循技术导向策略进行新工艺开发。③基于资源导向策略运用已有资源及行业内创新性资源进行新工艺开发。④基于市场环境及企业优势运用综合导向策略进行工艺创新。

基于工艺创新方法可以将创新策略分为创造策略、模仿策略和复合策略三种模式。创造策略即运用新技术与新原理进行新工艺开发；模仿策略即选择市场上相对成熟的产品，基于市场预测进行模仿或者稍加改进后生产；复合策略即基于市场形势合理地将创造策略与模仿策略结合，实现工艺的创新。

除此之外，工艺创新策略还可以根据推出时间分为抢先策略、紧跟策略、推进策略、以服务取胜策略及以质取胜策略等。

库兹涅茨等（1995）认为，在市场环境下，企业如果仅依靠单一的产品很难保持优势的竞争地位，需要通过不断的工艺创新实现产品性能的完善。斯托尔克（1999）认为企业在进行产品创新的过程中要基于产品实际综合考虑，要提升现有的工艺水平，在此基础上进行工艺创新，从而促进组合创新效益的实现（徐礼伯等，2015）。在美国，企业往往重视新产品的开发，76%的工业研究费用被用于开发新产品、新材料及新工艺。曼斯菲尔德等人分别调查与统计了三个行业创新费用中产业研究费用所占的平均比例，以及产品原型开发和建立制造能力的费用，得出化学制品行业分别为 16.9%、54.0%，机械行业为分别 3.0%、78.0%，电子产业分别为 3.9%、74.4%，由此可见新产品的开发在创新费用支出上具有重要地位。在对 275 家美国制造型企业进行研究统计后，Link(2017)指出这些企业 R&D 的 17%与 83%分别投入到了与工艺创新及产品相关的研究活动中，同时，企业的工艺创新投入会随产品复杂度不断提升而加大，产品创新与工艺创新的组合也是本书研究的重点。

3.1.2 渐进创新与重大创新的组合

20 世纪 80 年代，英国苏塞克斯大学的科学政策研究所首次提出技术创新 SPRU 分类学，在创新分类中产生了较大的影响。这一学科基于重要性原则将技术创新分为根本性创新和渐进性创新（阚泽彬等，2000）。根本性创新指技术上的重大创新与突破，也是人们所熟知的重大创新，是制造型企业首次引入的能够对企业经济产生较大影响的新技术或新产品，这一创新过程是对原有观念的一次重大突破。根本性创新进入市场并被顾客接受后会使现有产品和生产方式过时（陈新桥等，2002）。如机械式打字机及真空管等事物都是在根本性产品创新之后被淘汰，根本性创新的过程将引导市场的巨大改革，甚至决定了一个行业的技术创新及竞争格局。对产品基本性能的改革可能改变一个产业，也可能使一个行业的竞争基础及性质发生完全改变。根本性创新是一个漫长的过程，在科学技术不断发展的条件下，根本性创新也逐渐发展，其他社会的创新活动不断充实与完善了根本性创新过程，并不断衍生大量其他的创新活动。对一些传统产业来说，根本性创新活动是这些产业重新获得活力、重新成长的推动力；对社会经济活动来说，根本性创新活动具有较大的溢出效应与外挂效应，对老产业的改造及新产业的产生都是决定产业结构变化的主要力量。但是根本性创新活动并不适用于所有企业，创新者如果不能准确把握市场形势及市场竞争格局，那么根本性创新活动的开展只会为行业内的其他模仿者提供有利条件。从特点上分析，根本性创新是对原有技术观念的一次完整突破。与根本性创新活动不同，渐进性创新是一种连续性的、渐进式的、缓慢的创新活动，是基于管理创新目标不断进行的、连续的、渐进的小创新（胡哲一，1993）。例如，在生产过程中对原有的电子元件进行细微的优化，对原有产品的设计功能进行适当的补充，这些创新过程不会对元件或产品架构产生改变。在日本，许多企业都采用渐进性的创新管理策略。在日本公务员的改革过程中，渐进性创新也得到了合理应用，日本政府通过这渐进方式有计划地逐年减少公务员数量，成功实现了公务员改革。我国制定机构改革方案时也可以学习与借鉴这一创新管理策略。渐进性创新过程变化虽然很小，但是其重要性仍然不容小觑，同时，大的创新性策略也需要许多渐进性的创新辅导才能发挥作用，通过大量的小创新积累产生大的创新连锁反应，导致大的创新出现。

通过对图 3.1 渐进性管理创新分析可以得知，无数个小创新累积在一起便是组织管理的创新，通过大量的小创新可以对企业经营管理进行有效改善，当积累到一定程度后，将使企业管理出现质的变化，这种渐进性的管理创新活动具有较强的可操作性，且通常需要耗费较长的创新周期，但是长时间的创新产生的效果是显而易见的。

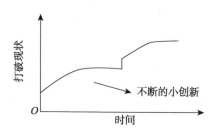

图 3.1　渐进性管理创新示意图

在社会经济活动中，根本性创新活动的开展将对产品产生直接影响，企业在过去的技术创新管理过程中通常会选择根本性创新，对自身经营管理的渐进性创新的积极作用没有产生正确认知。许多企业会由于忽视了渐进性创新管理的作用，在进行技术开发时将重点放在全新的产品与技术开发上（即重点开展根本性创新活动），久而久之，导致渐进性创新的优势难以得到发挥。

3.1.3　显性创新效益与隐性创新效益的组合

在制造型企业经营管理过程中，技术创新活动对企业经济效益具有重要影响。

首先，技术创新活动的开展可以推动产品销售额与利润额的增长，使企业的显性效益得以显现。其次，一些隐性创新效益也能逐渐显现出来，以类似"折现"的方式助力企业长期发展。

现阶段，关于制造型企业创新效益方面的研究活动大多着眼于显性效益，以通过经济指标直接量化的经济效益为主。企业在进行实际的技术创新项目过程中不仅呈现显性的经济效益，同时也出现了一些隐性的创新效益，隐性创新效益的不断增长可以实现企业发展的"长时效"。

通过企业技术及能力的提升可以显现创新项目的隐性创新效益，这一"隐性创新效益"对创新项目成功率的提升、资源使用率的提高及创新周期的优化都具有积极意义。与此同时，根据日本日立机电的数控机床技术发展过程分析可以得知，从企业长远发展角度分析，这些创新项目的隐性效益具有较强的正效应。

3.1.4　独立创新与合作创新相结合

独立创新指企业在获得技术与市场创新机会后，基于现有能力在缺少其他技术指导与帮助情况下攻克技术难关，获得技术成果及商业化转化，也可以称为率先创新。

在市场上，经过独立创新的产品通常可以占据行业内的垄断地位，为企业创造利润。与此同时，独立创新性产品也面临较大的风险，需要企业在研发前具有敏锐的市场洞察力及强大的研发实力。在市场上，独立创新的成果具有首创性。我国大多数企业通常是基于自身实力进行自主研发与生产，而国外的许多大型企业在产品研究工作中通常可以凭借内部研究开发机构开发产品，由此实现独立创新产品的技术保密，研发具有特色的核心产品。同时也应当看到，独立创新的过程需要企业具有强大的资金实力，需要耗费大量的人力、物力，也需要企业具有先进的生产与管理能力，只有这样才能确保创新性产品的生产落地。但由于独立创新产品的创新成果可以转化为专利权，在特殊情况下，企业执行独立创新策略也是基于市场环境而为。例如，20 世纪 60 年代，为了不再受制于他国的政府与武力威胁，我国在没有外部支援情况下进行了原子弹与氢弹的自主研发，这便是基于环境所进行的独立创新策略。

从另一个角度分析，独立创新也存在十分明显的缺陷。企业独立创新过程中需要严格保密，创新者创新研究活动中信息的不对称可能导致创新内容与方向出现偏差，或所研发产品被他人率先创造，出现相似产品等问题，造成不必要的财力与物力浪费，在市场上也将失去占领先机的机会。

合作创新是基于共同的研究开发目标，由创新企业牵头与兄弟企业及高校、科研机构合作进行的创新研究，各机构在保持独立的社会身份及利益的同时合作开展同一技术与产品研发工作，由此实现各机构的相应目标。

20世纪70年代中后期，合作创新开始出现，并在各个国家得到了快速发展，尤其是在发达国家，合作创新已经成为主要的技术创新组织形式。如美国就拥有4000多个基于高新技术领域创新的合作创新组织，这4000多个创新组织涵盖新材料、信息技术及生物技术等多个领域。当前，高新技术与新兴技术企业是合作创新形式主要集中地，我国大多数生产企业存在明显的技术创新资源不足问题，对这些企业来说，通过合作创新提升企业创新能力是企业发展的重要推动力。优势互补及资源共享是企业进行合作创新的基础条件，互利共赢是企业进行合作创新的主要目标，各机构在明确的合作目标及条件下遵循合作规则共同投入、共享创新成果、分担创新风险。

合作创新过程可以分为长期合作与短期合作，针对不同的战略意图及特定项目可以选择不同的合作期限，长期合作包括网络组织与技术联盟等，短期合作包括许可证协议及研究开发契约等。现阶段，在许多发达国家，合作创新成为主要技术创新方式。基于不同的创新动机，合作创新的组织形式也呈现出多样化特点，其包括技术创新这一狭义的合作创新概念，以及企业合作创新这一广义上的合作创新概念。广义上的合作创新在创新构思的形成、创新产品的开发、产品的商业化过程中都进行了合作创新，通常是企业与高校、相关研究机构联合创新的过程。而狭义上的合作创新则是基于某一创新性技术合作的过程，在技术研究过程中，企业、研究机构、高校基于共同目标投入优势资源。

近年来，科学技术快速发展，技术创新规模持续扩大，越来越多的企业认识到自身实力与市场需求的偏差，明确了创新能力对自身发展的推动作用。企业为了缓解自身实际情况与市场环境之间的矛盾对创新周期进行最大限度的压缩，寻找多样化的合作创新模式，通过合作创新活动弥补自身在资金及技术等方面的不足，希望通过合作创新获得资源，与各机构实现优势互补。

3.2 组合创新的方法

盛田昭夫是索尼公司的创始人，他曾经提出使产品变旧和过时应当是企业的本能，只有这样，人们才会主动地创新产品，竞争的激烈程度可见一斑，同时这也体现了创新的重要性。

作者在对本书研究的制造型企业进行调研时发现，所有目标企业几乎都遵循了以产品创新、工艺创新、组织创新、营销创新为主导的四种组合创新方法，基于此，下文对这四种组合创新方法进行系统的研究。

3.2.1 以产品创新为主导的组合创新方法

基于产品创新的单链式创新方法是制造型企业最常用的一种创新方法，主要包括原始创新、模仿创新、渐进创新与重大创新四种具体方法。通过对产品生命周期的分析可以得知，产品在基型设计之前需要经历多次创新与变动，其中还有数次属于重大创新（王秀江等，2009）。制造型企业在产品创新过程中要综合考虑多种因素，以产品性能提升为主进行大量的研究。例如，白炽灯这一产品在形成商业化的灯泡设计结构后便几乎没有了创新，其次如计算机等其他产品都存在此类现象。

诸多国内外学者对产品创新进行研究后提出，在产品创新初期阶段通过频繁的创新活动可以解决尚未确定的产品性能标准问题，产品结构及性能将由此得到明显改善，用户对产品性能的认可以及依赖程度也将得到提升，在市场上推广将更为顺利。企业为了进一步开拓市场，提升产品在市场上的占有率，需要不断优化产品的结构性能，解决组件的标准化及产品的通用化、结构的工艺性等问题。

用户的比较和评价是产品创新的重要信息源及主要的推动力。核心技术能力一直是产品创新的重点，只有掌握与发挥核心技术才能创造独具优势的、具有创新性能与品质的优势产品，并申请专利。在产品创新的过程中企业不能排斥其他创新，任何创新都可能对自身的发展产生不可估量的影响。

对制造型企业来说，产品创新活动具有较高的技术风险。许多企业在产品创新过程中遭遇了失败，有资料表明，企业在进行新产品创新过程中的失败率高达80%，新产品研发失败的企业中，消费品行业40%~80%的失败率最为常见，此外，工业品行业的失败率为20%，服务性行业的失败率为18%左右。对这些开发新产品失败的企业来说，巨额研发资金的浪费对企业发展造成沉重打击。对这些新产品开发企业失败原因分析总结归纳，得出主要有以下五方面因素：①新产品构思不充分。②产品制造成本过高。③资金短缺。④开发速度过快，周期过短。⑤产品生命周期短。

尽管产品创新是一项失败率很高的创新活动，但也不乏成功的案例，如美国安培公司的录像机、波音公司的喷气式发动机及贝尔公司的电话等。

3.2.2 以工艺创新为主导的组合创新方法

在以单链式创新方法进行工艺创新的过程中，企业通常遵循工艺创新、产品创新、组织创新、制度创新、营销创新的步骤。

除了产品创新之外，工艺创新也是制造型企业技术创新的重要一环，工艺创新与企业产品质量的提升及成本的控制有直接联系。对工艺创新可以从广义与狭义两个角度分析，其中，广义的工艺创新包括生产装备的更新、生产过程的重组、装备与生产过程的重组，通过对企业技术基础及生产效率的优化实现生产方式的改革，具体创新源如表 3.1 所示。

表 3.1 制造型企业工艺创新的创新源

创新源	信息源	动力源	功能源
创新源的分类	用户	解决产品制造的问题	产品开发部门
	供应商	提升产品性能和质量	产品设计部门
	竞争对手	提高制造效率	制造部门
	技术合作伙伴	降低制造成本	
	市场	提高工艺开发效率	工艺开发部门

在新产品研究初期，制造型企业通常不受工艺条件及生产效率因素制约，对新产品的研究重点在于产品原样或者样品的试制，通常依靠企业内具有领先技术的工人或通用的工具设备制定工艺路线。

除此之外，产品与工艺创新之间相互影响，先进的工艺可以保障产品的质量、性能及生产效率，通常来说，企业产品创新效率逐渐放缓后工艺创新的效率将会显著提升（Mao et al.，2012）。例如，白炽灯在生产出来后其产品性能基本定型，定型之后，从原来的熟练工人制造向机器制造转变，高真空泵及吹泡机等制造设备逐渐被投入到生产过程中，由传统的手工制造向设备制造转化，在 1880—1920 年的 40 年间，白炽灯制造过程从 200 道工序降至 30 道工序，生产工艺得到显著创新。

制造型企业产品的创新受制于工艺环境，但同时又决定了工艺创新的发展程度。对企业产品创新，浙大创新研究组划分了基于企业发展的工艺预创新、基于产品的工艺实时创新及基于规模经济的工艺批量创新三个部分。并对近五年新产品销售收入占总收入 5%以下的 20 家国有大型企业、江浙地区近五年新产品销售收入占总收入 20%以上的具有较强创新能力企业进行了比较分析，得出了如表 3.2 所示的结果。

表 3.2 创新能力强弱不同的制造型企业工艺创新的对比

	创新能力强的企业		创新能力弱的企业	
	企业数/家	比例/%	企业数/家	比例/%
工艺预创新	14	70	0	0
工艺实时创新	20	100	4	20
工艺批量创新	18	90	7	35

许多制造型企业运用分步创新方法，以工艺创新为主导获得了巨大的利润，其中最典型的企业有福特公司的集成制造系统，松下公司的电视、录像机等。

3.2.3　以组织创新为主导的组合创新方法

组织创新的目的是实现高效的企业管理，通过优化管理方式、组织结构使企业的创新活动发挥最大效益。当企业的人事或组织发生重大变动或产品质量和生产效率由于工艺创新而大大提升时，原有的企业组织管理模式将难以满足生产需求，此时，以组织创新为主导的分步创新方法就显得尤为重要。组合创新一般遵循组织创新、产品创新、工艺创新、制度创新、营销创新、组织创新的顺序（冯佳，2019）。这一阶段的组织创新具有三个特征：首先，强调程序化及规章；其次，任务正式化，结构具有条理性与层次性；最后，重大创新让位于渐进性的技术创新。

在创新初级阶段，制造型企业可能面临来自市场的诸多影响因素，基于此，需要一个权力集中的组织结构将企业成员团结在一起，这个权力一般集中在企业家手中。创新初期，这种组织结构的优势在于可以迸发巨大的创新潜能，有利企业完成重大创新。

随着制造型企业的工艺创新进入稳定阶段，产品市售稳定，企业步入正轨，企业的管理权需要分摊时，原有的组织结构就失去了优势。为了使企业有秩序地运转，需要制定一套正规的管理程序和方法，这时，分工协作就变得较为重要（李先来等，2006）。产品标准完成后，制定有序的生产流程和建立广泛的营销渠道就成为企业的主要任务，这时企业需要运用结构及规章程序等实现组织控制。这里所说的结构是通过具有较强管理能力的人控制的机械型结构，在当前稳定的技术与市场条件下要实现稳步增长，企业必须依靠先进的工艺与成熟的产品，一些有利于延长现有产品生命周期的组织创新行为将得到提倡（刘利平等，2017）。如IBM、麦当劳、肯德基等就是典型的运用组织创新为主导的组合创新方法获得巨大成功的大型企业。

3.2.4　以营销创新为主导的组合创新方法

基于时代发展趋势，企业以营销创新为主导的单链式创新方法通常遵循营销创新、产品（模仿）创新、工艺创新、生产组织创新的创新链。面对我国复杂多变的市场环境，消费者的消费习惯不断改变，消费行为逐渐变得更加理智，企业若想获得消费者的青睐，就要在不断变化的市场环境中进行营销创新，通过优化营销手段抢占消费市场，为消费者提供更具个性化的产品与服务（刘建堤，2012）。因此可以说，在企业营销管理活动中，营销创新也是重要的研究课题。

企业营销创新过程需要基于市场外部环境，结合自身实际生产能力及资源条件对某一项或一系列营销活动进行创新与突破，其重点在于适应市场环境，并需要进行营销的创造与发展。只要不触犯法律法规，在企业能力范围之内抓住消费者心理进行产品的销售就是成功的营销创新，但是营销创新的成功与否并不只有是否实现营销目标这一单一评价标准。

对我国大多数制造型企业来说，营销创新是获得更多市场份额，打开国际市场的重要途径，也是企业在不断成长与发展中需要选择的必然手段，还是市场竞争力的根本条件。除此之外，企业通过营销创新可以获得各种优势资源的融合，使产品市场占有率得到提升（程会丽，2017）。如娃哈哈、可口可乐及海尔等企业都是营销创新的典型代表，它们的营销手段往往不拘一格、持续创新，带给消费者耳目一新之感，所以能在市场占据较大销售份额。

3.3 组合创新的实现条件

在进行组合创新选择时，制造型企业应该根据自身实际情况，兼顾市场需求，科学地选择组合创新模式，明确其实现条件，否则轻者导致企业组合创新失败，重者影响企业经营，甚至导致企业倒闭。

以A肥料企业为例，1966年A肥料公司成立，当时该企业只有108名职工，生产的产品为单一的尿素肥料。经过近30年的发展，截至1994年，A肥料企业拥有4300名职工，产品规格多达30个，产品品种有12种，年产各类肥料均超过20万吨，销售收入1.3亿元，纳税1800万元，是当地最大的化工企业之一。

在肥料行业，A肥料企业属于地方骨干企业，在1987—1995年的58家地方大型肥料骨干企业中，A肥料企业排到了第50名，经济效益及产品质量等排名在第37~46名。A肥料企业发展进程中受到了来自各方因素的制约，如原材料采购、销售价格、产品创新和工艺创新均需政府主管部门批准才能开展。政府的长期监管导致A肥料企业无法快速应对市场变化，缺乏对市场风险的正确认识，缺少创新动力，没有一个科学的组合创新战略。

A肥料企业在20世纪80年代中期开始进行市场化改革，进行了一系列的产品与技术工艺创新活动，但是极少有创新项目成功实现商业化，尤其是两个涉及企业发展的重大创新项目失败使企业经营每况愈下。A肥料企业没有通过这一系列的产品与工艺创新、技术创新发展壮大，最终在政府拒绝继续注资与肥料市场不断恶化的复杂环境下于1998年宣告破产。

近几年国内外对企业创新管理的研究表明，企业战略、组织结构及创新文化是影响企业创新成效的重要因素，如图3.2所示。

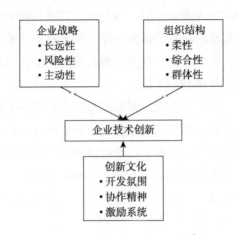

图3.2　企业技术创新与战略、组织及文化创新的匹配框架

3.3.1　技术创新与组织、文化创新的关联

各专家学者在进行创新研究的过程中，通常都会将企业技术创新中的影响因素集成在市场与技术两个方面，将市场与技术作为重点研究内容之一。例如，马尔奎斯（Marquis）在进行企业创新研究的过程中就将市场部门与技术部门的合作视为企业技术创新成功的核心要素。但同时，通过进行大量的资源调查分析可以得知，处于同一行业，面对相同市场环境且具有相似技术能力的不同企业在进行技术创新的过程中得到的创新成果也是截然不同的（许庆瑞等，2002）。

由此可以说明，良好的市场环境与是否具备创新能力并没有直接关系，企业有效发挥良好的创新能力与准确抓住市场机遇也是完全不相关的两件事情。企业在创新能力的发展过程中存在许多关键性的影响因素，而企业组织结构及文化类型是最主要的两个因素。

基于此，除了从传统的市场维度对技术创新影响因素进行分析外，企业还要从技术创新组织及文化维度进行分析，在技术创新成功的过程中，技术与市场维度从一定程度上来说是由组织文化维度决定的。分析一些典型案例可以发现，许多企业之所以创新失败并不是因为缺少市场机会及技术能力，而是这些企业现有的组织结构与文化类型限制了企业创新（李奎，2015）。如大多数国有企业相对私营企业与乡镇企业来说具有显著的技术与产品市场优势，但是在改革与创新过程中，这些国有企业在组织与创新方面的力度较弱，失去了市场机遇的把握及技术优势上的领先地位。企业在技术创新过程中，组织结构与文化类型的适配度直接影响创新技术水平的发挥，若组织结构稳定性不足，企业内部资源功能则无法得到有效发挥。

现阶段，制造型企业制度发展的核心内容就是建立技术创新机制，企业需要基于顾客导向目标及质量目标使各部门紧密结合，研究部门、营销部门及组织部门等都需要在各个层次上发挥作用，通过权变制结构与创新型文化匹配创造良好的企业技术创新环境。

3.3.2 技术创新与组织创新的协同

企业组织代表一种对资源配置方式（包括对人、财、物资）的稳定合理安排，企业组织创新的过程必然会从根本上、渐进式地改变企业人、财、物的配置方式。

制造型企业的技术创新与组织创新的内在关联特性是十分明显的（汤鸿等，2009）。一方面，企业技术创新过程是对现有生产技术与资源的整体创新；另一方面，企业组织机构在很大程度上取决于自身生产的技术特征。

从本质上说，技术创新突破技术、突破旧制度，不断推陈出新，是对旧方法、旧技术进行改革与优化的活动。在技术创新过程中，组织始终处于贯穿地位，创新过程的实现也是一次组织变革的过程。

创新与组织创新的内在联系表述如下。

（1）组织创新不仅可以推动技术创新，对技术创新效率的提升也具有推动作用。首先，组织创新活动可以创造良好条件，提高资源利用效率，使生产要素重新组合，企业资源也可以得到更加合理的配置，应用于发展潜力更大的领域。其次，企业技术创新活动的开展涉及企业内部各个部门及企业职工，良好的组织结构可以发挥有效协调作用，使各部门成员的积极性得以调动，部门之间的配合更加默契，进而推动技术创新。

（2）企业技术创新离不开组织结构的协调与配合，技术创新与组织变革通常是同步完成的，具体来说表现在三个方面。首先，企业技术创新的过程需要建立新的技术体系，必然会使原有的技术组织体系遭到破坏，技术组织的权、责、利关系也将发生改变；其次，企业技术创新活动的开展存在较大风险，组织结构需要具有一定的抗风险能力，需要根据环境进行弹性调整；最后，技术创新活动的开展也是企业组织开放的过程，技术创新活动需要与企业外部进行较多的信息交流，需要对外部信息进行创造性学习，企业组织需要有对外部环境变化及时反应的能力。

（3）分析企业组织结构的演变可以得出企业组织结构与技术创新之间的密切关系。通过分析一些欧美发达国家的组织结构演变可以得知，这些企业大致经历了四个阶段的组织结构演变过程，并且存在纯等级结构、职能制结构、分权制结构与权变制结构四种基本形式与之相对应（苏海涛等，2018）。在不同的发展阶段，这四种结构处于不断形成与演变状态，不同的状态也典型地反映了不同的技术性质作用，具体情况如表3.3所示。

表3.3　发达国家企业组织结构演化与技术创新

主导组织形式演变	主导技术演变	企业制度特征演变		主要技术创新及完成时间
纯等级结构	简单机械	个人业主制		
职能制结构	机械化技术	工厂与合伙	公司	蒸汽机（100年） 汽化器内燃机（38年）
分权制结构	铁路、电力、化学	股份有限公司		尼龙（11年） 喷气发动机（10年）
权变制结构（柔性结构）	信息与自动化技术	股份有限公司与控股公司		聚丙烯（3年） 激光（1年）

对技术与组织创新间的协调层面进行分析可以得知，基于不同层次的组织创新可以建立相应的协调模式。

在制造型企业发展过程中，技术与经济方式的改革及市场竞争环境的变化是组织创新的主要原因。通过组织创新可以重新定位企业的发展战略，也就是说，通过组织创新可以实现企业整体或部分体系的创新，包括激励体系、决策体系及调节体系等。现阶段，许多发达国家随着技术经济方式的转换逐渐转变了企业组织结构，职能制结构逐渐取代了传统的纯等级结构，分权制结构取代了职能制结构，权变制结构取代了分权制结构，这些结构的演化过程就是组织的创新过程。

现阶段，我国正处于现代化企业制度改革阶段，社会经济制度的变化一定程度上推动了制造型企业开展创新活动，对企业技术创新活动来说这也是一次重建技术创新机制的过程。

为了更好地适应市场竞争，组织创新将在企业发展战略目标指导下对部门目标进行重新定位，并重新配置企业内部各部门之间的资源，这种部门层次的创新对企业总体框架制度并没有影响（王彩霞，2007）。通过部门层次的组织创新可以对现有的企业技术创新运行机制进行改善，优化创新效率，提升研究开发过程中技术与营销、制造之间的联系。

技术创新是组织创新的基础，在项目层次上，组织创新是基于具体技术创新项目进行的即时性创新活动，这一创新过程的灵活性与时效性较为显著，企业组织机构与文化的合理配合可以推动组织技术创新，促进组织创新成功（梁双陆等，2017）。项目层次组织创新的典型形式是企业为完成某一技术创新而临时组建的、具有创新意义的组织。这类组织创新形式对企业来说虽然只具有短期意义,但在具体的技术创新中却能发挥关键作用。因此,技术创新应当是组织创新的重点内容。

3.3.3 组织创新与文化创新的匹配

受文化差异影响,在技术创新层次上不同的企业表现也不尽相同。企业文化之间的差异主要表现在文化类型的差异,不同类型文化进行优化与变迁的过程就是企业文化创新的过程。通过借鉴荣格的精神分析模型,综合考量企业的文化层次结构,可以得出秩序型、效果型、参与型与创新型四种典型的文化类型。浙大研究团队的调研结果对我国的企业文化类型及其状况进行了整理,具体如表3.4所示(孙晓光等,2012)。

表3.4 我国企业文化类型及其状况

文化类型	创新型文化	秩序型文化	参与型文化	效果型文化
认同/总数	6.50%	13.10%	19.20%	61.20%

如果将创新型文化作为企业文化创新目标设计,针对我国大多数企业可以提供以下三种文化创新模式,具体如表3.5所示。

表3.5 我国企业文化创新模式

创新模式	路径	特点	适应条件
根本创新模式	效果型—创新型	直接转变,匹配条件高	企业家主导型企业
渐进创新模式1	效果型—参与型—创新型	间接转变,周期较长	科学管理型企业
渐进创新模式2	效果型—秩序型—创新型	间接转变,周期一般	家族管理型企业

那么,组织结构与文化类型的匹配模式将如图3.3所示。

	纯等级结构	职能制结构	分权制结构	权变制结构
创新型文化				Ⅳ
参与型文化			Ⅲ	
效果型文化		Ⅱ		
秩序型文化	Ⅰ			

图3.3 组织结构与文化类型的匹配模式

图3.3中的Ⅰ、Ⅱ、Ⅲ、Ⅳ表明了组织结构与文化类型匹配关系。当组织结构

与文化类型匹配时，组织结构可以使企业内部资源功能得到充分发挥。文化类型与组织结构在其他方格中不匹配将使组织结构对企业内部资源配置的作用无法得到有效发挥，同时可能使组织结构瓦解。对一些企业进行分析调查可以得知，现阶段有些企业在效果型文化背景下尝试运用权变制或分权制的组织结构对组织机构进行事业部制改革，甚至出现超事业部制，使企业管理层次增多，组织费用增加，导致组织效率不高，经过一段时间后又必须变回原有组织模式。

3.3.4　企业组合创新实现条件的扩展

除了上述组织创新和文化创新条件之外，企业组合创新能否带来良好的效益，在很大程度上还取决于企业创新能力要素与组合创新模式是否匹配。后文将重点从企业创新资源能力要素和企业家创新能力两个方面进行分析。

第 4 章

组合创新与创新能力要素的关系

4.1 制造型企业组合创新的创新能力要素

当前影响制造型企业组合创新的能力要素有两种。第一种是企业创新资源能力。在主体创新与创新能力发展过程中,创新人格化是企业的主要发展方向,创新智能化能力是企业发展的前提,创新思维能力是企业发展不可或缺的核心因素。每个企业具备的创新能力不尽相同,如一些传统制造型企业制造能力强而 R&D 能力弱,一些高新技术企业 R&D 能力强而制造能力弱等,企业具备的不同创新能力会直接影响组合创新的选择。第二种是企业家创新能力。创新的特点是不确定性和复杂性,企业家作为企业创新活动的总指挥,他们支持、组织、推广创新,并对创新成功拥有极大的信心,切实保障企业有效展开创新活动(高建新,2014)。作为企业直接领导者,企业家的决策将直接影响企业的创新行为,企业家的战略眼光、冒险精神、整合能力及决策能力对企业组合创新取得成功具有决定性作用。如华为公司创始人任正非始终坚持创新理念,认为"不搞创新就是等死",几十年如一日依靠创新驱动企业发展,使华为公司成为中国首屈一指的技术创新企业。

4.1.1 制造型企业组合创新资源能力

创新资源是制造型企业在创新活动中所需要的各种资源,包括财力、物力及人力等多方面内容。创新之前,企业的资源是固定的,创新能力不会发生太大的变化(刘娟娟,2017)。探讨企业组合创新的过程可以将其分为六个阶段,如图 4.1 所示。

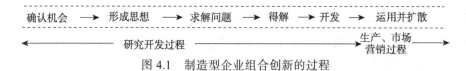

图 4.1 制造型企业组合创新的过程

从图 4.1 中可看出，研究开发主要包括前五个阶段，生产与市场营销则处于第六阶段，完整的企业组合创新过程需要组织管理帮助其实现，表现为企业的 R&D 能力、制造能力及市场营销能力三个方面。企业在研究创新过程中需要提升组织能力，加大资金投入，所以，其组合创新能力受 R&D 能力、制造能力、市场营销能力、组织能力，资金投入能力五个方面的影响，如图 4.2 所示。

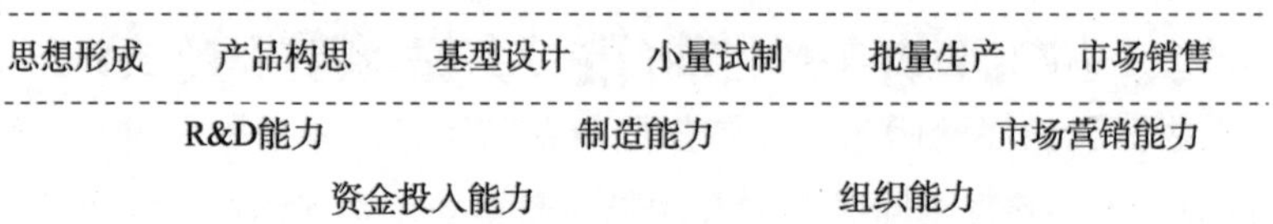

思想形成	产品构思	基型设计	小量试制	批量生产	市场销售
R&D能力				制造能力	市场营销能力
资金投入能力				组织能力	

图 4.2 制造型企业组合创新资源能力要素

如何才能实现组合创新与企业资源配置的协调？要明确产品创新及技术创新能力之间的关系，通常来说，企业创新能力直接反映在企业技术创新能力方面，拥有较强的技术创新能力，企业便能推动高质量的产品创新。在产品创新过程中，制造能力、市场营销能力以及 R&D 能力等组合创新能力要素贯穿于始终。

以下为四种常见的创新模式与企业创新要素的关系。

（1）以产品创新为主导：制造型企业需要极强的 R&D 能力、较高的组织能力及市场营销能力才能实现以产品创新为主导的组合创新，这一模式对企业的资金投入能力及制造能力的要求则相对较弱。任何商品都遵循市场规律，分析产品生命周期理论可以得知市场上没有永远的畅销品。对企业来说，不能满足消费者需求的产品是没有价值的，社会环境的不断变化促使消费者改变消费倾向，因此在不同时间，消费者对产品的要求不尽相同。所以，很多企业会选择以产品创新为主导的组合创新模式，而产品研发生产需要的是 R&D 能力。但是，在产品的销售过程中，市场营销能力却是企业获得经济效益的首要影响因素。同时，产品研发人员在开发研究新产品时，要基于市场销售人员提供的销售反馈优化产品，需要制造型企业采用灵活、高效的创新组织进行管理。

（2）以工艺创新为主导：制造型企业进行工艺创新的过程是对原有生产方法及工艺设备进行重大改造，或采用全新方法改造设备与改革生产方式的过程。企业工艺创新活动的创新点体现在生产活动中，表现为对劳动者、生产资料和生产对象等内容的创新，抑或是各种生产力要素的结合方式。在实际生产过程中，企业开展工艺创新活动可以有效提升产品品质、优化生产效率，同时还可以节约资源成本，但是这一创新过程需要投入大量的财力与物力，相对产品创新为主导的组合创新模式，工艺创新对 R&D 能力及市场营销能力要求较低。要提高企业制造能力，生产设备的更新是必不可少的，这就要求制造型企业必须拥有雄厚的资本以开发先进的生产技术、引进先进的生产设备。

（3）以组织创新为主导：组织创新是企业为了提高组织活动效益，基于组织目标与人的发展，运用科学的方法及知识对组织结构与企业管理方式进行调整与改革的过程，组织创新活动能使企业更好地适应组织内部条件及企业外部环境的变化。相对其他模式来说，组织创新对营销能力及组织能力的要求更高。通过组织创新过程，制造型企业基本可以实现产品的定型。企业技术的改革与创新在一定程度上扩大了企业的生产规模，使原来适合企业管理的组织形式变得不能适应产量上升、生产规模扩大的需要，因此企业必须具有强大的组织能力，把创新做好，以最小的投入实现经济效益最大化。

（4）产品创新和工艺创新共同主导：制造型企业为了生存发展，不被激烈的市场竞争淘汰就必须创新。但是对企业来说，自身拥有的资源都是有限的，市场对产品需求的创新与企业的创新资源之间永远是矛盾和对立的关系。对企业来说，进行多个创新需要投入巨大的财力、物力、人力，几乎没有企业可以同时做到这一点。企业需要拥有足够的创新资源及强大的技术实力支持，只有这样才能实现两种创新共同主导的组合创新模式。

在选择组合创新模式时，制造型企业无论选择哪一种模式都需要投入大量的创新能力要素，要加大人才、资源的引进力度，加强企业现有技术人员的培训力度，提高 R&D 能力（Aaker D A et al., 1978）。企业需要加强与研究机构、高校的联系，积极与行业内的专家加强合作交流，增强科研成果转化能力，同时也要关注政府发布的相关政策，争取政府的政策和资金扶持。工艺创新能力的提高关键是提高制造能力，在这方面企业需要根据自身需求，了解行业内前沿的生产技术和生产设备，大刀阔斧地引进或改造现有生产设备，熟练掌握相应的生产工艺技术，从而提高自身的工艺水平。

作者在分析了以上四种常见创新模式后，对企业的资源配置和模式进行了总结归纳，得出结论如表 4.1 所示。

表 4.1　创新模式与制造型企业创新资源匹配表

	以产品创新为主导	以工艺创新为主导	以组织创新为主导	产品创新和工艺创新共同主导
资源配置	组织能力与市场营销能力较强，R&D能力强，资金投入能力强，制造能力低	市场营销能力和R&D能力要求较低，制造能力与资金投入能力要求较高	组织能力要求极高	技术实力与创新资源要求极强

续表

	以产品创新为主导	以工艺创新为主导	以组织创新为主导	产品创新和工艺创新共同主导
前期特点	上升需求及产品革新提出的工艺变革需求	引进创新工艺、模仿产品改进工艺，降低成本逐渐标准化生产	非正式的、企业家式的组织管理方式及项目组或工作组的形式	不断研究开发新产品、新工艺，获得垄断性利润
后期特点	产品效率、质量提升，产品逐渐得到改进	生产设备逐渐自动化、专业化、渐进性地工艺创新	组织管理中强调结构、目标、规则	被同行模仿产品与工艺，投入新产品开发、研制新工艺
典型企业	波音公司（喷气式发动机）、贝尔公司（电话）等	日本索尼（录像机）、松下（电视）等	IBM、麦当劳等	微软、通用公司等

为了解制造型企业创新资源能力与组合创新模式的匹配程度，作者在河南省企业联合会中选取了38家制造型企业进行深入调研，通过企业调研与企业中高层技术创新人员面谈，理清了这些企业的技术创新管理工作现状，并通过李克特式问卷调查的方式进行了相关数据资料收集，得出调查统计结果汇总如表4.2所示。

表4.2 制造型企业资源和组合创新模式匹配程度

制造型企业资源和创新模式匹配程度	认同企业数/家	认同占比/%
非常匹配（5分）	10	26.31
比较匹配（4分）	12	31.64
勉强匹配（3分）	12	31.64
不匹配（2分）	3	7.81
很不匹配（1分）	1	2.60

由调查统计数据可以看出，认为本书所提出的企业创新资源和创新模式匹配（3分及以上）的企业达到34家，占比89.59%，仅4家认为不匹配，由此可以看出，本书提出的企业创新资源与企业实际创新模式匹配度较高。

4.1.2 企业家创新能力

18世纪30年代，理查德·坎蒂隆首次提出了"企业家"的概念。诺贝尔经济学奖获得者阿罗提出是市场经济培育了企业家，而企业家构建了市场经济，市场经济是企业家的经济（熊彼特，2007）。

现阶段，商界对企业家能力（entrepreneur capability）仍然没有一个准确的定义，但是通过对企业家能力及精神的概念研究可以发现一个共同的核心观点：企业家精神是一种无形生产要素，是在企业组织建立及管理过程中企业家综合能力的表现，主要体现为企业家勇于创新和承担风险的精神。企业家能力是企业家在经营管理企业的过程中表现出来的解决处理问题的能力，包括承担风险及创新两个部分，承担风险和创新能力是优秀企业家必备的品质。

创新能力被定义为企业家应有的职能，在所有的技术创新活动中处于核心位置。成功的企业家能有效组合众多生产要素并创新，以此实现企业利润的最大化。作为生产要素的一种，企业家创新能力对产品创新和工艺创新的影响应该得到足够的重视。综观国内外，几乎每个巨头企业都有一个杰出的企业家在掌舵，如杜邦公司的杜邦、索尼公司的盛田昭夫、美孚石油的洛克菲勒及 IBM 的老沃森等都是杰出的企业家。

风险是任何企业和企业家不可规避的现实问题，企业家应该综合评估企业所处的环境，在感受风险的过程中通过快速的自我调整使企业符合持续发展的要求。风险承担能力间接地反映了企业在投资决策时的风险偏好（张兆国等，2020），它受到管理者背景、股权结构（王美英等，2020）、管理层激励、外部治理机制和社会网络（张敏等，2015）等因素的影响。

曾经赫赫有名的移动通信企业——摩托罗拉公司就是一个典型的风险投资失败的案例。2015 年前的摩托罗拉是世界范围内具备领先技术的代表性企业，"六西格玛"质量管理体系认证就出自该公司。然而这样一个全球知名的企业却因"铱星计划"黯淡收场。"铱星"是借助卫星直接传输信息的新一代移动卫星通信系统，其技术上的先进性远远高于依赖地面网络的通信系统，自商品化推广开始就被定位为"贵族科技"。这种风险大、成本高、难以维护的高科技系统在全球推广了两个季度，但仅发展了 1 万用户，导致摩托罗拉公司亏损高达 10 亿美元。

制造型企业的发展离不开创新，不创新就会落后。制造型企业创新不是线性的过程，而是一个涉及多组织互动的过程，因此，在创新中制造型企业的状况是不断变化的。在研究企业家技术创新时，杨建群等（2002）对企业家技术创新能力进行了三个方面的分析，包括创新能力、创新权力及创新决策。此外，熊彼特在其发表的作品中对企业家的创新能力进行了分析，对企业家精神进行了概述，他认为：企业家的创新能力首先在于勇于打破常规、摆脱惰性思维的束缚，基于坚定的决心创立宏图伟业；其次，应当面对困难、压力及社会阻力，具有百折不挠的勇力与毅力，始终坚持创新；最后，能够准确把握发展道路上的每一次机会，能够衡量利弊，具有管理者气质。

通过以上分析可以将企业家的创新能力归纳如下。

（1）战略眼光。企业家应该具备灵活的思维，还要善于把握创新机会，能够快速权衡利害，对未来的趋向具有洞见力，与普通人相比，这正是企业家的独特气质。企业家要及时、充分地了解市场变化，以清晰的头脑分析市场环境，拥有较强的风险把控能力，能够在复杂的市场环境中准确地抓住创新机会，也可以说，企业家战略眼光的高低是企业技术创新能否成功的先决条件。

（2）冒险精神。优秀的企业家应具有百折不挠的决心，在机遇面前勇于实践、敢于冒险。在产品的自主创新过程，企业家的战略眼光将决定产品的市场接受度，而冒险精神将决定产品的经济效益。企业产品创新的过程是曲折而漫长的，因此企业家需要有强大的抗压能力，勇于面对来自各方面的质疑与挑战（李洪青，2009）。如果企业家失去了百折不挠、敢于冒险的精神，那么企业的创新活动就会流于形式，这将不利于企业的发展，企业的创新行为也很难从上到下得到彻底的贯彻。企业家颓废的精神面貌将直接影响员工的工作态度（贺仕杰等，2008）。因此，成功企业家应该不断自我提升，唯有不惧失败、敢于冒险才能带领企业"乘风破浪"。

（3）决策能力。美国兰德公司的统计分析指出85%的大型企业倒闭是由于企业家决策失误造成的（沙彦飞，2013）。赫伯特（2016）指出在企业管理过程中，决策是管理的核心，企业的管理者与决策者要有快速的判断能力，可以对决策进行及时反应、执行，对决策中出现的问题进行快速修正。优秀的企业家在经营管理过程中必须拥有果断的决策能力，决策的科学性、民主性、合理性等都是企业家决策能力的体现（谢科范，1994），通过市场调研理性地选择投资机会，对投资项目进行科学的评估，充分论证可行性，做到精益求精。

（4）创新资源整合能力。创新资源很多，产品的原创和模仿、工艺的改进、设备的引进或废除等都属于创新的范畴。企业家的创新能力中一个很重要的方面即创新资源的整合能力。创新资源整合就是在企业发展战略指引下，根据市场需求重新配置有关资源，寻求资源配置与客户需求的最佳结合点。只有把这些资源以最佳的状态整合在一起，企业的技术创新才能得到保障，企业才能实现经济效益最大化，所以，创新资源整合能力必不可少。

企业家的创新能力不仅受到上述四个能力的影响，还受到外部环境因素的影响。作者通过分析后认为，环境因素为外因变量，而企业家的各种能力及创新资源属于内因变量，这两种因素对创业家的创新能力具有直接影响。用公式表示为：

$$\pi = f(a \cdot b \cdot c \cdot d \cdot R)$$

式中，企业家的创新能力由 π 表示；决策能力由 a 表示；冒险精神由 b 表示；企业家融合创新资源数量与质量的能力由 c 表示；企业家的战略眼光由 d 表示；环境因素则由 R 表示。

通过分析影响企业家创新能力的四个内在因素，在具体实践中可以结合企业实际情况选择与之匹配的模式。在企业发展中，企业家是最重要的资本，是企业发展战略的决策者，是企业创新风险的把控者，是整合企业创新资源的主体，是企业创新成败的直接责任人。

4.1.3 本书选取的制造型企业组合创新能力——企业创新资源能力

前文已经提到，影响制造型企业组合创新的因素有两大类，其中企业家创新能力要素的主体是企业家，是具有主观意识的自然人，由于受到个人素质和情感因素影响，企业家个体之间表现出来的创新能力差别较大，只适合做个体分析，难以进行客观的量化分析。同时，企业家创新能力仅将企业领导者的能力考虑在内，未考虑整个企业的实际情况，不利于全面地评价企业的创新能力，有可能因企业家主观判断错误导致企业组合创新失败。因此本书选取的制造型企业创新资源能力由五个部分组成，包括R&D能力、制造能力、市场营销能力、资金投入能力与组织能力，对企业的深入调研可以客观地反映企业创新资源能力，为企业组合创新模式的选择提供依据。本书主要对企业组合创新进行研究，研究对象不局限于某一个企业。同时为确保本研究的科学性和客观性，本书将选取企业创新资源能力进行深入分析。

4.2 组合创新与制造型企业创新资源能力之间的关系

在市场竞争中，建设具有良好口碑的品牌将直接影响企业的竞争地位，创新要素则关系品牌发展能否持久，推动创新要素之间的协同对实现制造业品牌取得成功至关重要。创新是循序渐进的，是基于产品向工艺、生产、管理、营销创新的过程，整个创新活动是一个呈螺旋状上升的过程，在相同的顺序下，一个组合创新为一个轮回，在产品或工艺二次创新的过程中循环往复。在不断创新的形势下，制造型企业要善于总结问题，发现自身创新过程中的不足，例如：市场反馈产品价格过高时，企业应及时优化工艺组合创新；产品质量方面出现问题时，企业应及时进行产品组合创新；在销售环节出问题时要对营销结构进行科学调整。运用文化创新优化企业职工的生产意识，哪里薄弱就在哪里创新，哪里有问题就解决哪里的问题，找到突破口，为企业确立创新重点提供依据。这也是人们研究创新资源能力与组合创新的意义。

组合创新不仅让人们认识到创新的本质，同时也让人们知道创新是一个系统工程。有限次数的组合创新是不够的，因为一个产品的诞生不可能仅靠有限次数的创新实现，组合创新是一个循序创新的过程（吴志辉，2014）。让产品从无到有、从优到更优，不断满足消费者的需求是企业追求低成本高附加值产品的初衷，因此，企业需要对产品工艺甚至企业文化进行不断改进。总之，矛盾在不同的时期、不同的阶段会有不同的表现形式，选择组合创新时，企业要做的就是找到自身各类创新能力要素的最佳组合，在螺旋上升的创新形势下寻找有效组合方法，以最少的投入获取最大的产出。创新要素和组合创新之间的关系对比分析如表 4.3 所示。

表 4.3 创新要素和组合创新之间的关系对比分析

类型	实质	系统构成	程度	组成要素	模式	决策因素	协同实现
创新要素	创新的必要条件	同一空间、不同时间	实现创新的战术	产品创新、工艺创新、组织创新、营销创新	以产品创新为主导、以工艺创新为主导、以组织创新为主导、产品和工艺创新并重	市场需要决定	技术创新与组织创新、文化创新协同
组合创新	创新的最终结果	同一时间、不同空间	实现创新的战略	技术与技术组合、技术与环境组合、既有资源分化组合	产品和工艺创新组合、重大与渐进创新组合、隐性与显性创新效益组合、独立创新与合作创新组合	公司核心能力决定	

要使制造型企业的创新能力与组合创新协同达到最佳状态，就要使企业的技术创新和组织、文化创新相协调。

第 5 章

制造型企业组合创新能力评价体系的构建

5.1 制造型企业组合创新能力要素分析

前文提到制造型企业组合创新能力要素分为五个部分,包括 R&D 能力、制造能力、市场营销能力、资金投入能力和组织能力。本章以组合创新能力五要素为基础,结合企业实际情况将要素细化,以对企业组合创新能力要素进行深度分析。

5.1.1 R&D 能力

制造型企业需要基于现有科学技术、产品工艺及市场需求对产品进行分析,寻找产品问题,确定创新方向,基于企业财力、物力研究产品,这就是企业研究开发能力的表现。企业研发是对现有产品及资源进行创新性投入的结果,企业研发能力包括投入及配置两个部分。其中,研发投入的衡量标准为研发人员的结构与素质,而研发配置则是以研发设备作为衡量标准,最终展示研发成果。

人们通常从企业基础研究、应用研究及开发研究三个方面对企业研究开发能力进行评价,通过总收入中科研与开发投入所占比例、引进技术设备的消化能力与投入比例、企业总人员中的研究与开发人员比例、科研成果转换率四个指标对研究开发能力进行评价。同时,在评价研究开发能力的过程中,企业还可以将引进技术的消化吸收能力及再创新能力的研究开发活动作为参考指标(Jensen et al., 2008)。企业的研究开发成果最终将形成专利,而专利也是衡量 R&D 能力的一项重要指标。此外,在对 R&D 能力进行衡量时企业也可以选择自主创新产品率作为指标。

基于研究方向可以将研究开发能力概括为基础研究能力、应用研究能力及开发研究能力三种。

我国制造型中小企业基数庞大，各企业的研究开发能力参差不齐，有的制造型企业甚至根本没有研究开发能力，只是单纯地模仿或代工。因此，制造型企业研究开发能力普遍存在四点问题：①研究开发活动重点在于产品开发，缺少对产品的研究，没有建立起健全的研究开发机构。②大多数企业的研究开发活动缺少完善的技术与装备，辅助设备的缺失及技术设备仪器的落后一定程度上影响了企业研究开发效率。③专业的研究开发人才缺失，在一些发达国家企业中，科研人员占企业总人数的 10%~20%，而我国制造型企业的科研人员占职工总数比例与之对比尚有差距。④没有形成完善的创新体系，技术创新与风险资本之间没有建立有效连接，无法使研究开发成果转化成为商业产品，也就不能从市场上获得经济效益。

面对我国制造型中小企业在研究开发方面存在的问题，若想提高这些企业的研究开发能力，必须采取六个措施：①进行研究开发机构的建设。②对这些研究开发机构的能力进行优化。③对研究开发活动加大资金投入力度。④进行创新性的研究开发人才队伍建设。⑤优化与创新管理制度。⑥完善创新机制。

5.1.2 制造能力

对制造型企业来说，制造能力是企业赖以生存的基础条件，在企业生产过程中，利用生产设备及工艺将研究开发成果转化，生产符合设计需求，同时在市场具有利润价值、可以批量生产的产品的能力，即企业的制造能力。通常来说，制造能力主要包括工艺设计管理、企业装备先进性、工人技术等级与工作质量三方面内容，评价生产制造的能力可以运用新品投入的周期、生产计划完成率和一次合格率三个元素（孙忠娟等，2018）。此外，可以运用工人学历素质及等级指标对生产人员的素质构成进行评价。

除原料、设备和工艺以外，人为因素也是影响产品合格率的重要原因之一。工人是制造型企业生产产品的基础条件，在生产制造过程中，只有将与产品技术相匹配的工人和匹配生产需求的先进性设备结合在一起才能提升制造能力。在企业装备水平不变时，工人技术能力才是影响制造能力的关键因素。因此，在制造能力组成中，工人的技术等级、工作质量及工作适应性等因素都是不可或缺的重要因素。

制造型企业的研究开发成果可以运用于企业实际生产，使成果实现可视化，也使研究开发成果的经济效益得以体现。在企业自主创新的道路上，生产制造能力是其自主创新能力的展现，无论是研究开发新技术还是新设备，新产品都需要通过生产制造才能投放市场、获得经济效益。

生产制造能力包括三个部分：①新产品试制能力，这一阶段主要是基于新产品试制要求确定产品工艺，准备各种材料及设备，明确新产品工艺与实施能力能够满足产品要求。②新产品生产能力，这一阶段是企业在新产品生产过程中人力及工艺、设备的生产能力，在新产品出现工艺变更时的应变能力及保证新产品质量能力等。③配套能力，即企业为新产品生产提供原材料、设备及与企业外部进行产品组织协同与产品监督的能力。

5.1.3 市场营销能力

市场营销能力主要包括市场调研能力和销售能力。

其中，市场调研能力是制造型企业进行技术创新活动的重要灵感源。制造型企业技术人员在进行产品的优化及新产品的开发时，要以市场调研的结果为参考，对消费者的产品需求及产品竞争态势、可接受的产品创新方向等进行研究，以此为基础开展产品创新活动。作为一种推荐行为，销售人员的销售能力包括销售宣传能力与销售推销能力，通过发布消息、产品试用等方式向目标客户进行新产品、技术创新成果宣传，在此基础上进行营销网络的构建，为产品的需求者提供便捷的新产品销售服务，同时收集用户的使用反馈，并向企业生产部门提供产品改造与创新建议。

5.1.4 资金投入能力

对制造型企业来说，技术创新是企业获得经济效益、占据市场地位的生命线。企业在技术创新过程中需要投入大量的资金，足够的资金支持才能确保技术创新各个环节的平稳落地，如果没有资金支持，技术创新的开展将成为无米之炊、无本之木。因此可以说，企业技术创新的强度及规模直接受到企业资金投入的影响。在很长一段时间里，我国的制造型企业技术创新一直面临资金不足的困境，由于资金困难，许多企业虽然进行了详细的技术创新路线规划、建立了明确的创新目标，但是难以有效落实。基于这一实际情况，制造型企业需要构建立体融资渠道，才能确保产业创新与工艺创新协同发展。总而言之，对制造型企业来说，充足的技术创新资金是企业创新的关键因素。

5.1.5 组织能力

在制造型企业管理活动中，组织能力是企业竞争优势的体现，也是企业管理效率的反映，从产品开发到生产、销售，任何活动都能体现企业组织能力。

制造型企业的技术创新活动将通过建立新的技术体系打破原有技术基础上的权、责、利之间的关系，也就势必会对现有的企业技术组织平衡产生破坏。因此，企业在进行技术创新活动时务必要及时调整现有的组织形式，包括组织结构、内部与外部组织能力等。

组织结构是为了使员工实现集体目标而履行工作职责的正式体制，也是企业目标最终得以实现的重要保障。因此，制造型企业在建立组织结构时，首先要构建明确的组织体系，并对这一体系中的每一个人划分明确的权责，组织体系中每一个环节都会对集体效率产生影响。对企业管理层来说，在企业内部建立制度健全、权责明确的组织体系是对其领导能力的重大考验。

内部组织能力就是组织内部各部门或成员之间的协作沟通能力，对企业来说，涉及人力资源部门、财务部门、研发部门、技术服务部门、生产部门和销售部门之间的界面管理能力。

外部组织能力指的是企业与当地政府部门、供应商、客户、竞争者，以及科研机构的合作管理能力。

组织能力具有三个特质：首先，组织能力是独特的，不同的企业组织能力各不相同；其次，不同的组织能力将对企业不同环节产生影响；最后，组织能力是由企业内部产生的。

在激烈的市场竞争环境下，企业要想持续稳定发展就要不断地优化与改进自身的组织能力，由此推动创新。员工是企业的组成部分，也是企业组织优化的主要对象，针对员工的企业组织能力创新要关注三个方面的问题：①员工的态度，在企业组织能力创新过程中需要建设与优化企业文化，在执行过程中调动员工的积极性。②培养与训练员工能力，使其可以胜任企业的组织创新需求。③进行高效的员工管理，即通过组织优化动员员工，使员工有积极性也有能力跟随企业发展步伐共同成长。总而言之，在构建企业的组织能力时，针对企业员工的管理需要从这三个方面着手，只有综合全面地考虑才能保证企业组织能力不断创新。

通过研究一些成功企业可以发现，良好的组织能力加上独特、创新的经营模式是企业发展的重要动力，可以说组织能力是企业创新成败的关键。以西南航空公司为例，该公司在成立之初对自身的定位为取代长途的陆运工具，由此与其他航空公司在经营模式上保持差异性。在经营特点上，西南航空公司具有航程短、班次多的显著优势。与此类似的还有沃尔玛百货，作为全球第二大百货公司，该公司采用的郊区战略与其他百货公司的市中心策略有显著差别，占据了良好的市场优势。

除此之外，这些成功企业大多具备独特的组织能力，能更好地适应自身的创新经营模式。这里所说的组织能力不仅包括企业文化，同时也包括企业工作流程及员工的工作态度等。分析上面的案例可以总结出一些成功企业的组织创新经验。首先，企业内部组织能力是竞争优势的重要来源，通过内部优异的组织能力建设，结合财力、科技及文化等因素创新，打破过去的外部环境分析及策略规划，获得良好的市场竞争地位。其次，相对传统的企业定位明确，根据市场环境进行灵活定位可以帮助企业实现更快的资源融合，对目标客户的产品与服务也将更具有针对性，帮助企业快速完成策略目标，持续优化执行能力及流程，通过组织能力创新促进企业发展。

5.2 制造型企业组合创新能力评价体系的设计

5.2.1 评价体系的设计

由于制造型企业的组合创新能力存在多变量、多层次的影响因素，具有明显复杂性，本评价体系的设计采用层次分析法，以区分制造型企业组合创新能力之间的特征与内在联系，将各指标间的逻辑关系体系化，通过全面细致的量化指标构建客观真实的制造型企业组合创新能力评价体系。以影响制造型企业组合创新能力的五个要素作为一级指标，通过分析进而将之细分为43个二级指标，初步设计制造型企业组合创新能力的评价体系，如表5.1所示。

表 5.1 制造型企业组合创新能力评价指标

一级指标	二级指标
R&D 能力（B1）	R&D 人员结构（B11）
	R&D 人员素质（B12）
	研发设备能力（B13）
	基础研究能力（B14）
	应用研究能力（B15）
	试验发展能力（B16）
	人均专利数量（B17）
	人均研发费用（B18）
	人均产品、工艺开发成果（B19）
制造能力（B2）	固定资产装备率（B21）
	制造设备的先进程度（B22）
	设备利用程度（B23）
	设备满足生产需要的程度（B24）
	设备管理人员的能力水平（B25）
	设备处于同行业的水平（B26）
	生产工人的技术水平（B27）

续表

一级指标	二级指标
制造能力（B2）	生产工人对设备的满意程度（B28）
	企业的质量意识及各级产品质量标准的执行情况（B29）
	测试设备比重和先进程度（B210）
市场营销能力（B3）	市场研究投入强度（B31）
	新产品市场开发周期（B32）
	销售网络覆盖率（B33）
	交货及时性（B34）
	广告投入的效果（B35）
	营销部门的市场预测能力（B36）
	营销工作中对重点客户的关注程度（B37）
	销售人员的应用技术知识水平（B38）
	为客户提供技术服务的能力（B39）
	营销人员规模、能力与公司营销战略的匹配程度（B310）
资金投入能力（B4）	研究开发经费投入强度（B41）
	对长、短期项目投入的合理性（B42）
	技术创新资金循序渐进，滚动发展（B43）
	技术创新资金供给的稳定性（B44）
	技术创新投入高于行业平均水平（B45）
	工艺创新和产品创新资金有很大的机动性（B46）
	企业自筹资金能力（B47）
组织能力（B5）	技术创新的氛围（B51）
	公司领导对技术创新的重视程度（B52）
	与其他企业进行技术合作的状况（B53）
	与大学和科研机构进行技术合作的状况（B54）
	研发部门与企业内其他部门的界面管理（B55）
	技术创新组织结构的合理性（B56）
	项目组之间的界面管理（B57）

5.2.2 评价体系的优化

上节已初步完成制造型企业组合创新能力评价指标体系的设计，为确保该指标体系的有效性，也确保企业现状与企业创新能力及组织创新能力相符，需要优化组合创新能力评价体系使企业组织创新更具说服力。

通过分析问卷内容可知，命名涉及因素的变量内容，需要进行构思效度验证

第5章 制造型企业组合创新能力评价体系的构建

（付亚玲，2005）。运用主成分分析法进行因素分析，因素数目则运用陡阶检验法进行确定，对分量表内部一致性系数进行检验，得出结果如表5.2所示。

表5.2 制造型企业组合创新能力评价指标体系因素分析

创新能力评价指标	因 素 荷 重					α 信度
	F1	F2	F3	F4	F5	
R&D人员素质	785	198	173	126	248	
人均研发费用	720	126	410	111	362	
R&D人员结构	711	153	123	321	344	
研发设备能力	603	174	125	210	352	0.836
应用研究能力	557	271	153	354	231	
基础研究能力	544	389	287	263	158	
人均产品、工艺开发成果	542	232	296	412	198	
固定资产装备率	299	692	−0.211	267	426	
设备满足生产需要的程度	126	681	279	134	457	
制造设备的先进程度	231	669	176	281	124	
生产工人的技术水平	−0.445	624	260	223	197	0.687
企业的质量意识及各级产品质量标准的执行情况	420	594	314	420	235	
测试设备比重和先进程度	314	525	431	186	326	
生产工人对设备的满意程度	228	510	183	332	243	
新产品市场开发周期	221	233	725	146	059	
市场研究投入强度	−0.333	159	710	211	151	
营销人员规模、能力与公司营销战略的匹配程度	486	174	699	113	147	
销售网络覆盖率	225	122	627	222	092	0.763
营销部门的市场预测能力	111	226	609	400	117	
为客户提供技术服务的能力	128	171	594	227	104	
广告投入的效果	336	286	568	107	346	
销售人员的应用技术知识水平	−0.207	226	515	−0.109	402	
研究开发经费投入强度	553	201	003	772	100	
技术创新资金供给的稳定性	112	204	132	707	012	
对长、短期项目投入的合理性	170	116	039	693	128	
新产品、新工艺实施投入强度	227	029	291	682	326	0.698
技术引进费用支出强度	187	−0.205	294	663	183	
技术创新投入高于行业平均水平	222	296	240	650	303	
企业自筹资金能力	176	100	007	553	210	

续表

创新能力评价指标	因素荷重					α 信度
	F1	F2	F3	F4	F5	
利用外部资金能力	114	020	353	526	113	
公司领导对技术创新的重视程度	267	250	188	168	740	
技术创新的氛围	211	273	−144	230	727	
技术创新组织结构的合理性	150	218	365	374	694	0.734
研发部门与企业内其他部门的界面管理	290	293	196	163	632	
项目组之间的界面管理	019	189	444	217	540	
与其他企业进行技术合作的状况	108	321	287	195	525	
与大学和科研机构进行技术合作的状况	206	116	167	183	498	

作者基于分析结果提取了问卷中的五个因素，发现 60.26% 的变异可以运用这五个因素进行解释（表 5.1），选择出如下评价指标。

在因素 F1 上，指标 B11~B15、B18、B19 存在荷重较高的问题，相对地，指标 B16、B17 无论在哪个因素中都没有理想的荷重，因此需要删除这两个指标，随后以研发能力对 F1 进行重新命名。

在因素 F2 上，指标 B21、B22、B24、B27~B210 存在荷重较高的问题，相对地，指标 B23、B25、B26 无论在哪个因素中都没有理想的荷重，因此需要删除这三个指标，随后以制造能力对 F2 进行重新命名。

在因素 F3 上，指标 B31~B33、B35、B36、B38~B310 存在荷重较高的问题，相对地，指标 B34、B37 无论在哪个因素中都没有理想的荷重，因此需要删除这两个指标，随后以市场营销能力对 F3 进行重新命名。

在因素 F4 上，指标 B41、B42、B44、B45、B47~B410 存在荷重较高的问题，相对地，指标 B43、B46 无论在哪个因素中都没有理想的荷重，因此需要删除这两个指标，随后以为资金投入能力对 F4 进行重新命名。

在因素 F5 上，指标 B51~B57 存在荷重较高的问题，相对地，以组织能力对 F4 进行重新命名。

基于上述因素并剔除一些非决定性因素之后得到的组合创新能力评价指标体系将更加直观，具体如表 5.3 所示（牟彤华等，2012）。

表 5.3 优化后的制造型企业组合创新能力评价指标

一级指标	二级指标
R&D 能力（B1）	R&D 人员结构（B11）
	R&D 人员素质（B12）
	研发设备能力（B13）

续表

一级指标	二级指标
R&D能力（B1）	基础研究能力（B14）
	应用研究能力（B15）
	人均研发费用（B16）
	人均产品、工艺开发成果（B17）
制造能力（B2）	固定资产装备率（B21）
	制造设备的先进程度（B22）
	设备满足生产需要的程度（B23）
	生产工人的技术水平（B24）
	生产工人对设备的满意程度（B25）
	企业的质量意识及各级产品质量标准的执行情况（B26）
	测试设备比重和先进程度（B27）
市场营销能力（B3）	市场研究投入强度（B31）
	新产品市场开发周期（B32）
	销售网络覆盖率（B33）
	营销部门的市场预测能力（B34）
	广告投入的效果（B35）
	销售人员的应用技术知识水平（B36）
	为客户提供技术服务的能力（B37）
	营销人员规模、能力与公司营销战略的匹配程度（B38）
资金投入能力（B4）	研究开发经费投入强度（B41）
	技术引进费用支出强度（B42）
	新产品、新工艺实施投入强度（B43）
	对长、短期项目投入的合理性（B44）
	技术创新资金供给的稳定性（B45）
	技术创新投入高于行业平均水平（B46）
	企业自筹资金（B47）
	利用外部资金能力（B48）
组织能力（B5）	技术创新的氛围（B51）
	公司领导对技术创新的重视程度（B52）
	与其他企业进行技术合作的状况（B53）
	与大学和科研机构进行技术合作的状况（B54）
	研发部门与企业内其他部门的界面管理（B55）
	技术创新组织结构的合理性（B56）
	项目组之间的界面管理（B57）

5.3 组合创新模式与制造型企业创新要素的匹配关系调查

5.3.1 调查问卷设计

本次构建制造型企业组合创新能力评价体系并进行研究的过程单独考虑了工艺创新与产品创新这两个因素匹配关系。本次问卷根据组合创新能力的五个要素分成五部分，设计了数量较多的子项目，以 5 分制的统一指标对结果进行评分，其中 1 分为最低，5 分为最高，具体问卷内容如附件 A 所示。

5.3.2 问卷发放及数据收集

本次问卷调查的对象主要是 60 家国内民营制造型企业，发放方式为邮寄并电联确认，发放对象为各企业负责人，然后统一回收。

基于作者了解，在被选择的 60 家企业中，以产品创新和工艺创新为主导的企业数量各占一半。问卷的主要对象分为个别企业高层及企业风险与创新部门的管理人员，发放的 60 份问卷中 58 份被回复，其中有效问卷 58 份。

5.3.3 统计方法

以描述性统计的方法算出单项指标的平均分，即单项指标分=单项指标得分总和/样本数。

本次研究活动为单项指标赋予一个权重，以适应不同企业创新能力受企业创新要素各单项指标影响程度的差异，具体如附件 B 所示。由专家对权重进行评分后，以各企业创新要素得分为加权平均分，即能力分=$\sum$（权重×单项指标分），其权重结果如表 5.4 所示。

表 5.4 制造型企业组合创新能力评价指标权重

一级指标	二级指标	权重
R&D 能力（B1）	R&D 人员结构（B11）	0.18
	R&D 人员素质（B12）	0.15
	研发设备能力（B13）	0.14
	基础研究能力（B14）	0.11
	应用研究能力（B15）	0.13
	人均研发费用（B16）	0.17
	人均产品、工艺开发成果（B17）	0.11

续表

一级指标	二级指标	权重
制造能力（B2）	固定资产装备率（B21）	0.17
	制造设备的先进程度（B22）	0.15
	设备满足生产需要的程度（B23）	0.16
	生产工人的技术水平（B24）	0.15
	生产工人对设备的满意程度（B25）	0.12
	企业的质量意识及各级产品质量标准的执行情况（B26）	0.13
	测试设备比重和先进程度（B27）	0.12
市场营销能力（B3）	市场研究投入强度（B31）	0.12
	新产品市场开发周期（B32）	0.13
	销售网络覆盖率（B33）	0.13
	营销部门的市场预测能力（B34）	0.12
	广告投入的效果（B35）	0.12
	销售人员的应用技术知识水平（B36）	0.11
	为客户提供技术服务的能力（B37）	0.13
	营销人员规模、能力与公司营销战略的匹配程度（B38）	0.14
资金投入能力（B4）	研究开发经费投入强度（B41）	0.14
	技术引进费用支出强度（B42）	0.13
	新产品、新工艺实施投入强度（B43）	0.13
	对长、短期项目投入的合理性（B44）	0.14
	技术创新资金供给的稳定性（B45）	0.13
	技术创新投入高于行业平均水平（B46）	0.11
	企业自筹资金（B47）	0.11
	利用外部资金能力（B48）	0.11
组织能力（B5）	技术创新的氛围（B51）	0.15
	公司领导对技术创新的重视程度（B52）	0.16
	与其他企业进行技术合作的状况（B53）	0.15
	与大学和科研机构进行技术合作的状况（B54）	0.14
	研发部门与企业内其他部门的界面管理（B55）	0.14
	技术创新组织结构的合理性（B56）	0.13
	项目组之间的界面管理（B57）	0.13

5.3.4 结果统计

基于分析与计算问卷结果的原始数据可以得出组合创新能力指标体系分数，如表 5.5～表 5.9 所示。

表 5.5 R&D 能力得分统计计算结果

	权重	工艺创新主导型企业		产品创新主导型企业	
		指标分数均值	R&D 能力得分	指标分数均值	R&D 能力得分
R&D 人员结构	0.18	4.3		4.8	
R&D 人员素质	0.15	4.4		4.7	
研发设备能力	0.14	3.9		4.3	
基础研究能力	0.11	3.4	3.99	4.0	4.63
应用研究能力	0.13	4.0		4.9	
人均研发费用	0.17	4.1		4.9	
人均产品、工艺开发成果	0.11	3.8		4.1	

表 5.6 制造能力得分统计计算结果

	权重	工艺创新主导型企业		产品创新主导型企业	
		分指标分数均值	制造能力得分	分指标分数均值	制造能力得分
固定资产装备率	0.17	4.6		4.1	
制造设备的先进程度	0.15	4.2		3.4	
设备满足生产需要的程度	0.16	4.8		2.6	
生产工人的技术水平	0.15	4.5	4.51	3.1	3.12
生产工人对设备的满意程度	0.12	4.7		2.9	
企业的质量意识及各级产品质量标准的执行情况	0.13	4.4		2.8	
测试设备比重和先进程度	0.12	4.3		2.7	

表 5.7 市场营销能力得分统计计算结果

	权重	工艺创新主导型企业		产品创新主导型企业	
		分指标分数均值	市场营销能力得分	分指标分数均值	市场营销能力得分
市场研究投入强度	0.12	1.4		4.1	
新产品市场开发周期	0.13	1.5		4.2	
销售网络覆盖率	0.13	2.7		4.3	
营销部门的市场预测能力	0.12	1.8	1.92	4.0	4.01
广告投入的效果	0.12	2.1		4.1	
营销人员规模、能力与公司营销战略的匹配程度	0.14	2.6		4.4	
销售人员的应用技术知识水平	0.11	1.4		4.2	
为客户提供技术服务的能力	0.13	1.7		3.6	

表 5.8 资金投入能力得分统计计算结果

	权重	工艺创新主导型企业		产品创新主导型企业	
		分指标分数均值	资金投入能力得分	分指标分数均值	资金投入能力得分
研究开发经费投入强度	0.14	4.0		3.7	
技术引进费用支出强度	0.13	3.8		3.8	
新产品、新工艺实施投入强度	0.13	4.4		2.5	
对长、短期项目投入的合理性	0.14	3.9	3.95	2.6	3.07
技术创新资金供给的稳定性	0.13	3.6		2.8	
技术创新投入高于行业平均水平	0.11	4.1		3.2	
企业自筹资金能力	0.11	3.7		3.3	
利用外部资金能力	0.11	4.1		2.7	

表 5.9 组织能力得分统计计算结果

	权重	工艺创新主导型企业		产品创新主导型企业	
		分指标分数均值	组织能力得分	分指标分数均值	组织能力得分
技术创新的氛围	0.15	4.0		4.1	
公司领导对技术创新的重视程度	0.16	3.9		4.3	
技术创新组织结构的合理性	0.13	3.0		3.9	
研发部门与企业内其他部门的界面管理	0.14	2.6	3.09	3.8	4.04
项目组之间的界面管理	0.13	3.4		4.2	
与其他企业进行技术合作的状况	0.15	2.4		4.1	
与大学和科研机构进行技术合作的状况	0.14	2.1		3.8	

5.3.5 结果分析

为了直观地呈现五个创新要素的分数,本书绘制了图表形式的统计结果,如图 5.1、图 5.2 所示。

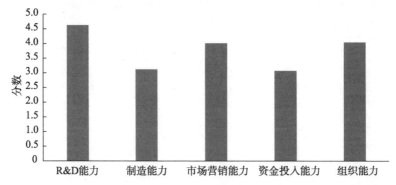

图 5.1 以产品创新为主导的组合创新模式和组合创新要素之间的匹配得分

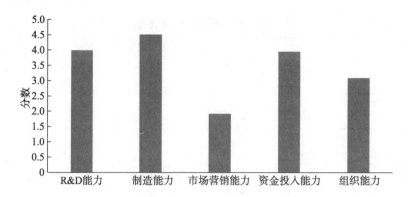

图 5.2 以工艺创新为主导的组合创新模式和组合创新要素之间的匹配得分

通过两个图表可以清晰地看出，以产品创新为主导的创新活动没有过高的资金投入与制造能力要求，对市场组织能力、营销能力、R&D 能力提出了极高的要求。对企业来说，市场营销能力的高低直接影响产品能否推向市场并获得经济效益。同时，通过产品销售后的用户反馈可以得到准确的市场信息，由此推动新产品的进一步优化，这需要企业创新组织高效与灵活。

以工艺创新为主导的创新活动对制造能力及资金投入要求非常高，而对市场营销能力及 R&D 能力要求则非常低。大多数制造型企业，要提升制造能力，通常都需要投入大量资金进行机械设备的优化与更新，而作为一种企业内部创新行为，工艺创新不需要市场营销人员销售，因此对市场营销能力要求较低。

通过分析以上两点结论可以得出组织创新能力与产品、工艺创新的匹配关系，但是这一结论的科学性仍然需要通过实践进一步验证，只有真正落实到企业，结合企业组织创新实际情况才能判定结论的准确性（范德成等，2019）。本次研究重点选择了中诚国联公司、中兴公司、宁德时代公司、比亚迪公司，以这四家企业为例对企业组合创新能力的五个能力要素进行了逐一研究，分析与验证了企业组合创新能力与产品创新、工艺创新为主导的组合创新模式的匹配关系。

第 6 章

中诚国联公司组合创新能力评价案例分析

6.1 中诚国联公司概况

中诚国联公司隶属春华秋实科技集团，该集团是一家集现代农业科研、绿色生态药肥高端先进制造业、农资市场物流中心、园林花卉业基地等业务为一体的综合性集团公司，注册资金 2 亿元人民币，员工 900 人。2022 年集团合并销售收入 27 亿元人民币，获得过"河南民营企业 100 强""河南民营企业社会责任 100 强""河南民营企业现代服务业 100 强"、全国"党建工作示范单位"、全国"抗击新冠肺炎疫情先进民营企业""国家级高新技术企业""河南省农作物多功能药肥工程技术研究中心""河南省企业技术中心""河南省专精特新中小企业""第一批省级 DCMM 贯标试点企业""河南省民营企业现代农业 10 强""百佳匠心农资品牌"和"商丘技术创新示范企业"等诸多荣誉，是商丘市唯一一家被国家人力资源社会保障部批准设立"博士后科研工作站"的民营企业，也是商丘市第一家被省科技厅批准成立"中原学者工作站"的民营企业。多年来，春华秋实科技集团坚持党建领航高质量发展，以"服务三农、助推乡村振兴、促进共同富裕"为己任，围绕"农业强、农村美、农民富"目标，勇于担当社会责任，针对河南农业大省乃至全国农业的实际，积极为"扛稳国家粮食安全"政治责任做贡献。

中诚国联公司是春华秋实科技集团下属的骨干公司，成立于 2014 年，注册资金 3000 万元，属于有限责任公司（自然人投资或控股），主要从事研发、生产和销售普通药肥，以及多功能特种药肥、土壤高效修复剂、种子保护剂、生物药肥等绿色生态产品，年产各种药肥产品 30 万吨。公司同时拥有"农药生产许可证"和"肥料生产许可证"，具备完善的进出口资质，是全国唯一一家参与国务院农药管理条例起草制定的民营企业，是多功能药肥标准起草单位，参与起草了《药肥产品标签标识规范》《药肥产品科学评价规范》《可溶性药肥产品技术规范》《植保无人机通用技术要求》《微生物农药分析方法确认指南》等团体标准，以及《连作障碍土壤改良通用技术规范》等国家标准，申报发明专利、实用新型专利合计 200 多项。公司与美国富美实等知名企业联合开发了"氯虫·噻虫胺""氯虫·氟氯""吡虫啉·氟氯""噻呋酰胺·嘧菌酯""精甲霜灵·噁霉灵""淡紫·哈茨·枯草""苏云·白僵菌""白僵菌·绿僵菌"等专利产品，开发了拥有自主知识产权的"益农万家互联网+"农业技术服务推广平台，使农民在田地里上传病虫害照片就能收到植保专家的在线服务，及时有效地解决农业技术方面的难题，服务了河南及周边省区市 3000 余万农户，节本增效约 100 亿元人民币，有力促进了农民增收和乡村振兴。公司研制的系列多功能药肥具有提质增效的巨大优势，既能满足作物对肥料营养的需求，又能达到预防病虫草害的理想效果，大大提高了农民的生产效率。

中诚国联公司位于商丘市睢阳产业集聚区工业大道与睢新三路交叉口西北角，总拟投资 5 亿元，一期于 2015 年建成投产，总占地 270 亩（1 亩≈666.67 m^2），现有员工 152 名。项目预计全部建成投产后生产药肥能力可以达到 100 万吨/年。目前，公司已顺利通过 ISO 国际质量管理体系认证、ISO 14001 国际环境体系认证。公司自成立以来获得国家、省市级荣誉多项，2017 年和 2018 年连续两年被评为"河南民营企业现代农业 100 强单位"，2018 年被科技部授予国家级"高新技术企业"称号。

历经多年发展，中诚国联公司建立了与清华大学经管学院、华东理工大学化工生物农药研究所、郑州大学化工学院、河南工业大学等联合培养博士后的科技创新平台，与河南农业大学中原学者团队联合科研攻关，建立了诸多合作交流平台，获批建设河南省农作物多功能药肥工程技术研究中心、河南省企业技术中心，建立了实力强大的技术研发团队，建立了国内一流的实验室并配备了先进的试验仪器设备，在绿色农药创新研究领域处于国内领先地位。

公司始终坚持以多功能药肥为主要发展方向，多年来不断加大对药肥的研发和生产的投入力度，抽调精锐研发力量组建多功能药肥研发团队，目前已分别研发了以复合肥、有机肥、土壤调理剂、特种肥料及复合微生物肥料等为载体的药肥产品，涉及滚筒、掺混、挤压、高塔及液体等生产工艺。目前公司已建成总产能达 20 万吨/年的掺混和滚筒药肥生产线，以及年产 10 万吨水溶性的药肥生产线，可满足不同类型的多功能药肥生产需求，而年产 10 万吨挤压工艺药肥的生产线和年产 15 万吨的高塔药肥生产线正在加紧筹备中，公司已组建专项项目组负责实施。

6.2 中诚国联药肥发展概况

"药肥"是指将农药和肥料按一定的配方比例混合,并通过一定的加工技术使肥料和农药稳定于特定的复合体系中,具有杀虫/抑虫、杀菌/抑菌、除草/抑草、调节作物生长等一种或多种功能,且能为农作物提供营养或同时具有提供营养和提高肥料利用率的产品(药肥产品)。而药肥方案则是适合药肥一体化施用的,包括产品和应用技术、施药器械在内的综合应用方案。

6.2.1 国内药肥发展情况

1. 政策发展趋势

(1) 2019年,国家标准GB/T 37500—2019《肥料中植物生长调节剂的测定——高效液相色谱法》出台,使国内对药肥中植调剂农药成分的检测和判定有了法律依据。

(2) 2020年3月,我国首个颗粒状药肥技术规范NY/T 3589—2020《颗粒状药肥技术规范》发布,规定了颗粒状药肥产品的质量标准和标签标识要求。

(3) 2021年9月,随着中诚国联公司参与起草的《药肥产品标签标识规范》团体标准出台,药肥行业终于迎来了有序发展的新时代。

(4) 目前行业内相关企业正在研究开发新的团体标准,针对肥料中更多的植调剂检测制定方法,植调剂包含芸苔素内酯、胺鲜酯、玉米素、赤霉素、吲哚乙酸、茉莉酸、多效唑、水杨酸、脱落酸。

2. 技术发展趋势

药肥价值是基于药、肥集成的双向价值,既要兼具肥料的渗透性、附着力、养分吸收率,又要兼具农药的活性等。在生产过程中使用的设备和工艺要保证药与肥充分均匀混合,而药肥生产企业要求既懂农药又懂肥料。但现实情况是:农药加工企业普遍生产规模小,药肥生产空间受限;而肥料企业对农药证件、渠道、加工技术、法规要求掌握不足等。另外,药肥企业要有自己的生产线定点生产,既能做农药又能做肥料,全程控制产品质量、优化产品工艺,这需要极强的专业化条件,所以药肥产业虽然潜力大,但登记难,证件也少,工艺门槛很高。

1) 高效、低毒、环境友好、低风险的农药成分和新型肥料载体与有机肥料的结合成为主要研发热点

(1) 复合绿色减量发展方向的高效、低毒、低风险有效成分逐渐替代高风险成分。

（2）生物有机药肥将得到更广泛的开发应用。

（3）除复合肥以外，新型肥料、有机肥料将是另一快速增长的研究领域。

（4）此外，一些配套药肥生产工艺的开发将有助于提高药肥生产的效率和质量稳定性。

2）药肥配方由粗放型向精细化方向发展

（1）在坚持复混稳定性的基础上，创新性地加入优选增效助剂可以使药肥的药效与肥效更突出。

（2）肥料不再只是农药的载体，后续的技术研发将向颗粒剂表面包膜制备工艺的缓控释化方向发展，施用靶标更精准。企业将根据不同地域、不同作物生长周期的需肥要求，差异化地管理肥料养分含量，做到精准化施用，减少浪费、降低成本，保护环境和田间生态。

3）液体药肥、固体可溶药肥、缓释型药肥将在水肥药一体化历史进程中扮演重要角色

（1）专业化的药肥制剂产品将有效避免传统农药与肥料产品混合容易出现沉淀、药效降低等问题。

（2）针对水田区后期施肥打药不方便这一痛点，耐淋溶的缓释粒剂、利用媒介水的漂浮粒剂、泡腾片剂等将使药肥扩散展布更加均匀，这也是未来研发智慧化、省力化剂型的重要发展方向。

3. 药肥产品发展趋势

药肥虽然推广困难，但与种子市场、农药市场、传统肥料市场已是存量竞争的现状相比，药肥市场仍然是一片蓝海，属于增量市场。

药肥产品近几年登记情况十分火热，已有近三百个产品在国内登记上市。其中，杀虫药肥138个，占比64%，其多以单剂为主，主要以噻虫胺、毒死蜱、噻虫嗪、呋虫胺、氯虫苯甲酰胺、吡虫啉、二嗪磷为主，热门产品由早期的有机磷类变为新烟碱类和双酰胺类；除草药肥占16%，目前35种除草药肥中，以二元、三元复配剂为主，主要是苄嘧磺隆·苯噻酰草胺、苄嘧磺隆·丙草胺、苄嘧磺隆·丁草胺、吡嘧磺隆·五氟磺草胺、吡嘧磺隆·苯噻酰草胺等；杀菌药肥44个，占20%，单剂以噁霉灵、吡唑醚菌酯、噻呋酰胺、嘧菌酯、氨基寡糖素为主，复配剂以嘧菌酯·噁霉灵、精甲霜灵·噁霉灵、噻呋酰胺·嘧菌酯·咯菌腈·嘧菌酯·咯菌腈·噁霉灵为主。杀菌药肥混剂产品是未来五年国内主要的竞争热门，将有大量产品登记入市，如图6.1所示。

在作物层面，目前药肥登记许可的作物有16种，以水稻、甘蔗、花生、小麦四种作物为主，占登记药肥施用许可总量70%左右，其次是玉米、西瓜、马铃薯、

辣椒、番茄、橄榄、黄瓜、韭菜、大蒜、冬瓜、茄子、甜瓜，如表 6.1 所示。在此，中国农药工业协会秘书长段又生提醒，药肥混剂的登记施用许可作物和防治靶标需要同时满足两个条件：一是作物的种植面积大且生产成本中劳动力成本比重大；二是防治对象产生危害的部位和时期与作物施肥的部位和时期吻合。二者兼具才适合开发和应用药肥混剂。

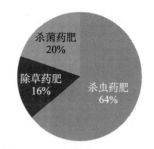

图 6.1　三大类药肥产品入市证件登记情况占比图

表 6.1　适合药肥防治的作物及病虫草害

作物	防治对象	药肥种类	使用时期
水稻	杂草	除草药肥	秧苗期、移栽期
	螟虫、飞虱	杀虫药肥	秧苗期、移栽期
	福寿螺	杀螺药肥	移栽期
甘蔗	螟虫、蔗龟、白蚁、蚜虫	杀虫药肥	下种期、小培土期
小麦	蚜虫	杀虫药肥	苗期
玉米	地下害虫、蚜虫、灰飞虱	杀虫药肥	下种期
花生	地下害虫（蛴螬、蝼蛄）	杀虫药肥	下种期
棉花	地下害虫、蚜虫	杀虫药肥	下种期、苗期
香蕉	根结线虫	杀线虫药肥	移栽期
	蚜虫	杀虫药肥	苗期
瓜类、番茄	根结线虫	杀线虫药肥	苗期、移栽期
	蚜虫	杀虫药肥	苗期
	根腐病及土传病害	杀菌药肥	苗期、移栽期
十字花科蔬菜	黄曲条跳甲	杀虫药肥	苗期、移栽期
韭菜	韭蛆	杀虫药肥	生长期
柑橘	线虫	杀线虫药肥	生长期
	褐斑病	杀菌药肥	生长期

随着土地经营权流转工作的开展，省工、省力、高效率的药肥已经全面进入市场，企业也迎来了新的机遇。

当下的药肥市场正面临强势崛起的机遇，市场热度持续飙升，相关产品成为很多企业押注的新增长点。但药肥领域头部企业尚未确立，行业企业可以抓住机遇、趁势崛起。经过多年市场沉淀积累，药肥效果、应用技术不断提升，用户对药肥认知更客观、理性、全面，大药肥企业与农药头部企业将持续加大药肥产品的战略布局。

综观药肥市场，除了甘蔗药肥品类市场份额占比 70%左右，其他品类药肥市场仍处于发育阶段，适用于经济作物的药肥更多还处于应用技术的探索中，相关产品尚未形成品牌效应，这也是药肥企业千载难逢的大好机遇。

那么，未来药肥产业有哪些新动向呢？在产品剂型方面可能以颗粒剂为主，可溶液剂、可溶粒剂、可溶粉剂等剂型是方向；使用方式将从沟施/穴施/撒施的传统方式向喷雾、滴灌、冲施、飞防等方式转变；适用作物开始向蔬菜、果树及经济作物方向延伸；与此同时，有效成分则向氯虫苯甲酰胺、氟啶虫酰胺、丙硫菌唑、氟嘧菌酯、吡唑醚菌酯、咯菌腈、五氟磺草胺等高效成分转变。

最后，全行业必须正视一个问题，药肥虽然潜在市场容量巨大，但当下的药肥企业大多还是以中小型企业为主，规模小、技术壁垒不高、产品同质化严重、竞争白热化、品牌基础薄弱，要想在未来竞争中抢占先机，药肥企业唯有打造品牌一途。靠科技创新与品牌传播双引擎驱动使企业同其他品牌区别开来，打造自身强势品牌，才能促进药肥企业高质量发展。

4. **市场发展趋势**

1）解决农村劳动力短缺，促进农业高质量发展的必然需求

（1）适应作物种植结构变化的需求：我国作物种植结构处于持续调整状态。粮食播种面积将持续减少，油菜、花生、蔬菜等经济作物播种面积将持续增加，种植结构处于进一步优化阶段，而附加值较高的经济作物对较高技术水平的药肥产品和药肥一体化施药技术的市场需求也会随之增加，尤其是花生、中草药、糖类作物的地下害虫及土传病害防治正是颗粒剂状药肥产品能够发挥优势的领域。

（2）解决劳动力紧缩需求矛盾：农村劳动力呈现老龄化、女性化的趋势。对植保服务型企业来说，尽量减少劳动力的投入、提高种植效率成为企业产品必然的需求方向。实际农业生产中种植大户特别希望生产企业加大科研开发力度，积极开发除草药肥、杀虫药肥、杀菌药肥产品，帮助他们在未来种粮过程中实现水药肥一体化，把喷施农药和施用化肥在单一环节内完成，以便大大地降低人力成本。

（3）资源节约需求：传统农药颗粒剂 90%以上的填料为没有生产作用的惰性载体，农药制剂中平均 70%的成分为助剂。在施用农药的过程中，由于对药液分布覆盖均匀性有要求，茎叶喷雾必须达到一定程度的用水量。药肥颗粒剂制品将载体部分改为了植物营养元素，节约了大量的农药和肥料包装物，节省了运输、仓储费用，对水资源的节约也起到了巨大的推动作用。

2）实现药肥双减目标的必然需求

使用药肥产品能够将多次劳作合并为一次，而且早期科学预防用药有利于降低后期防治压力，从而减少病虫草害防治打药次数和用量。一些采用包膜缓释技术的药肥产品前期施用后可以保证整个生长周期的营养供应和防治需求，有效减

少作物生长中后期的药肥施用频率，大大减少投入农药、肥料的成本和降低人力劳动强度，满足市场需求。

3）保障食品安全和果蔬品质提升的需求

随着我国经济发展，人们对食品安全和高品质果蔬的需求越来越高，农业种植已经从单纯地追求产量向高品质需求转变。从作物种植角度看，由于我国土壤复种率普遍偏高，过度使用复合肥和农药造成的一系列问题（如土壤恶化、抗药性等）不利于生产高品质作物。药肥一体化、药肥互助，根据作物和土壤需求使用不同种类的药肥等能够在防治有害生物的同时调理土壤、促进根系生长，有利于作物健康和对肥料养分的吸收；反过来，养分的吸收会提高作物的抗病害能力和对内吸性农药的吸收和传导，有助于高品质作物生长。药肥一体化的应用，减少了农药和化肥的使用量，保护了环境，保障了食品安全，提升了作物品质，这也是近年来药肥市场发展迅速的一大原因，也是持续推进行业发展的强大动力。

5. 药肥行业存在的问题

虽然市场前景被行业看好，但目前国内药肥的生产、销售和管理存在着一些问题。

（1）药肥产品没有可依据的权威标准，导致产品标签混乱，产品的质量参差不齐，特别是肥料养分不足或肥料限制成分控制未达标会引起的肥害问题。

（2）药肥产品同时存在于农药和肥料两个领域，监管存在困难，导致违规生产、销售药肥产品的情况较多，尤其是在肥料产品中违禁添加农药成分、过度宣传肥料具有防治病虫害的效果等。对药肥产品进行专项监督抽查需要多部门配合执行，难度较大。

（3）农药与肥料的配合严谨性和技术水平低，产品的质量和安全性难以得到保证，特别是一些农药品种在与肥料混配之后稳定性变差，会导致保质期内药效降低。

（4）由于以上种种原因，药肥产品在农业生产中接受度较低、误解度较高。

GB/T 37500—2019《肥料中植物生长调节剂的测定——高效液相色谱法》国家标准的出台，T/CCPIA 022—2019《农药制剂产品中微量其他农药成分限量》团体标准的实施，以及更多地方管理部门出台的管理新政，为药肥行业合规合法地发展保驾护航。

2021年9月24—26日，中诚国联公司参与起草的《药肥产品标签标识规范》发布暨药肥行业发展大会在广西桂林召开，与会者共同呼吁包装上除标明农药含量外，也要有肥料信息的标注。"双标"药肥倡议的提出标志着药肥发展终于有法可依，药肥企业之间的公平竞争时代终于到来。"双标"药肥的出现让使用者享有了知情权，使药肥企业对产品的使用更容易进行指导与服务，促进了行业公平竞争。

"双标"药肥的出现是药肥行业全新的开始,那些标注农药成分和肥料成分的企业是有底气、有信心、敢于接受监督的。打上"双标"是企业对药肥产品标签内容的真实性和产品的安全性负责,更是对农户和作物负责。相信在"双标"药肥规则的实施下,行业定会大浪淘沙,一大批优秀的药肥企业将脱颖而出,引领行业朝着健康、有序的方向发展。

6.2.2 公司药肥创新研发情况

立足当下、着眼未来,中诚国联公司既看到药肥的蓝海市场又了解药肥产品当前的问题和不足,只有通过不断的产品开发和工艺创新,弥补药肥本身的不足,才能真正在药肥领域占有一席之地。所以公司充分发挥自身在校企科研合作、河南省农作物多功能药肥工程技术研究中心的研发优势,开展一系列产品研发和工艺创新。

药肥工程技术研究中心将围绕药肥产业发展发挥研发优势,全面提升行业竞争力,实现全面、快速、可持续发展的目标。坚持以市场为导向,依靠科技进步和体制创新,走现代化、规模化、绿色新型工业化道路。加快技术改造和产品工业化步伐,扩大新型复合肥产品规模,积极开发拥有自主知识产权的产品和制造工艺,拓展药肥新领域。培育发展化肥二次加工工业,争取成为国内新型药肥的重要研究生产基地。药肥工程技术研究中心主要围绕高塔药肥生产工艺技术开发、有机无机包裹工艺技术开发等方面进行研究。

1. 药肥工程技术研究中心主要任务

(1)提升科技水平,以信息化、科技化带动全行业快速、可持续发展。

(2)加快产品结构调整进程,实现产业可持续发展。药肥工业要立足于国内市场需求,以科技为先导,突出资源综合利用、效益领先优势,支援本省及周边地区农业生产。

(3)提高产业外向度,引进产品开发新理念、新思路,学习新工艺、新技术,以新的生产方式、产品机构和运行机制参与市场竞争。

(4)依靠产业政策,推动肥料产业健康发展,以"政府主导、科技联动、服务终端,实现产业发展"的核心价值,建立科学合理的机制,完善具体实现路径,促进药肥产业健康发展。

2. 药肥工艺创新成果

1)"防治虫害新型绿色多功能药肥"增效配方筛选技术

(1)通过设计试验方案、小区试验和大田试验等方式研究总结了"防治虫害新型绿色多功能药肥"农药成分的最佳使用浓度,以及地上地下综合防治最佳复配农药的成分、剂型及防治靶标，确定"防治虫害新型绿色多功能药肥"防治虫害效果显著。

（2）"防治虫害新型绿色多功能药肥"最佳使用时间、最适宜用量、施肥方式、经济效益等。依据不同时间、用量、施肥方式，研究分析"防治虫害新型绿色多功能药肥"对主要农作物生长情况、产量及虫害防治效果的影响，从而确立"防治虫害新型绿色多功能药肥"的最佳使用时间、最适宜用量、施用方式、经济效益。

2）"防治虫害新型绿色多功能药肥"内添加多层包膜缓控释生产工艺技术

传统药肥生产一般采用后添加、表面喷涂或掺混工艺，导致药剂不均衡、不稳定、效果差、货架期和持效期短、污染严重等问题。公司通过不断改进设备工艺，创造了内添加多层包膜缓控释生产工艺，弥补了高温分解类药剂不能造粒的缺陷，解决了药肥种类不足的问题，且该项技术让每一粒"防治虫害新型绿色多功能药肥"都达到均匀统一、药效持久、效果显著、作物增产和农民增收的目的。

"防治虫害新型绿色多功能药肥"内添加多层包膜缓控释生产工艺对多功能药肥外观、颗粒硬度、农药成分稳定性影响最小，保证产品合格期达到2年以上，充分保证了产品的稳定性的安全性。

3. 公司产品创新成果

公司紧密跟踪农作物种植结构，以供给侧结构性改革为主线，创新研发出了绿色生态环保系列专用和通用多功能药肥、多功能水溶性药肥等100多个品种的产品，其具有多功能、高效化、营养全等众多优点，既能满足农作物对肥料的营养需求，又能达到预防病虫害的理想效果。农民在施肥的同时达到防病虫的目的，实现治病不见病、治虫不见虫的良好效果。药肥合一、互补增效，从而在减少农药、肥料10%使用量的同时使病虫害防治率不低于95%，不减轻肥效，比常规农药防治效果提升25%以上，并且明显改善作物长势、综合提高作物产量10%以上。药肥的使用大幅度避免了病虫害的发生，从而使农药的使用量得到了有效降低，不仅节约了50%以上的施药量，还节约了30%的劳动力成本，节省了50%以上的田间打药喷雾时间，真正实现了"丢下药桶去打工，从此种地更轻松"的理想目标。药肥的使用减少了农药漂移、挥发流失、水土残留等污染，并且消除了原有农药包装物的二次污染，提高了农产品质量安全。新型药肥产品的创新研发与推广需要技术创新，并打破原有的产品销售网络和销售模式，改变农民的施肥用药习惯。公司通过研发试验、大田试验、观摩会、农民会、大型农业技术培训等各类形式加强药肥产品的宣传推广工作，最终成功推出了广泛应用于大田农作物及蔬菜瓜果类经济作物种植的"赤天化""中诚国联""稳丰""一季无重""绿水静土"等品牌的系列药肥，深受广大经销商和农民青睐。药肥的成功推广，给公司带来了前进的动力，增强了公司致力于通过科技创新打造中国绿色生态多功能药肥知名品牌的信心。

公司药肥产品严格按照《农药管理条例》(2017年版)的相关规定与政策登记实施，登记标准高，包括产品的说明、毒理学试验、药效试验、农残及环境影响评价等资料。

近些年公司在药肥领域不断布局和发展，已登记多功能药肥证件20余个，包括杀虫药肥和杀菌药肥等颗粒剂，证件资源在国内多功能药肥领域处于领先地位，登记详情如表6.2所示。表中的产品均是公司通过市场调研、文献检索、专家咨询、农药成分筛选、肥料载体选择、农药复配筛选、农药组合配方优化、农药效果验证、药肥一体化研究、药肥效果验证等一系列过程申请登记的证件，每个产品的开发均是根据农药有效成分的理化性质及实际使用效果，配合最优的肥料配方作载体，通过先进的生产工艺加工而成。

表6.2 中诚国联公司多功能药肥颗粒剂证件登记情况

有效成分及含量	登记作物	防治对象	登记进度	备注
5%二嗪磷	花生	蛴螬	已下证	以肥料为载体
0.5%阿维菌素	黄瓜	根结线虫	已下证	以肥料为载体
0.1%吡虫啉·氟氯氰	小麦	金针虫	已下证	以肥料为载体
0.3%噻呋·嘧菌酯	马铃薯	黑痣病	已下证	以肥料为载体
0.6%精甲·噁霉灵	辣椒	猝倒、立枯病	已下证	以肥料为载体
1%氯虫·氟氯氰	马铃薯	蛴螬	已下证	以肥料为载体
0.16%氯虫·噻虫胺	甘蔗	蔗螟	已下证	以肥料为载体
0.16%噻虫胺·氟氯氰	大蒜	蒜蛆	登记中	以肥料为载体
0.6%呋虫胺·杀虫单	甘蔗	蔗螟	登记中	以肥料为载体
0.5%噻虫胺·杀虫单	甘蔗	蔗龟	登记中	以肥料为载体
0.15%噻虫胺·虫螨腈	韭菜	韭蛆	登记中	以肥料为载体
0.08%精甲·嘧菌酯	西瓜	枯萎病、疫病	登记中	以肥料为载体
0.15%噻虫胺·吡虫啉	花生	蛴螬	登记中	以肥料为载体
0.5%噻唑磷·氨基寡糖素	黄瓜	根结线虫	登记中	以肥料为载体
0.3%咯菌腈·嘧菌酯	辣椒	立枯病	登记中	以肥料为载体
1%氯虫·噻虫胺	玉米	蛴螬	登记中	以肥料为载体
0.12%咯菌腈·噁霉灵	冬瓜	立枯病	登记中	以肥料为载体
1%丙环唑·嘧菌酯	辣椒	立枯病	登记中	以肥料为载体
0.4%嘧菌酯·噁霉灵	西瓜	猝倒病	登记中	以肥料为载体

4. 新一代微生物药肥产品开发成果

公司坚持绿色、高效的发展理念，坚持走可持续发展的农业生态循环道路，从公司成立之初就开始布局生物药肥领域，经过不断地研究、实践、摸索，已研制出 7 种复合微生物组合生物药肥产品，可高效防治病虫害且无任何副作用。

开发微生物药肥产品符合国家农业发展的方向，这类产品将不断取代化学农药、化学肥料，是大有前景的高科技产品，能够软化秸秆、促进秸秆腐熟和养分释放、解磷解钾、促进矿质养分的转化吸收，调理修复土壤、改善植物根系生长环境，促进根系发育、增强植物吸收矿质营养元素的能力，整体可提高土壤中养分利用率30%以上，是有效促进化肥、农药双减的有力措施。同时特定的微生物活菌及其代谢产物具有非常优越的杀虫杀菌活性：如苏云金芽孢杆菌能够产生 BT 蛋白，在被昆虫取食后不能被消化，可使昆虫死亡，并且该菌能够快速侵染到昆虫体内并大量扩繁，让更多活菌孢子释放到周围环境，对虫害起到良好的控制和预防作用；白僵菌和绿僵菌同样也是非常优越的杀虫型微生物菌剂。哈茨木霉、枯草芽孢杆菌等是非常优越的防治病害的微生物。利用组合式创新原理组合不同功能的微生物菌种就能够得到多功能的防病、杀虫微生物菌剂，再通过菌种拮抗试验研究验证菌剂组合的合理性、可行性，以及抑菌杀虫功效，从而得以创造具有独家专利技术的菌剂产品，如表6.3所示。

表 6.3 中诚国联公司微生物药肥证件登记情况

编号	微生物菌种名称	技术指标	登记作物	登记进度
1	绿僵菌＋苏云金杆菌	粉剂；有效活菌数≥2亿颗/克	黄瓜、番茄、花生、辣椒	登记中
2	球孢白僵菌＋绿僵菌＋苏云金杆菌	粉剂；有效活菌数≥20亿颗/克	黄瓜、番茄、花生、辣椒	登记中
3	苏云金杆菌＋淡紫紫孢菌＋坚强芽孢杆菌	粉剂；有效活菌数≥5亿颗/克	黄瓜、番茄、花生、辣椒	登记中
4	长枝木霉＋侧孢短芽孢杆菌＋解淀粉芽孢杆菌	粉剂；有效活菌数≥10亿颗/克	黄瓜、番茄、花生、辣椒	登记中
5	娄彻氏链霉菌＋弗氏链霉菌＋哈茨木霉	粉剂；有效活菌数≥5亿颗/克	黄瓜、番茄、花生、辣椒	登记中
6	甲基营养型芽孢杆菌＋侧孢短芽孢杆菌＋多粘类芽孢杆菌	粉剂；有效活菌数≥20亿颗/克	黄瓜、番茄、花生、辣椒	登记中
7	淡紫紫孢菌＋哈茨木霉＋枯草芽孢杆菌	粉剂；有效活菌数≥2亿颗/克	西瓜、茄子、黄瓜	已下证
8	淡紫紫孢菌＋白僵菌＋苏云金杆菌	粉剂；有效活菌数≥2亿颗/克	人参、红薯、马铃薯、韭菜、花生、大蒜、小麦	登记中

续表

编号	微生物菌种名称	技术指标	登记作物	登记进度
9	枯草芽孢杆菌+地衣芽孢杆菌	颗粒剂；有效活菌数≥0.5亿颗/克；有机质≥20%；N+P$_2$O$_5$+K$_2$O=23%	小麦、桃树、韭菜、番茄、黄瓜、辣椒、豆角、水稻、棉花、花生、大蒜	已下证
10	枯草芽孢杆菌+酿酒酵母+米曲霉	粉剂；有效活菌数≥0.5亿颗/克	农作物秸秆	已下证
11	枯草芽孢杆菌+地衣芽孢杆菌	粉剂；有效活菌数≥2亿颗/克	小麦、水稻、棉花	已下证
12	枯草芽孢杆菌+地衣芽孢杆菌	颗粒；有效活菌数≥2亿颗/克	小麦、水稻、棉花	已下证
13	枯草芽孢杆菌+胶冻样芽孢杆菌	颗粒；有效活菌数≥2亿颗/克	小麦、水稻、棉花	已下证
14	枯草芽孢杆菌+地衣芽孢杆菌	液体；有效活菌数≥2亿颗/克	小麦、水稻、棉花	已下证
15	地衣芽孢杆菌+沼泽红假单胞菌	粉剂；有效活菌数≥2亿颗/克	水稻、黄瓜、辣椒	登记中
16	荧光假单胞菌+泾阳链霉菌	粉剂；有效活菌数≥2亿颗/克	水稻、黄瓜、辣椒、番茄、烟草、茶叶	登记中
17	白僵菌+苏云金芽孢杆菌	颗粒剂；有效活菌数≥0.5亿颗/克；有机质≥20%；N+P$_2$O$_5$+K$_2$O=23%	小麦、桃树、韭菜、番茄、黄瓜、辣椒、水稻、棉花、花生、大蒜	登记中
18	球孢白僵菌+绿僵菌+苏云金杆菌	颗粒剂；有效活菌数≥20亿颗/克	黄瓜、番茄、花生、辣椒	登记中
19	苏云金杆菌+淡紫紫孢菌+坚强芽孢杆菌	颗粒剂；有效活菌数≥5亿颗/克	黄瓜、番茄、花生、辣椒	登记中
20	长枝木霉+侧孢短芽孢杆菌+解淀粉芽孢杆菌	颗粒剂；有效活菌数≥10亿颗/克	黄瓜、番茄、花生、辣椒	登记中
21	娄彻氏链霉菌+弗氏链霉菌+哈茨木霉	颗粒剂；有效活菌数≥5亿颗/克	黄瓜、番茄、花生、辣椒	登记中
22	甲基营养型芽孢杆菌+侧孢短芽孢杆菌+多粘类芽孢杆菌	颗粒剂；有效活菌数≥20亿颗/克	黄瓜、番茄、花生、辣椒	登记中

表6.3所示内容涉及的菌种是公司独家专利菌种，具有高效、广谱、安全、长效、无污染等特点，并具有杀虫、防病、改土、壮根、增收等功能。公司研发部在江南大学食品科学学院蔡国林教授、河南工业大学李成伟教授和河南农业大学李洪连教授的指导下，通过大量试验验证、科学搭配，从而开发了多个绿色、高效的微生物菌剂，为公司下一步产品升级、药肥更新换代、公司转型提供了可靠的技术保障。特别是已获得专利的产品——"淡紫·哈茨·枯草"，对根结线虫有特殊防效，综合效果与目前最好的化学农药相当，但是对土壤环境、作物生长等

无任何副作用,具体试验结果如下。

处理情况如图 6.2 所示。

1 号垄处理区为处理 1:施撒菌剂 83 克。

2 号垄处理区为处理 2:用 90%氨基寡糖素灌根。

3 号垄处理区为处理 3:施撒菌剂 83 克,并用 90%氨基寡糖素灌根。

4 号垄处理区为处理 4:用 20%噻唑膦粉剂灌根,并用 90%氨基寡糖素灌根。

5 号垄处理区为处理 5:施撒菌剂 83 克。

6 号垄处理区为处理 6:用 20%噻唑膦粉剂灌根。

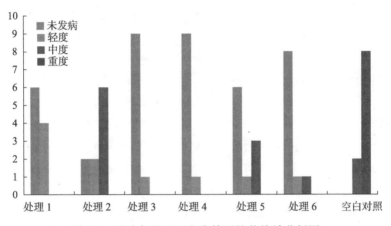

图 6.2 试验各处理区发病情况柱状统计分析图

结果分析如下。

通过统计结果分析可知:处理 3、处理 4 根结线虫防治效果相同,发病最轻;空白对照发病情况最重。

根结线虫防治效果依次如下。

处理 3 = 处理 4 > 处理 1 > 处理 6 > 处理 5 > 处理 2 > 空白对照,由此可得出本次试验防治黄瓜根结线虫药效结论如下。

菌剂 + 氨基寡糖素与噻唑膦 + 氨基寡糖素防治效果最好;单用菌剂防效等同于单用噻唑膦,并且都好于单用氨基寡糖素。

对该产品的研发与推广奠定了公司微生物产品的技术工艺基础,为以后产品开发、工艺创新和市场推广提供了参考案例。

另外,公司始终将创新驱动作为重要发展战略,志存高远。在坚持既定的战略发展目标前提下,公司狠抓产品创新和工艺创新,配套升级组织服务能力和企业文化建设,全方位提升公司的"硬"实力和"软"实力,通过创新和服务使企业在激烈的市场竞争中始终保持优势。在创新的同时，公司注重创新成果的转化和保护，根据创新成果申请各种专利几十项，在河南省多功能药肥企业中处于领先地位。

6.3 中诚国联公司成果转化能力分析

6.3.1 生产制造能力

中诚国联公司在行业竞争中具有一定的优势，该优势主要体现在企业产品类别的完整性、原材料的互补性及生产制造设施的先进性等方面。在完成全自动智能生产系统后，公司又引进了数字化智能立体仓库，引进了高端智能水剂、粉剂、颗粒剂生产线等多条适应公司高质量发展的生产线，目前可生产30克~50千克等50多种规格的不同产品，投药装置采用计算机全自动控制，实时检测，精细准确，国内一流。不过因为成立时间较短，企业仍然处于初级发展阶段，发展规模较小，技术集成度不高，产品附加值偏低，作为一种新型功能性肥料，主打产品多功能药肥与传统化肥相比优势不够突出，从总体上看产品竞争力不强。但是多功能药肥具有省工省时，药、肥互作增效的优势，符合我国现代化农业发展的需求，具有非常广泛的发展前景。

化肥作为近代工业革命最伟大的产物之一，在我国已有150多年的使用历史，中华人民共和国成立初期曾被列为国家战略资源，中华人民共和国成立以后我国化肥产业获得了飞速发展。在2000年以前，我国人均粮食产量与化肥用量呈正相关，但是从20世纪80年代开始，我国化肥用量的增速明显高于人均粮食产量的增速，其中固然跟我国人口数量自改革开放后爆发式增长有关，但不可否认我国化肥用量增长的边际效应愈发明显的事实，如图6.3所示。截至2015年，我国

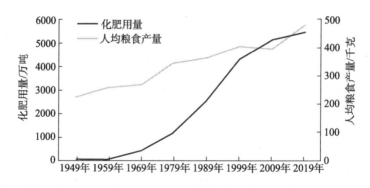

图6.3 中华人民共和国成立以来我国人均粮食产量与肥料用量变化

化肥使用量达到全球平均水平的 3.4 倍,是非洲的 27 倍,在全球范围内,我国已是化肥使用量最大的国家。我国全球粮食总产量居于首位,面对巨大的化肥使用量,必须看到过量使用化肥给生态环境造成的巨大影响,例如,较为普遍的水质的富营养化问题及土质酸化问题等,都会对我国农业生态安全和农产品质量安全形成严重威胁。进入 21 世纪以后,随着农业技术的进步和先进制造设备的出现,传统化肥的利用率得到提高,同时新型多功能肥的诞生打破了原有的肥料产业格局,使我国化肥用量的增速终于低于人均粮食产量的增速。

我国化肥行业近 10 年以来的总产量及其变化趋势如图 6.4 所示。从图中可以看到:2010 年我国化肥总产量为 6337.86 万吨,同比增长-0.74%;2011 年总产量为 6419.39 万吨,同比增长 1.29%;2012 年总产量为 6832.1 万吨,同比增长 6.43%;2013 年总产量为 7026.18 万吨,同比增长 2.84%;2014 年总产量为 6876.85 万吨,同比增长-2.13%;2015 年总产量为 7431.99 万吨,同比增长 8.07%,总产量达到近 10 年最高峰;2016 年总产量为 6629.62 万吨,同比增长-10.80%;2017 年总产量为 6065.2 万吨,同比增长-8.51%;2018 年总产量为 5495.6 万吨(折纯①,下同),同比增长-9.39%,这也是我国化肥产量持续下降的第三年(2016 年较 2015 年下降了 2.6%,2017 年较 2016 年下降幅度则为 4.8%,究其原因,还是由于不断深入的供给侧改革使部分较为落后的产能遭到淘汰,从而使得化肥的总产能出现较大减少)。相关数据表明,2018 年我国碳酰二胺(氮肥)的总产量为 3452.2 万吨,同比降低了 6.7%。在这当中:碳酰胺(尿素)产量为 2343.2 万吨,同比降低 8.2%;

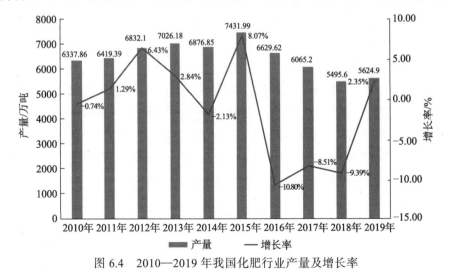

图 6.4　2010—2019 年我国化肥行业产量及增长率

---

① 折纯指在计算投料折干折纯时所采用的标准,一般指以产品质量为基准,通过计算得出产品的纯净度。

磷素肥料总产量为 1365.2 万吨，同比降低 3.7%；钾素肥料产量为 678.2 万吨，同比增长 8%。到了 2019 年，我国化肥产量又出现了小幅上涨，当年总产量（折纯，下同）达到了 5624.9 万吨，同比增长 2.35%。在这当中碳酰二胺（氮肥）的总产量为 3577.3 万吨，同比增长 5.3%；磷素肥料的总产量为 1211.7 万吨，同比减少 6.9%；钾素肥料的总产量为 762.2 万吨，同比增幅为 11.7%（周竹叶，2019）。从以上数据不难看出，化肥行业产量正在逐渐回归正常水平，企业之间的相互竞争开始趋向于产业的创新。

我国普通化肥行业发展已进入瓶颈期，再加上近年来各地积极响应国家"提质增效"的号召，使化肥领域去产能需求变得越来越迫切，曾经迅猛发展的化肥行业开始渐渐归于理性化，整个行业正在进行不可逆转的产业结构调整和创新服务重塑（谷涛，2020）。2019 年，在国家化肥农药减量增效政策和农产品价格低迷的影响下，加之 2020 年年初的新冠疫情，我国化肥行业呈现"总量变"和"结构变"的双重特征，行业正在重新洗牌，企业开始重视节能减排，增设环保设备，加强产品创新、工艺创新及组合创新。

中诚国联公司充分分析自身的优势、劣势，以及当前面对的机遇和挑战，对已有的普通复合肥销售量和市场区域采取"维持"战略，并主动向多功能药肥新领域调整，大力推广多功能药肥和多功能特种药肥。多功能药肥产业在国外已步入成熟期，而在我国仍处于初级发展阶段，具有很大的发展空间和广阔的市场前景。根据中国农药工业协会调查公布的数据，我国化肥市场产值容量 8000 亿元，农药市场产值容量 500 亿元，药肥市场产值估量 1700 亿元，而目前药肥行业销售额约为 35 亿元，市场远未达到饱和。我国农作物种植面积 19 亿亩，可使用多功能药肥的潜在面积达 8.8 亿亩，潜在市场规模超过 700 亿元。尤其农业农村部推动了"零增长行动计划"，明确要求农药、化肥的使用量须连年降低，提出肥料行业"精""调""改""替"四字措施。而多功能肥料（药肥为其中重要组成部分）解决了化肥行业精准施用，提升肥料利用率，可以调整施肥结构的问题，且具有良好的利润支撑，引起了行业内外的广泛关注。业内专家表示，在传统农药和化肥竞争越发激烈的环境下，多功能药肥独一无二的优势将受到很多企业的青睐。但是当前多功能药肥行业现状不容乐观，行业缺乏标准、产品参差不齐、厂商虚假宣传等都限制了多功能药肥的健康发展。

从 2015 年开始，中国农药工业协会药肥委员会连续 5 年召开药肥论坛高端峰会，吸纳了百余单位会员，旨在号召国内各大药肥生产销售企业协力推进药肥市场持续健康发展，起草行业标准规范、提高产品质量、提升广大农户对药肥的接受度，为多功能药肥在新型肥料领域大放异彩提供保障。

中诚国联公司作为药肥委员会的会员，积极担负会员企业的责任和使命，公司的主导产品是多功能药肥，为确保企业产品质稳合规而不断加强产品工艺创新，通过引进国外先进的生产设备和管理技术，掌握并逐渐加以改进，目前引进装置超过国外同类装置水平。在此基础上，公司通过模仿消化、局部创新逐步实现先进设备装置国产化，从而扩大生产规模，目前已具备很强的设备改进能力。为了确保在多功能药肥领域生产设备的领先优势，公司将会尽可能发挥设备改进创效潜力，为自身深度发展及高新技术产业融创提供支持。

当前多功能药肥产业正在逐渐进入成长期，有较好的发展前景，而国内药肥企业以农药企业为主，形成了"一超多强"的局面。中诚国联公司的多功能药肥产业在国内处于领先地位，这得益于公司积极推进"二次创业"和产业结构调整，通过借脑引智、产学结合促进技术进步，增强基础研发能力，立足自主创新。

现阶段对中诚国联公司来说，技术创新的主要渠道依然是对外引进技术，在类别上以重点设备引进为主，以相应的技术引进为辅，相较于引进技术的成本，消化吸收的成本支出明显太低。引进技术的最终目的是提高生产效率，而这样的情况对企业利用引进技术提高自身的技术应用能力是极为不利的。较低的技术创新投入及项目设计投入都会直接导致企业最后形成大而不强的状况，缺乏必要的技术储备，没有能力真正将生产效能放大，引进的技术始终只停滞于模仿、改造阶段，无法真正将技术为我所用，要真正实现"二次创新"尚待时日。

从表 6.4 可看到，公司十分注重技术改造，每年投入较大经费。技术改造是公司技术创新的主要形式，企业设备水平达到国内先进水平，多数装置采用现场总线控制系统和集散控制系统控制。技术改造的主要目的在于提高生产率、节能降耗、扩大生产规模。先进的装置设备和超高的开工率确保了产品质量稳定，生产成本明显下降，引进技术负荷率超过 90%，全年设备运转接近 280 天，超过国外同类装置水平。

表 6.4 中诚国联公司技术创新费用支出　　　　　单位：万元

类　别	2015 年	2016 年	2017 年	2018 年	2019 年	2020 年	2021 年	2022 年
R&D 支出总额	170	120	150	245	260	380	410	520
新产品开发支出	40	33	32	120	100	230	240	265
技术改造支出	1700	2900	1520	2500	1800	1430	1800	2300
技术引进支出	50	174	100	400	650	800	900	960
消化引进技术支出	2	4	1	10	8	27	32	41

此外，在多年的生产管理过程中，公司建立了严格的规章制度、安全规范及操作标准，积累了较为丰厚的生产安全管理经验，同时，公司还对相关技术人员实施定期的安全防护培训。目前，公司工程技术人员专业齐全、技术力量较强，工人队伍整体素质较高，技术工人占职工总数的 75%，完全满足引进技术设备的要求。

图 6.5 描述的是一种可满足多功能药肥生产的"双烘双冷"滚筒生产工艺，具体工艺流程为：将氮、磷、钾等原辅料及不合格产品、粒径大小不满足要求的返料经过破碎称重后与已计量的农药掺混均匀，然后将其投入滚筒设备进行搅拌后实施制粒，制粒以后的原材料通过两次烘干和冷却处理，再经筛分后进行产品质量检测，检测合格后进行防板结包膜包裹，最后分装入库。不合格产品将被重新投入原料投入口进行二次加工生产。耐高温的粉剂农药（经过烘干不分解）可在造粒前端加药；液体农药（不适合做粉状）和不耐高温的农药（经过烘干会分解）可在烘干后端包裹，确保药肥产品质量稳定、合格。

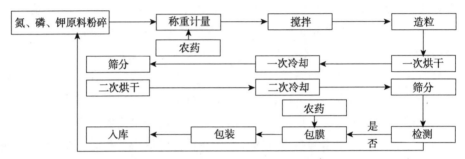

图 6.5　多功能药肥滚筒生产工艺流程简图

多功能药肥高塔生产工艺指将肥料与农药的混合熔融物通过旋转喷篮喷出后经高塔自然对流、冷却为成品的过程，具体工艺如图 6.6 所示。

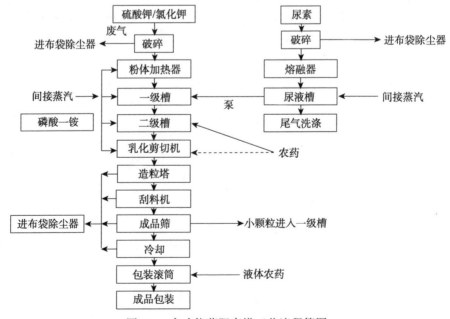

图 6.6　多功能药肥高塔工艺流程简图

①将尿素按照配方配比计量后经过高塔斗提机提高到塔上融熔槽体融熔，碳酰胺融熔后溢出进入一级融合槽体内。②将硫酸钾或氯化钾、辅料等物料按照配方配比计量后经过高塔斗提机提高到塔上一级融合槽内，并且和融熔槽内流出的料浆迅速融合，然后再使之流进二级融合槽内。③将粉状磷酸一铵按照配方配比计量后经过高塔斗提机，提升至塔上二级融合槽与一级融合槽溢流来的料浆及添加的农药成分快速融合，融合后的料浆溢流进入乳化剪切机内进一步匀质，乳化后的料浆会被投入造粒机内经喷篮喷入塔内造粒。④将自塔底出来的肥料颗粒筛分、冷却后送入包装滚筒包膜处理，对温度敏感的农药成分可采用涂覆包裹方法与化肥结合，最后送入包装区包装。

多功能药肥挤压工艺是一种造粒工艺，其原理是把粉状的物质用外力挤压使其形成粒状，具体如图6.7所示。高压下的物料会使粒子形成聚集，同时，借助范德华力及库仑力促使粒子间形成相互密切相联的状态。在挤压造粒的过程中，应先把化肥三要素中的氮、磷、钾等相关的原料和农药融合，再使用挤压机械将其挤压成粒状后筛分，随后再烘干、冷却、抛光使药肥粒外观更光圆，经过二次筛分后的药肥经检验合格后包膜、包装、入库。

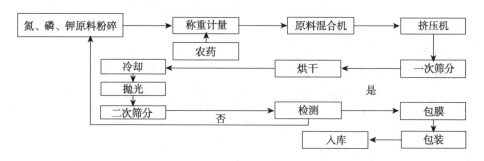

图 6.7 多功能药肥挤压工艺流程简图

中诚国联公司主要使用的多功能药肥生产工艺为滚筒造粒和挤压造粒，这两种生产工艺操作灵活，受订单大小限制较小。高塔生产工艺为贴牌生产，对订单大小要求较高，操作不灵活。

多功能药肥掺混生产工艺是将两种以上颗粒粒径相近的单质肥料或复合肥料按照一定比例通过机械搅拌混合，然后将提前制备好的粉状药剂或液体药剂包裹或喷淋在颗粒表面形成新型多功能肥料，具体生产工艺如图6.8所示。根据提前设置好的配方将单质氮、磷、钾肥料筛分处理，然后通过称重计量，原料通过传送带进入混合仓掺混，同时通过特定的加药设备进行包裹或喷淋，这个过程需要对混合后的物料进行养分含量和农药含量的检测，如果不合格则须返回混合仓进行二次加工，如果检测合格则可以将混合好的物料分装入库。

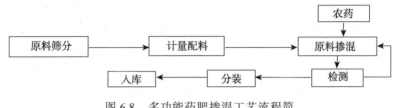

图 6.8　多功能药肥掺混工艺流程简

掺混生产工艺的特点是能耗低、对环境污染小、操作灵活，可以满足中小订单的生产需求。但是该工艺生产的成品在运输和使用的过程中容易出现分层，进而导致养分在田间分布不均匀。

虽然中诚国联公司已经布局多条多功能药肥生产线，但生产工艺领先优势微弱，随着各大化肥巨头进驻药肥领域（如史丹利、金正大、鄂中、心连心等），公司生产制造的优势将会进一步弱化。使厂房、车间、工艺设备更先进、更智能仍是公司发展的重点，公司管理者深知企业生产工艺领先优势正在逐步缩小，除了继续加强与清华大学系统集成研究所范玉顺教授的合作以外，公司耗费巨资引进了中智浩云公司的车间智能管理系统——WIT，搭建了 OSC 数据协同工作中心，物联网的有效应用促使公司的管理人员与执行人员相互间的应用数据、信息通信及管理都实现了互通互联，目前公司生产车间已经成为商丘市首批评选的智能生产车间之一。技术的创新和更新会对公司的技术装备能力和制造能力起到直接影响，因此，技术创新和改造是推动我国药肥企业智能化、高效化生产的有效途径。

通过上述分析可知，中诚国联公司将工艺创新放在主要位置，产品创新放在次要位置，采取的策略是以工艺创新为主导的组合创新，这在工艺创新上是比较成功的。公司在技术引进和设备改造上投入大量资金，同时也在提高生产工人素质，这充分说明中诚国联公司具有很强的生产制造能力。

6.3.2　组织能力

中诚国联公司是春华秋实科技集团的全资子公司，组织结构比较健全，具体又可分为职能管理组织结构和技术创新组织结构。

职能管理组织结构的主要功能是负责整个集团公司和各子公司的日常运转和外部对接等事宜，内设部门与其他企业大致相同。集团公司总部设有董事会、办公室、财务部和人力资源部，下设五个不同子公司，各子公司又独自拥有研发部、营销部、财务部、生产部和办公室。为全面提升组织管理能力，集团公司引进了金蝶管理系统，建立了一套以成本管理为目的，以计划和流程控制为主线的先进管理模式。

技术创新组织结构不同于职能管理组织结构，集团各子公司不具备技术创新的领导权和决策权，须统一听从集团公司指挥，紧跟集团公司创新步伐，坚决落地执行集团公司分配的技术创新任务。整体来说，中诚国联公司的组织结构划分清晰，科学合理，为能更清楚地描述中诚国联公司的技术创新能力，本节将用中诚国联公司技术创新组织结构来解释这个问题，如图 6.9 所示。

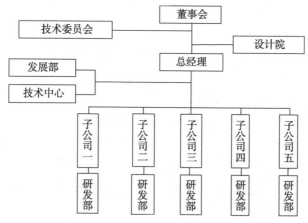

图 6.9　中诚国联公司技术创新组织架构

技术委员会与技术中心并非集团公司的常设部门，其主要负责的是集团公司科技创新策划、重点项目决策的分析和咨询，以及上层战略发展路线的制定。

发展部是集团公司企业技术创新业务的日常管理部门，主要负责的是项目备案、科研开发、技术应用转换、对外协作，以及发展方向等管理工作。

五个子公司均设有研发部，承担本单位技术创新活动的管理职能，主要通过引进技术、成果落地、实操总结等方式开展技术创新活动。

此外，为满足各子公司生产管理需求，集团公司设计院同清华大学系统集成研究所范玉顺教授签订了研发合作协议，致力于服务公司的系统集成、生产流程规范化、管理信息系统开发业务，主要通过过程管理、创新系统集成为公司技术创新提供支持。但是中诚国联公司原有的研发部技术力量薄弱，难以承担重大的研发任务，这种现象导致总部技术中心和设计院的研究成果难以在该子公司转化落地，致使研发部门和生产部门脱节，不利于工艺创新落地。

目前中诚国联公司的技术创新虽然取得了一些成绩，但多属渐进创新项目，没有使企业飞跃发展的重大创新型项目，公司在技术创新层面的能力依然较为薄弱。虽然公司的管理人员有一定的开拓精神，但是中层干部却缺少必要的拼搏精神、思想比较守旧、创新意识不够，导致公司发展受阻。因此，公司的创新能力和公司管理者的领导能力之间存在相互影响，进一步的发展创新主要取决于管理者的事业心、进取心和责任心。

从根本上讲，产生以上问题的原因是公司的创新理念和创新需求之间无法较好地融合。公司的技术创新机制和理念与公司管理层的重视程度有关，由于技术创新具有风险性和滞后性的特点，很多公司管理人员只关注眼前的收益，却忽略了对公司技术应用创新能力的培养和提高。目前公司经营者设置的考核机制尚未强制将技术创新与员工业绩挂钩，这就导致大部分公司员工缺少技术创新的思想意识和驱动力，公司也缺少技术创新的氛围和土壤，使创新无法得到必要的认同，特别是针对相关的技术人员，他们的实际作用没有得到有效发挥，这不但影响了公司的创新发展，同时也对员工的个人发展形成了阻力。针对具体的创新项目缺少决策分析负责机制，对完成创新的提议方、管理方、执行方都没有相应的奖赏、鼓励机制，使技术人员的创新积极性无法得到有效激发。

同时，技术创新的风险把控责任机制也没有形成，创新论证体系不健全，拥有创新意识的个体往往因顾虑创新失败后的责任而被迫放弃。因此企业领导者要想鼓励全员创新，首先要打消员工的创新顾虑，鼓励设想、鼓励构思、科学论证，避免盲目创新，变被动创新为主动创新。

通过以上分析可知，中诚国联公司有完整的职能管理和技术创新组织结构，职能管理组织结构完善，但技术创新组织结构问题较大，高层领导与中层领导、基层员工的技术创新意识不匹配，企业技术创新的氛围不强。从调查中作者也发现，中诚国联公司和行业专家、外部科研机构缺乏沟通交流，公司整体的技术创新组织能力较弱。

6.3.3　R&D 能力

R&D 能力顾名思义指的是企业整体的研究和开发能力。判断企业的 R&D 能力需要从研究开发资金的投入、研发人员的数量和质量、创新成果三方面衡量。

就研究开发资金的投入能力而言，中诚国联公司自 2015 年成立以来研发费用在销售额中的占比除 2016 年下降以外均呈逐年递增趋势，2022 年研发投入占销售额总量的 3.42%，在国内属较高水平，如图 6.10 所示。

中诚国联公司现有员工 152 人，其中 R&D 人员 22 名，占比 14.7%，比例偏低，与一些高科技企业相去甚远。其中具有高级职称的人员 6 名，中级职称人员 13 名，人员素质水平较高，能满足 R&D 工作需要。R&D 设备资产 2000 万元，R&D 设备水平一般，如表 6.5 所示。

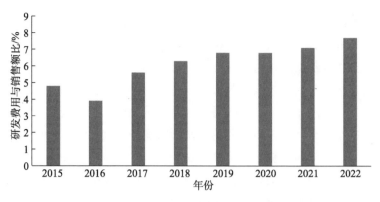

图 6.10　2015 年—2022 年中诚国联公司研发费用与销售额比

表 6.5　2015—2022 年中诚国联公司 R&D 人员数量与公司员工人数比

年　　份	2015	2016	2017	2018	2019	2020	2021	2022
R&D 人员占比/%	4.8	3.9	6.6	7.8	11.5	11.9	12.4	14.7

中诚国联公司有独立的 R&D 机构，公司总部技术中心是省级工程技术中心，具有一定的自主研发能力，原有多功能药肥产品开发工作是建立在对市场中畅销竞品的分析模仿，缺乏自主创新、独一无二的产品。随着博士后科研工作流动站和中原学者工作站的申请成功，公司搭建了两个重要的科研创新平台，分别聘请上海华东理工大学理学院李忠教授及其团队、河南农业大学农学院陈彦惠教授及其团队作为技术后盾，并邀请团队成员进站指导工作，并就当前迫切需求的多功能药肥新产品研发诉求同河南农业大学陈彦惠教授展开了合作，初步拟定的合作研发的方向为《河南省主要作物防治虫害新型多功能药肥的研发及应用》，该项目旨在充分利用河南省高等农业院校的科技优势，通过企业的产业平台实现科技转化，助力河南省农业产业持续健康发展。目前博士后工作站进站博士 7 名。另外，中原学者工作站承担了省科技厅《农作物防治虫害新型多功能药肥的研发与应用》项目，绿色药肥新产品立项 20 项，申报发明专利 80 多项、实用新型专利 120 多项。公司还建立了与清华大学经管学院、华东理工大学化工生物农药研究所、郑州大学化工学院、河南工业大学联合培养博士后的科技创新平台，与河南农业大学中原学者团队联合科研攻关，建立了诸多项目的合作交流平台，获批建设河南省农作物多功能药肥工程技术研究中心、河南省企业技术中心，建立了国内一流的实验室并配备了先进的试验仪器设备，在绿色农药创新研究方面处于国内领先水平。公司与美国富美实等知名公司联合开发了"氯虫·噻虫胺""氯虫·氟氯""吡虫啉·氟氯""噻呋酰胺·嘧菌酯""精甲霜灵·噁霉灵""淡紫·哈茨·枯草"

"苏云·白僵菌""白僵菌·绿僵菌"等专利产品。随着两个高质量、高标准的研发平台搭建完成，公司的科研能力得到了极大的提升，已具备较强的科研开发能力，企业的多功能药肥的研究开发也将迎来新的转机。

除了搭建科研平台引入高科技人才以外，中诚国联公司始终坚持技术"引进来"、合作"走出去"的战略，与华东理工大学药物化工研究所签订了研发合作协议，主要目的是充分利用该研究所的科研团队优势及其在农药化学和芳香杂环化学、生物学领域的学科优势，结合公司农药生产实际需求解决部分产品质量不稳定的问题。同时公司也借助该研究所在微生物纯化、发酵技术、构造解析、成分分析、生物检测、剂型创制等方面的技术优势，在绿色无公害农药的创制方面得到了突破。经过几年的合作，公司已经生产了几种广受用户欢迎的绿色农药产品，产生了良好的经济效益。

在与省外高等院校、科研院所开展深入合作的同时，中诚国联公司也在积极加强与本地高校的交流合作，先后与商丘师范学院、商丘职业技术学院签订了合作协议，在土壤改良、平衡施肥、高产优质强筋小麦高效栽培技术方面进行试验研究与示范推广，为豫东地区乃至整个河南省的广大农民提供种植技术服务。同时，公司利用新型职业农民培训基地和自主研发的"益农万家"小程序，构建了"四优四化"科技行动计划服务网络，使农技推广深入田间地头。目前，合作团队以公司农化服务中心和益农万家电商平台为支撑，已经形成了覆盖河南18个地市的农技服务网络，产生了良好的经济、社会、生态效益。

除了与科研院所和高校合作之外，中诚国联公司也不忘加强与同行兄弟企业的交流合作。公司与广西田园、山东海利尔、河南心连心、江西正邦、美国富美实等企业开展了深度合作，合作产品为0.16%氯虫·噻虫胺颗粒药肥、1%氯虫·氟氯氰颗粒药肥、0.3%噻呋酰胺·嘧菌酯颗粒药肥、0.6%精甲霜灵·噁霉灵颗粒药肥、0.1%吡虫啉·氟氯氰颗粒药肥、0.1%噻虫胺颗粒药肥、0.2%噻虫胺颗粒药肥、0.12%噻虫嗪颗粒药肥等。公司与河南瀚斯作物科学有限公司就农药产品企业标准制定、产品检测等方面互通有无，与湖北沙隆达股份有限公司展开贸易合作，成为其在豫东地区的战略合伙人。

通过几年的不断研发和创新，中诚国联公司取得技术成果几十余项、累计申请各种专利200多项，其中授权专利48项，受理专利100多项，正在申报专利50多项，在国内属中等水平，2022年预计申请专利数量不少于100项，如表6.6所示。另外，公司积极与省市农业相关部门对接，承接政府农业项目，年承接省市农业相关项目30项左右，为商丘市重点农业项目承办单位之一，如表6.7所示。

表6.6 中诚国联公司专利一览表(部分)

编号	专利名称	申请号或专利号	专利类型
1	一种含有吡虫啉和氟氯氰菊酯的药肥生产装置及制备方法	CN202310079591.5	发明
2	一种含有氯虫苯甲酰胺和氟氯氰菊酯的高塔药肥及其应用	CN202110021136.0	发明
3	一种复合微生物肥料及其制备方法	CN202110612389.5	发明
4	一种防治果树炭疽病的复合微生物菌剂及其制备方法和应用	CN202210297913.9	发明
5	一种防治果蔬鳞翅目害虫的微生物菌剂及其制备方法和应用	CN202210185994.3	发明
6	一种含杀虫双的杀虫组合物及应用	CN202210228383.2	发明
7	一种防治果蔬根腐病的复合微生物菌剂及其制备方法和应用	CN202210166568.5	发明
8	一种具有杀虫功能的复合微生物的组合物及其应用	CN202210089088.3	发明
9	一种药肥颗粒剂的制粒设备	CN202320437600.9	实用新型
10	一种颗粒分装装置	CN202320272028.5	实用新型
11	一种具有压断机构的药肥片剂盒	CN202223556507.4	实用新型
12	一种用于颗粒剂生产的干燥装置	CN202223443704.5	实用新型
13	一种可溶液剂生产用混合配料装置	CN202223210273.8	实用新型
14	一种高芸苔素内酯和氯化胆碱的可溶液剂的滴灌装置	CN218649367U	实用新型
15	一种微生物菌剂用混合装置	CN202221609962.3	实用新型
16	含娄彻氏链霉菌、弗氏链霉菌和哈茨木霉菌剂用发酵装置	CN202221579879.6	实用新型
17	一种可溶液剂生产用调配罐	CN202223377969.X	实用新型
18	一种菌剂用发酵灌装系统	CN202221625548.1	实用新型
19	含白僵菌、绿僵菌和苏云金芽孢杆菌的菌剂的发酵装置	CN202221554678.0	实用新型
20	含白僵菌和苏云金芽孢杆菌的微生物菌剂挤压造粒装置	CN202221566523.9	实用新型
21	含白僵菌、绿僵菌和苏云金杆菌的微生物菌剂用混合设备	CN202221580969.7	实用新型
22	一种微生物菌剂转鼓造粒装置	CN202222272687.7	实用新型
23	一种便于调节速度的溶液剂滴灌装置	CN202222981025.7	实用新型
24	一种可溶液剂生产用加热混合配比设备	CN202223302616.3	实用新型
25	一种便于调节角度的溶液剂滴灌装置	CN202222910197.5	实用新型
26	一种含有噻呋酰胺和嘧菌酯的液体药肥生产装置	CN202222437167.7	实用新型
27	一种可溶液剂生产用反应釜	CN202223121845.5	实用新型
28	一种菌剂用固体发酵床	CN202221624788.X	实用新型
29	一种菌剂用发酵系统	CN202221638222.2	实用新型
30	一种菌剂的扩繁设备	CN202221663156.4	实用新型
31	一种微生物制剂的生产设备	CN202221635093.1	实用新型
32	含淡紫紫孢菌、白僵菌和短稳杆菌的菌剂的生产装置	CN202221611927.5	实用新型
33	一种用于调节碱性土壤的微生物菌剂混合生产装置	CN202220624755.9	实用新型
34	含枯草芽孢杆菌和地衣芽孢杆菌的菌剂转鼓造粒装置	CN202221567125.9	实用新型
35	一种修复土壤板结的微生物菌剂生产用发酵装置	CN202220639181.2	实用新型
36	一种用于调节酸性土壤的微生物菌剂混合装置	CN202220677605.4	实用新型
37	淡紫紫孢菌、白僵菌和苏云金芽孢杆菌施用的灌根装置	CN202120803059.X	实用新型
38	一种具有破碎机构的肥料溶解设备	CN202122917191.6	实用新型
39	一种肥料灌装用袋口辅助抻开装置	CN202123229187.7	实用新型

续表

编号	专利名称	申请号或专利号	专利类型
40	一种微生物肥料加工用筛分装置	CN202122784255.X	实用新型
41	一种含有精甲霜灵和噁霉灵的药肥颗粒剂的生产装置	CN202120591816.1	实用新型
42	含有氯虫苯甲酰胺和噻虫胺的药肥颗粒剂的生产装置	CN202120604276.6	实用新型
43	淡紫紫孢菌、哈茨木霉和枯草芽孢杆菌施用的冲施装置	CN202120789819.6	实用新型
44	一种颗粒状枯草芽孢杆菌和地衣芽孢杆菌专用冲施装置	CN202120754031.1	实用新型
45	一种绿僵菌和苏云金芽孢杆菌施用的滴灌装置	CN202120768670.3	实用新型
46	含有噻呋酰胺和嘧菌酯的药肥颗粒剂的生产装置	CN202120582171.5	实用新型
47	一种含有氯虫苯甲酰胺的药肥颗粒剂的生产装置	CN202120591819.5	实用新型
48	一种含有氯虫苯甲酰胺和噻虫胺药肥颗粒剂的生产装置	CN202021977397.7	实用新型
49	一种肥料干粉磨粉装置	CN202020097487.0	实用新型
50	一种肥料黏合剂混合肥料装置	CN202020079182.7	实用新型
51	一种肥料生产用自动配料装置	CN202020079153.0	实用新型
52	一种肥料分筛机	CN202020097488.5	实用新型
53	一种肥料称重包装设备	CN202020100054.6	实用新型
54	一种肥料生产装置	CN201922450627.8	实用新型
55	一种肥料颗粒冷却机	CN202020097483.2	实用新型
56	一种肥料烘干装置	CN202020097462.0	实用新型
57	一种有机肥料造粒装置	CN201922092693.2	实用新型
58	一种肥料干燥装置	CN201922212334.6	实用新型
59	一种肥料快速溶解装置	CN201922094160.8	实用新型
60	一种肥料粉碎装置	CN201922092703.2	实用新型
61	一种振动式肥料混合机	CN201922094158.0	实用新型
62	一种菌剂生产过滤装置	CN202122706029.X	实用新型
63	一种微生物复合菌剂生产用灭菌装置	CN202220362293.8	实用新型
64	一种适用于防治土传病害的微生物菌剂滴灌装置	CN202123096680.6	实用新型
65	一种掺混肥混料装置	CN202122602551.3	实用新型
66	一种生产粉体微生物菌剂除尘装置	CN202123095892.2	实用新型
67	防治作物真菌性病害的复合微生物菌剂生产用存放装置	CN202220383696.0	实用新型
68	一种复合微生物肥料挤压造粒装置	CN202122619782.5	实用新型
69	防治作物细菌性病害的复合微生物菌剂生产用存放装置	CN202220372943.7	实用新型
70	一种承载杀虫型微生物菌剂的无人机	CN202122619588.7	实用新型
71	一种液体微生物菌剂包装装置	CN202122379850.5	实用新型
72	一种化肥翻抛后的曝气装置	CN202122705900.4	实用新型
73	一种生产多功能粉体水溶肥装置	CN202122375427.8	实用新型
74	一种有机化肥翻抛机挡料板	CN202122548220.6	实用新型
75	一种颗粒复合微生物肥料滴灌施用装置	CN202123095521.4	实用新型
76	一种制粒设备	CN202223455333.2	实用新型
77	一种液体有机水溶肥混匀装置	CN202122379623.2	实用新型
78	一种固体微生物发酵装置	CN202122376151.5	实用新型

续表

编号	专利名称	申请号或专利号	专利类型
79	一种液态菌剂生产装置	CN202122605613.6	实用新型
80	一种颗粒物筛选装置	CN202223474754.X	实用新型
81	一种颗粒物料定量包装设备	CN202223533439.X	实用新型
82	一种粉体微生物菌剂包装装置	CN202122619553.3	实用新型
83	一种含有噻呋酰胺和嘧菌酯的液体药肥生产装置	CN202220346388.0	实用新型
84	一种含有噻呋酰胺和嘧菌酯的颗粒药肥加药装置	CN202220346389.5	实用新型
85	含有噻呋酰胺和嘧菌酯的颗粒药肥分装装置	CN202123086284.5	实用新型
86	一种含吡丙醚和噻虫胺的药肥颗粒剂生产装置	CN202222437172.8	实用新型
87	一种含有噻呋酰胺和嘧菌酯的粉体药肥生产装置	CN202220346934.0	实用新型
88	一种含有噻呋酰胺和嘧菌酯的颗粒药肥造粒装置	CN202220346936.X	实用新型
89	一种含有精甲霜灵和噁霉灵颗粒药肥的掺混生产装置	CN202220335751.9	实用新型
90	一种含有精田霜灵和噁霉灵颗粒药肥的飞撒使用装置	CN202221736055.5	实用新型
91	一种吡唑醚菌酯和咯菌腈药肥颗粒的生产装置	CN202222410544.8	实用新型
92	含噻虫胺和氟氯氰菊酯药肥颗粒剂生产装置	CN202222410537.8	实用新型
93	一种含有精甲霜灵和噁霉灵颗粒药肥的挤压生产装置	CN202220335747.2	实用新型
94	含有氯虫苯甲酰胺和氟氯氰菊酯颗粒药肥的挤压生产装置	CN202221844228.5	实用新型
95	一种氯虫苯甲酰胺和氟氯氰菊酯颗粒药肥的高塔生产装置	CN202221844229.X	实用新型

表6.7 中诚国联公司开展的项目及合作单位（部分）

编号	项目名称	合作单位
1	有机硒肥粉剂/水剂的开发与在冬桃上的应用	商丘市富硒协会
2	高塔药肥生产工艺的开发与应用	上海化工研究院
3	防治根结线虫水溶性药肥的研制与应用	山东蔚蓝化工有限公司
4	自动调节灌溉水为中心的特种药肥研制与应用	自主研发
5	增氧促根多功能肥料的开发与应用	自主研发
6	多功能复合微生物菌剂防治玉米地下害虫菌肥的研制与应用	河南农业大学
7	豫东地区小麦蚜虫、红蜘蛛新型药肥颗粒开发与应用	河南农业大学
8	针对花生根腐病、白绢病颗粒状药肥技术开发与推广	商丘师范学院
9	含有氯虫苯甲酰胺和噻虫胺颗粒缓释药肥技术开发	美国富美实

中诚国联公司除了不断加强R&D能力的软实力外，对硬件设施的改进也投入了大量资源，已投资1000万元建设$500m^2$现代化智能研发中心，包括绿色农药实验室、功能肥料实验室、微生物实验室、理化实验室和仪器分析室。公司未来还将继续投入2000万元升级完成"两站"配套基础设施，加大人才引进力度，力争在2025年前建成国内一流的多功能药肥技术研究中心。

中诚国联公司于2018年开始设立研发风险基金，鼓励使用年度研发经费的

30%～50%向具有潜力和国家引导的农化产业进行研究。公司对外增强和各大高校及相关科研院所的合作，引入优秀的外聘专家、顾问等技术人才对公司的技术创新进行指导；对内增强对相关技术人员的培训和再教育，针对所有的在职员工，要求在3年时间内均要实现为期3个月的脱产轮训，充分利用博士后工作站的便利条件，鼓励拥有硕士及以上学位的员工继续深造。

中诚国联公司之所以大力发展R&D能力，从长远考虑是为了实现打造国内多功能药肥领先品牌的梦想，从眼下考虑则是为了满足公司对新产品的迫切需求。通过多年发展，中诚国联公司已形成门类齐全的产品平台，产品谱系逐渐丰富，随之而来的便是出现产品创新惰性。由于产品创新投入少、卖点不突出、同质化严重，新产品销售额占比依旧很低，2019年仅占销售额的20%，新产品收益率为19%。销售收入增长不明显，产品开发速度较慢，更新迭代无法跟上实际需求，从而使得公司发展缓慢，具体数据如表6.8所示。这些数据也从一定的程度上体现了公司思想固化、较易满足、不思进取、创新意识薄弱、对新产品的敏感度不足等问题。

表6.8 2015—2022年中诚国联公司产品创新成果

类别	2015年	2016年	2017年	2018年	2019年	2020年	2021年	2022年
产品品种数/个	40	45	48	48	51	59	64	79
产品规格数/个	165	176	193	193	198	227	239	252
自主开发新产品占销售额的比/%	0.2	0.5	0.4	1.65	20	30	36	41
新产品收益率/%	30	25	24	22	19	20	22	24
一般新产品开发周期/年	6	6	5	5	5	3	3	3

从表6.8可以发现，相对同行其他公司来说，中诚国联公司在科研人员及研究资金上的投入处于中等偏上水平，同时也拥有较为先进的研发设备，但是相应的成果却不多，推出创新产品的周期也较长。总的来说，中诚国联公司的R&D能力在国内同行中处于中等水平。但是随着博士后工作站和中原学者工作站的建成，公司的R&D能力将得到极大的改善，R&D能力的提高将为公司的发展注入强大的动力。

6.3.4 市场营销能力

中诚国联公司营销部门分为大药肥销售部、特种药肥销售部和国际贸易部，其中，大药肥销售部员工21人，特种药肥销售部员工6人，国际贸易部员工2人，共计29人，在总员工中占比19.1%。2020年公司营销费用为560万元，营销费用占公司经营成本比例为8%，营销人员和资金投入比例居行业中等水平，但是营销创造的毛利润较低，获得的利益及资金不符合公司的创新发展要求。

中诚国联公司始终坚持组合创新驱动企业健康持续发展的战略，自公司成立以来，销售额从 2015 年的 1.75 亿元增加到 2021 年的 2.8 亿元，增幅达到 60%，2022 年销售额将突破 3.3 亿元，如图 6.11 所示。随着 5 个新型药肥颗粒剂（0.16% 氯虫·噻虫胺、0.3% 噻呋·嘧菌酯、0.6% 精甲·噁霉灵、1% 氯虫·氟氯氰、0.1% 吡虫啉·氟氯氰）证件的下发，配合原有的 3 个颗粒剂产品（0.5% 阿维菌素、0.2% 噻虫胺、5% 二嗪磷），再加上即将推出的几款多功能特种药肥，2022 年中诚国联公司的销售额持续稳定增长。与"碳达峰、碳中和"安全环保等内外因素配合，对加快药肥行业变革、市场格局重塑起到强有力的推动作用，为公司提供了空前难得的历史机遇。全国药肥市场容量预计为 5000 万吨，每吨按平均价 4000 元计算，市场销售额将达 2000 亿元。正常情况下，5 年内销售额预计将超过 100 亿元，致力于打造中国绿色生态多功能药肥第一品牌。

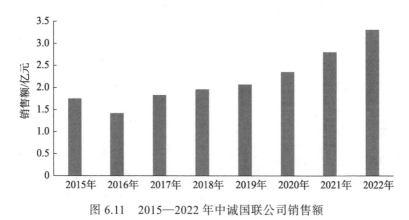

图 6.11　2015—2022 年中诚国联公司销售额

目前中诚国联公司的市场营销能力主要体现在销售能力上，市场销售能力较强。但是技术创新对营销人员的第一位能力要求是市场调研能力和信息反馈能力，而公司营销人员中技术营销人员占比不高，这导致整个销售队伍缺乏市场调研能力，难以对市场进行深入分析、找到市场的潜在需求。此外，公司自主获得消费者的信息回馈能力有限，这导致新产品在市场上的推广难度加大，增加了技术服务成本。

中诚国联公司缺少对营销战略的研究，整个销售部门（包括各部门销售负责人）缺乏销售方法和手段，不善于抛开产品本身达成合作意向，现有的销售方式太过古板，缺少创新性营销手段。另外，营销人员大多单兵作战，缺少团队合作，这种问题在特种药肥部和国际贸易部表现得尤为突出。

综上所述，中诚国联公司的市场销售能力较弱，目前公司的销售人员主要还是以销售公司现有产品为主要工作目标，缺少应有的市场调研能力，少量的市场调研也仅针对产品的创新方面，对工艺创新方面作用甚微。

6.3.5 资金投入能力

近几年，随着公司规模的逐渐扩大，各种费用支出大幅增加，但是由于现有的产品创新性不强，市场营销能力偏弱，公司只能维持基本收支平衡。公司的技术创新资金投入主要集中在技术改造方面，每年都占销售额的10%左右，比例相当高，受制于资金限制，企业在R&D支出、技术引进支出、消化引进技术支出占比例较小。但是未来设备技术改造完成后，技术改造支出比例会有所下降，而R&D支出、技术引进支出、消化引进技术支出则会相应地增加。但总体而言，资金不足限制了公司资金投入能力，导致公司在进行技术改造时无法兼顾R&D支出、技术引进支出、消化引进技术支出的资金需求。

6.4 评价结果

本书将利用第5章提到的方法构建组合创新能力评价体系，以5分制为标准对构成中诚国联公司自主创新能力的五个组合创新能力要素的相应状况逐一分析，以5分代表实力强盛，4分代表实力较强，3分代表实力普通，2分代表实力较差，1分代表实力差。评估数据表明：中诚国联公司具有较强的生产制造能力，获得4.0分；较高水平的研发能力，获得4.5分；表现普通的组织能力，获得3.0分；资金投入能力同样获得了3.0分，表现普通；市场营销能力获得1.5分，表现很差。其组合创新能力如图6.12所示。

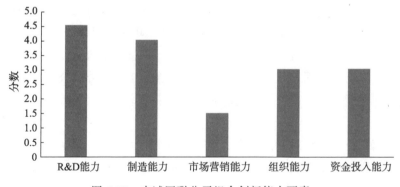

图6.12 中诚国联公司组合创新能力要素

以产品创新为主导的组合创新模式要求企业具有较强的R&D能力，同时还需要具有较高的组织能力及市场营销能力，但对资金投入能力及生产制造能力的要求则较为普通。分析图 6.12 可以发现，"两站"建成以后，中诚国联公司 R&D 能力处于行业较高水平，组织能力处于行业一般水平，市场营销能力处于行业较差水平，资金投入能力处于行业中等水平，制造能力处于行业一般水平。由此可以看出，以产品创新为主导的组合创新模式基本适合该公司。

  以工艺创新为主导的组合创新模式要求企业具有较高的制造能力，对创新能力和 R&D 能力的要求不高，同时还要求企业有较强的资金投入能力，而对市场营销能力的要求则不高。中诚国联公司 R&D 能力处于行业较高水平，组织能力处于行业一般水平，市场营销能力处于行业较差水平，这导致企业销量得不到提高、利润有限，使企业资金不能充分满足创新需求；资金投入能力虽然处于行业中等水平，但是受制于资金能力，无法充分兼顾公司创新需求；制造能力处于行业优秀水平。由此可以得出以工艺创新为主导的组合创新模式和该公司组合创新能力要素匹配度较高，该公司更适合采用以工艺创新为主导的组合创新模式。

第 7 章

中兴公司组合创新能力评价案例分析

7.1 中兴公司概况

中兴公司是世界通信制造业排名靠前的上市企业，致力于为全球通信用户提供解决方案，也是我国通信行业的龙头企业。中兴公司于 1985 年成立，公司总部坐落于我国广东省深圳市。自 20 世纪 80 年代在广东深圳成立第一家门店以来，中兴公司的业务分布在全球各地，有 100 多家分支机构，建立了 7 个区域性客户支持中心，14 个对员工进行技能培训的集训中心，设立了上百个海外办事处，有业务往来的合作伙伴有 3000 多家。中兴公司在通信设备制造业处于行业领先地位，是首屈一指的通信方案供应商，现在业务已经遍布全球 160 多个国家及地区，为世界上四分之一的人口提供服务。中兴公司是首家同时在香港和深圳 A 股主板上市的公司。中兴公司处于高新技术密集型产业，在国家的号召和政府的扶持下，公司在国内与中国联通、中国电信、中国移动三大运营商达成战略合作，保持着良好的合作关系，还和国外数个国家地区的通信运营商及政企部门结成了战略伙伴关系，为其提供技术与设备解决方案。

中兴公司的前身为 1985 年成立的中兴半导体有限公司，在整个发展的过程中，公司历经两次重大的资产重组，第一次在 1993 年，当时的中兴半导体有限公司改制成为深圳中兴新通讯设备有限公司，此次重组确定了中兴公司的国企民营经营体制。1995 年，公司步入高速发展时期，经过 1995 年、1996 年两年的迅猛发展拥有了较强的扩展实力。截至 1997 年，为了能更深层次提升整体实力和形象，公司实行了第二次资产重组并成功上市，由此，公司进入了新的发展阶段。

中兴公司主要有八大业务板块（见表 7.1），包括终端业务、无线技术业务、接入产品业务、核心网业务、承载产品业务、云计算及 IT 业务、服务业务和能源及基础设施建设业务，每项业务都对应公司充满竞争力的产品与服务。经过全方位的产品及专业通信服务，公司能够满足全世界各地的运营商与政府企业的各种不同要求，以及当下开展对持续创新的探索。现在，中兴公司已经能够全方位地为给全世界160多个国家及地区提供网络服务的供应商及政府企业客户提供相关产品的解决方案、服务和创新技术，使所有用户都能感受到全面实时沟通的便利和高效。

表 7.1 中兴公司业务构成

中兴公司通讯业务类型	中兴公司通讯业务内容
终端业务	智能手机、平板电脑、功能手机、模块与芯片
无线技术业务	CDMA-2000/TD-SCDMA/LTE 等
接入产品业务	MSAN、DSL、CPE
核心网业务	移动核心网、固网核心网、IMS
承载产品业务	WDM/OTN、PIN、路由器、BRAS
云计算及 IT 业务	云计算设备及服务、服务器、OSS/BSS
服务业务	维护保障服务、技术服务、IT 集成服务
能源及基础设施建设业务	电源、基建

作为我国通信行业的带头人，中兴公司拥有成熟的企业管理模式和技术创新体系，近年来投入大量资金，并取得了一系列的研发成果。中兴公司已在中国、美国等国家创设研发机构，并不断加大本企业的创新投入，保证在芯片、5G 等核心领域的研发投入连年占营业收入 10%及以上。对创新的投入也构成了中兴公司自己的竞争力。也正是因为坚持创新，中兴公司在全球的专利申请数量共有 7.6 万件，已经授权的专利数量共 3.6 万多件，连续 9 年在全球 PCT 国际专利申请都位于前五。2018 年年底时，公司已经累计申请了超过 7.3 万件的专利资产，已经授权的专利数量共 3.5 万多件。除此之外，中兴公司还是世界上 5G 技术研究和标准制定的主要参与者和贡献者，并致力于构建 5G 时代的自主创新核心竞争力，中兴公司将凭借领先的 5G 技术全系列产品与解决方案加速推进全球 5G 商用规模部署。截至 2018 年年底，中兴公司有关 5G 战略布局的专利数量更是有 3000 多件。德国的某专利统计公司 2020 年 2 月发布的数据显示，中兴公司一共向欧洲电信标准化协会披露 5G 标准必要专利 2561 项，这一数量在全世界也是排名前列的。

7.2 中兴公司创新能力分析

7.2.1 制造能力

总体来说，现阶段我国的信息科技实力相对发达国家而言还是较为落后的，这也从某些程度上决定了中兴公司需要追逐世界先进信息技术的现实性。同时，因为国内也不乏强大的竞争对手，想要在国内抢占市场，首先就需要领先竞争对手、超越竞争对手。以超越为前提实现部分领域的领先。

中兴公司在 2014 年提出了多元化产品的战略方针，这是依托程控交换这个公司主导业务及其技术应用实力，向其余通信领域扩展的结果。从现阶段的实际情况看，这种以现有实力为基础扩展业务的思路是正确的，也是有效的。

中兴公司在项目创新方面的成功率很高，达 90% 左右。以多元化产品战略为导向，目前公司产品类型不断扩张，近几年来，公司年度产品销售总额中新产品的占比超过了 90%，以三年计的话新产品的产值率，均为 99%，公司利润的大部分均来自创新产品，具体如表 7.2 所示。

表 7.2 2015—2020 年中兴公司产品创新成果

项 目	2015 年	2016 年	2017 年	2018 年	2019 年	2020 年
产品品种数/个	12	17	19	23	29	30
产品规格数/个	38	50	70	120	160	159
新增容量市场占有率/%	5	10	20	30	35	32
新产品产值率（按 3 年计算）/%	99	99	99	99	99	99
新产品产值率（按 1 年计算）/%	10	50	55	59	67	71

由于工艺创新不具备量化性，在中兴公司内部并没有对工艺有必要的重视，从相关数据可知：当产品设计和工艺之间产生矛盾时，工艺需服务于产品开发设计；工艺创新方面的投入远低于创新方面的投入，甚至低于 10%；工艺方面的工作人员数量仅为创新开发人员的 2.5%；工艺的创新强度不强；在本不多的工艺人员中，有经验的只占其中的 20%~30%。

在对产品进行开发的过程中，开发人员对相关工艺了解不够，存在设计思路问题，需要对工艺进行修正。相对来说，很少会有工艺方面的人员主动找开发设计人员，这也从侧面说明是工艺服务于产品。

产品生产周期延长的原因之一就是工艺落后，如果项目较大甚至可能会延长 1~2 倍的工期。最为典型的即为单板设计，假如设计人员对相关工艺了解不够，就可能出现各种状况，而若没能立即调整就可能需要手工调整，从而使工期延长，同时，还可能对产品质量产生影响，降低产品的可靠性。

在 2017 年 9 月之前，公司工艺创新严重落后于生产。这一问题开始引起公司决策层的重视，导致工艺规划业务被整体转移到创新开发部门，成立工艺技术部，所有产品自始至终全生产过程都有相关的工艺人员进行负责。经过上述调整，工艺人员介入产品更早，一改过去较为被动的状态。

2000年，公司搬迁至深圳高新技术产业园，相关生产线实现较高的自动化，工艺创新得到有效提高。不过，从整体来看，企业工艺与产品之间的协调能力依然不是很理想，这不但体现在对设备的应用上，更多还体现在意识上，工艺创新服务于产品创新的思想未能发挥作用。

综上所述，对中兴公司来说，产品创新依然是业务发展的重点，同时，产品创新也为公司创造了较高的经济收益。公司的组合创新以产品为主导，工艺服务于产品，生产能力不强，仍旧处于满足生产制造的基本要求层面。

7.2.2 组织管理能力

根据中兴通讯 2021 年第三季度报告，中兴新通讯有限公司对中兴通讯的持股比例维持在 21.71%，保持控股股东的地位。而中兴新通讯有限公司则由深圳市中兴维先通设备有限公司、西安微电子技术研究所、深圳航天广宇工业有限公司、珠海国兴睿科资本管理中心等四大股东合资持股，它们分别持有 49%、34%、14.5% 和 2.5% 的股权。其中中兴维先通设备有限公司是由侯为贵及 38 名中兴创业元老 100% 持股的民营企业，珠海国兴睿科资本管理中心是有限合伙企业，另外两家都是国有企业。

在发展过程中，中兴公司针对公司管理模式和机制进行了改革和创新。中兴公司以相关公司的先进管理经验为学习对象对自身存在的问题进行总结，实施了"集中决策、分散经营"的结构管理模式，较好地解决了公司分布区域广泛、系列产品宽泛造成的管理困难，主动接轨国际先进管理方式。数年的实践证实了这样的管理方式有效推动了公司发展，使公司年度增长速率超过 37%。

现阶段，中兴公司共设有 8 个事业部，其中包括 5 个企业产品事业部，具体承担企业产品的开发设计、生产制造、市场拓展，以及方案策划，主要分布于深圳、南京、上海三地。位于深圳和北京的总部事业部主要产品为数据传输、视讯、网络监控、MPECJI 转码软件、电源模块等；位于南京的互联网事业部主要产品为计价、交换、数据、智能网等；位于上海的对接事业部主要产品为光对接、无线网络对接、非对称数字用户线路、智慧小区等；位于上海的移动事业部主要产品为 3G 和移动无线系统、智能手机、互联网规划等；位于深圳的 CDMA 事业部主要产品为无线网络对接系统、码分多址蜂窝系统等。

3 个销售事业部负责产品的营销和售后，包括：负责国外客户和国内专网客户的第一销售事业部（专网客户包括军队、铁道、油田、联通等）；负责我国西南地区、华南地区、华中地区，以及华东部分地区的第二销售事业部；负责我国西北地区、东北地区、华北地区，以及华东其余地区的第三销售事业部和国内公网用户（包括移动、电信等）。

此外，公司在总部还设有 5 个中心，以及一个总裁办公室，公司组织架构如图 7.1 所示。公司的组织架构属于较为典型的杠铃型，拥有体积宏大的开发部门和市场销售部门，相对来说，生产部门则较为薄弱。公司主要人员的结构分布为：40.4% 的研发人员，28.3% 的市场销售人员，22.8% 的生产制造人员，8.5% 的管理人员。由以上人员结构可见，公司不但在深圳设有研发中心，同时在北京、上海、南京，以及国外都有相应的研发机构，可以较好地实现对人才的利用。公司的市场营销网络则被分成了南、北两大区域共计 27 个销售点，还有 26 个维护中心，构成了较为完备的市场销售和售后服务体系。

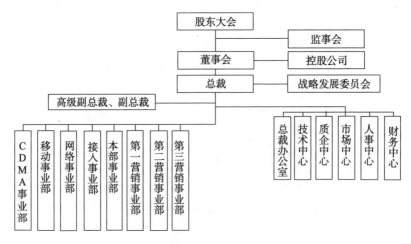

图 7.1　中兴公司组织架构

在技术创新层面，公司决策权分属三个级别。第一级包括公司正、副总裁，为公司决策层，负责战略性决策，例如，新领域的开发以及进入的时机、产品的扩充等；第二级则为产品事业部门，各产品经理依据实际情况和市场需求对自己负责的产品进行规划，决定新产品的推出时间和推出模式；第三级包括产品项目所有人员，负责开发项目的具体规划，属于项目决策层，例如，对市场需求进行调研，按实际需要制订新的开发计划，对竞争性产品进行分析，制订应对计划等。公司决策机制层层递进，可以保证技术创新的有效推进。

公司各项创新技术的管理均由公司总部的技术中心负责，包括技术的整体规划、基础研究等。

创新是中兴公司获得较好业绩的主要原因，也是公司发展的驱动力，创新渗透到了公司的各个环节，包括产品技术、管理模式、市场销售、生产制造、资本投入，以及人力资源管理等。

对公司来说，决策层是其核心，对于创新而言，公司决策层依然是其核心所在。事实上，不管公司发展到哪个程度，决策层都在其中起着非常关键性的作用。在中兴公司，总裁侯为贵是整个企业发展的引领者，同样也在公司的创新机制中起到了非凡的作用：①明确创新机制，并积极推动公司创新改革，在公司内部营造创新氛围。2003 年，侯为贵就已经提出了公司的文化精神，即"相互尊重，拥护中兴事业；精诚服务，凝聚顾客身上；拼搏创新，集成中兴名牌；科学管理，提高企业效益"。从"拼搏创新，集成中兴名牌"的口号不难看出，在 2003 年，公司已经将创新作为发展主导力量，事实上，创新也确实为中兴公司的成功奠定了基础。相互尊重，是创新得以实现的基础。创新的最终目的是让消费者获得更具效率和有效性的产品，以及更人性化的服务。科学管理的目的是提高创新的效率，只有效率获得提升，公司才能在竞争中站稳脚跟，从而获得经济收益。除了对大方向的把控外，侯为贵还以身作则，在每次工作会议上都要求与会人员做到"知无不言、言无不尽"。他还要求各个部门机构的管理人员在实际工作中给予下属充足的创新机会和空间，鼓励员工创新，引导员工树立正确的创新理念，同时，强化创新的实操性和实用性。②直接参与技术创新的决策制定和具体实施。在公司刚起步时，总裁和副总裁都会直接参与技术创新的决策和实施，在公司发展壮大后，总裁依然坚持自己掌握公司关于项目决策及战略问题，但具体项目的决策和实施则不再直接参与，而是放权于中层领导中。③重视人才的使用和培养。为了更好地发展，公司尽最大可能引进各类技术人才和管理人才，以此为创新发展带来新的思路和新的动力。

从运营管理能力角度看，以前端需求与后端研发为中心，快速运营支撑管理体系。通过建立内部职称评定体系将工作岗位细分为管理职务、专业技术职务、业务职务三种，定岗定级规划晋升机会，每种职务的最高级别同薪同酬。

目前中兴公司的组织架构形式能够较好地适应产品创新，同时，公司决策层具有较强的创新思维和创新意识，较好地介入了公司的创新活动中，使整个公司都具有良好的创新氛围，并且和外界的科研机构拥有较为密切的联系。从整体来看，公司的技术创新组织能力非常强。

7.2.3 R&D 能力

中兴公司对技术研发的投入十分庞大，这与其以创新驱动发展的战略有关。上市之前，中兴公司的科研经费全部来自销售收入划拨。上市以后，股市募集的资金也是支撑技术研发的一个主要来源。伴随着公司的不断发展，研发经费越来越高，此时对公司来说，只需要把握好发展方向、提高研发效率就能使资金在技术创新过程中得到更好的循环利用。最近几年，中兴公司的研发费用均达到销售收入的 10%以上，如图 7.2 所示。

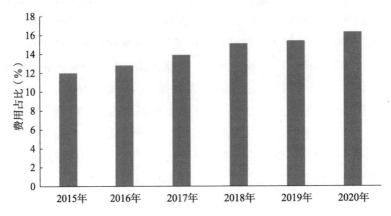

图 7.2　2015—2020 年中兴公司研究开发费用占销售收入比重

公司的发展离不开高级人才的储备，中兴公司有着较高的创新需求，非常重视人才引进与培养，每年都从全国各重点高等院校招聘大量优秀毕业生，因此中兴公司的研发人员在总人数方面的占比也是非常突出的。截至 2019 年年末，中兴公司员工总计 70066 人，其中：博士占比约 0.5%，共 374 人；硕士占比约 33.2%，共 23241 人；学士占比约 37.6%，共 26315 人；其他占比约 28.7%，共 20136 人。公司研发人员占总员工比例高达 40.4%，具有硕士学位的员工占 70%以上，具体如表 7.3 所示。这些数据充分表明了中兴公司的人才优势，这些人才将成为助推中兴公司技术创新更上新台阶的"主力军"，对中兴公司保持自己技术方面的龙头地位也有关键作用。

表 7.3　中兴公司员工情况统计

人员结构	员工数量/人	约占总人数比例/%
研发人员	28301	40.4
市场销售人员	8985	12.8
客户服务人员	10840	15.5
生产人员	15959	22.8
财务人员	1098	1.5
行政管理人员	4883	7.0
合计	70066	100

中兴公司是以自主技术创新为主的企业，十分注重与科研院所合作，共同化

解技术研发创新上遇到的困难，例如，为了扩大交流合作，公司在斯坦福大学建立了科技园，在全国多地构建科研所，包括北京、上海、南京、深圳、重庆、成都、西安等。可以发现，这些地区无不拥有较强的科研机构和高等院校，处于信息技术的最前沿，有益于产、学、研三方的有效结合。与此同时，公司还和北京邮电大学、清华大学、电子科技大学等构建了联合实验室，和全国50多所高等院校之间保持着较为密切的科研往来。

此外，公司还积极与国外科研机构开展技术研发合作，在美国、韩国都开设有研究所，由公司全资掌控，致力于实用型产品的开发和研究。公司和摩托罗拉公司、德州仪器公司建立了联合实验室，致力于把全球最领先的技术应用于产品，更新升级公司现有产品，保持与世界水平同步。

作为一家以创新为主导的高科技公司，中兴公司以5G为核心发展战略，经过多年积累，具备完整的5G端到端解决方案，凭借5G技术上的优势，公司全球5G商用规模化部署也在有条不紊地展开。在芯片领域，中兴通讯聚焦芯片全流程自主设计的关键技术，以先进工艺助力运营商打造现代化5G网络；在数据库领域，公司的分布式数据库GoldenDB面向信息和通信技术（ICT）领域，成为中国金融科技基础领域的创新产品；在无线领域，公司是中国5G规模商用化的主要参与者，在国内多个城市打造5G标杆网络，实现超千兆连续覆盖体验。除此之外，在5G消息、IP、固网接入、视频和5G行业应用等领域，公司通过多年技术积累将许多技术创新投入到实践中。截至2019年上半年，公司已获得1472项发明专利。公司高度重视企业创新，并高度认同创新对于企业价值的重要作用，在世界多地设立研发机构，同时在5G无线、核心网、承载、接入、芯片等核心领域持续加大研发投入。公司位列全球专利布局第一梯队，是全球5G技术研究、标准制定的主要贡献者和参与者，已申请8万余件全球专利，其中有累计超4万件全球授权专利，专利技术价值已超过450亿元人民币。2021年2月，国际知名专利数据公司IPLytics发布了《5G专利竞赛的领跑者》一文，认为中兴公司是5G标准必要专利声明量排名第三的公司，前两名则是高通和华为。另外在2020年，中兴公司所提供搭建的5G基站占全球市场的33%，可以说是与华为并肩。国家相关部委和深圳市政府还在中兴公司创建了"深圳移动通信工程研究中心"，建立了我国移动通信技术产业化发展的示范性产业基地。中兴公司作为我国"火炬"计划入选企业和技术创新型试点企业，目前已创建有博士后工作站及国家级技术中心，承担了包括"863"计划与"火炬"计划在内的多项国家级重点研发项目。同时，中兴公司还是3GPP2的独立会员，曾数次代表中国参与3GPP2、5GPP、ITU等国际标准化组织会议，是工业和信息化部创立的六大通信标准科学研究组的成员。截至2019年6月，我国通信行业共立项256项行业标准，其中100余项由中兴公司带头起草，由中兴公司直接参与的项目占比90%以上。

中兴公司在无线、核心网、承载网、接入网等领域的研发创新能力始终保持全球领先地位；运营商业务、消费者业务板块在营业收入中占有绝对主导地位，业务的核心竞争力体现在相应领域的研发创新上。在2022年通信世界全媒体举办的"ICT产业龙虎榜暨优秀解决方案评选活动（2021年度）"中，中兴公司在信息与通信技术领域综合实力排名全国第二，在国内仅次于华为（见表7.4）。由于通信设备制造业产业链布局全球，所需原材料来自全球，例如，美国在芯片、操作系统领域，韩国在面板领域，日本在光学器件等领域分别占据较大优势，而我国的优势在整机领域，特别是在运营商基站设备方面占有一定优势。以基站设备为例，中兴公司采购来自全球的元器件，然后组装生产。但组装并不意味着低端，基站的主要硬件包括主控板、基带板、射频单元，各个硬件单元需要相应的软件支撑运行，类似计算机的"操作系统"，这个"操作系统"需要复杂的算法实现各种功能，在中兴公司的研发人员中，有大量人员从事软件开发，甚至可以认为中兴、华为等通信设备制造公司是中国最具代表性的软件开发公司。

表7.4 2021年度中国ICT行业龙虎榜

公司	排名
华为技术有限公司	1
中兴通讯股份有限公司	2
中国信科集团	3
浪潮集团	4
中国移动通信集团广东有限公司	5
中国长城科技集团股份有限公司	6
高通公司	7

ITU是协调全球3G/4G/5G/6G无线通信的联合国官方组织，高通、中兴、华为、爱立信等通信设备制造型企业提交相应的技术方案，然后采用投票的方式确定技术标准，这一系列的技术标准都是通过算法实现的，代表了企业的核心竞争力。2017年，中兴推出了大规模多输入多输出产品，Pre-5G业务在全球60多个国家及地区实现规模化商业应用，作为MT-2020的主要参与者，中兴承担了超过30%的课题，参与了非正交多址接入、网络切片、边缘计算等5G核心算法研究，一系列的成绩表明，中兴在软件开发、算法研究方面具有很强的竞争力。

在专用芯片研发方面，中兴公司下属子公司中兴微电子技术有限公司负责从事通信芯片研发，为公司提供芯片，主要研发力量集中在中兴公司芯片设计研发领域的短板，其产品主要包括基带/射频芯片、应用特定集成电路。截至2021年

6月30日，中兴微电子申请芯片专利近4400件，授权的芯片专利约1950件。中兴微电子2021年营收达到97.31亿元人民币，净利润为8.46亿元人民币，净利润较上年同期增长超过30%。中兴微电子的业绩也占到公司整体业绩的10%以上，在国内的集成电路设计领域位居第三，具有较强的竞争力。

我国芯片研发企业主要集中在广东，根据《广东集成电路（芯片）产业发展研究报告》分析，我国在芯片领域表现出"低端过剩、高端不足"的特点。中兴微电子在芯片设计及生产上具有28nm工艺设计及量产经验，2018年公司28nm及以下先进工艺芯片出货量占比达到84%，在研产品的工艺水平已经达到7nm，并同步导入5nm工艺，也属于世界领先水平。

中兴微电子虽然在国内芯片设计企业中具有一定的影响力，但在国际领域却缺乏亮点。目前，我国芯片生产商的生产能力主要集中在28nm，然而全球高端芯片制造商已经进入10nm量产时代，7nm甚至也已经实现量产，我国芯片设计商在芯片设计、制造领域客观存在2~3代技术代差。以中兴微电子推出的WiseFone 7510解决方案为例，目前主要提供客户前端设备、数据卡，且处于3GPP realse 9版本（属于较低版本），在生产工艺上采用28nm技术，难以满足高性能、高可靠性需求。

在R&D资金投入、科研人才投入及核心技术研发能力等方面，中兴公司位于全国前列，公司近些年快速发展的最终动力也来源于此。中兴公司与国内、外科研机构建立了密切的协作关系且硕果颇丰。这些事实表明，中兴公司的R&D能力在国内处于上等水平。

7.2.4 市场营销能力

中兴公司已经逐步完成国内、外营销网络的布局，根据全球化营销布局设立了第一、二、三营销事业部，覆盖了多个国家及地区，针对不同国家制定差异化营销策略。例如，在北非市场，公司制定了低价营销策略进入市场，相比欧美发达国家更注重质量及标准，公司为客户提供销售、技术一站式服务，更紧密地贴近用户。公司在营销机制的构建上有着独特的思路，把国内的专网、公网用户进行了区分，同时，主动推动市场国际化。公司拥有占全部员工总数约32%的销售队伍，在全国共设有销售处27个，用户服务处26个，以及新网销售工程服务部7个。通过在市场的持续积累，公司已成长为通信产业基础设施建设的重要设备提供商之一，在国内的通信网市场达到了30%的占有率，交换类产品及接入类产品的市场占比达到了25%，累计网上运行设备数量超过3000万套。此外，视讯产品的全国占有率达到70%。作为CDMA的设备供应商，公司拥有全套的自主知识产权。

立足国内的同时，中兴不断推进国际市场业务，与海外运营商协作，通过销售、保障、承包工程、合资制造、协作经营等经营全球化市场手段开辟国外市场。打开我国整套智能化通信设备规模性、多样化出口贸易的新局势，其中交换及智能网等十多款产品已成功打入40多个国家地区，公司在海外设有8个大区，为全球70个国家和地区提供销售项目服务保障，企业产品已销往东南亚、东欧、西亚、非洲、南美洲、美国等国家及地区。

中兴公司还在市场中心设置有工程部与信息部，主要负责对市场相关信息的调研，然后将调研结果反馈于企业科研部门，为企业科研项目提供信息支撑。从以上情况可见，公司拥有极其强大的市场营销能力。

7.2.5 资金投入能力

中兴公司2005—2020年的营运资金总体规模如表7.5所示，可以看出公司的营运资金一直为正，总体上公司的营运资金呈上涨趋势，对支付业务的准备充足，短期偿债能力好。但是从表7.5中也可以发现，2012年与2018年的营运资金规模大幅度下降值得引起重视：通过查阅2012年年报可知，该年度营运资金大幅下降是由于流动资产降低而流动负债增加造成的，2012年全球电信设备厂商业绩普遍下滑，公司开始以增加其他借款的形式维持运转；2018年则是因为美国政府无理打压、禁运事件给公司短期业绩造成了较大的压力。

表7.5 2005—2020年中兴公司营运资金规模

年份	流动资产/亿元	流动负债/亿元	营运资金/亿元
2005	179.36	99.90	79.46
2006	202.93	112.41	90.52
2007	304.87	209.39	95.48
2008	426.76	299.97	126.79
2009	555.94	410.95	144.99
2010	655.28	482.14	173.14
2011	844.77	634.75	210.02
2012	826.19	729.59	96.60
2013	764.05	609.71	154.34
2014	822.26	659.25	163.01
2015	992.30	715.76	276.54
2016	1128.52	917.47	211.05
2017	1082.31	875.95	206.36
2018	928.48	881.15	47.33
2019	1025.67	863.71	161.96
2020	1069.77	743.95	325.82

从表 7.6 可以看出，2005—2020 年中兴公司流动资产规模扩大，在总资产中占比较高，拥有较好且稳定的发展态势。2005—2020 年，公司流动资产数值呈波动增长的趋势，其中 2012 年、2013 年、2017 年、2018 年有所下降，其他各年份都保持了一定程度的增长，这表明公司的销售额在整体上是平稳增长的，业务范围得到了进一步的拓展，发展势头强劲。从流动资产占总资产比重来看，虽然占比呈现下降态势，从 2005 年的 82.35%变成 2020 年的 71.02%，但 16 年间仅减少了 11.33%，相对而言较为稳定，而且在 2008 年、2011 年、2014—2016 年、2019 年该数值有所反弹。总体来看，公司流动资产比例相对较高，均在 70%以上，2005—2020 年，公司总资产中绝大多数是流动资产，说明其投资较为谨慎，偿债能力较好。此外这些年来流动资产比重波动较小，意味着公司处于平稳发展的状态。

表 7.6 2005—2020 年中兴公司流动资产规模

年份	流动资产/亿元	流动资产增长率/%	总资产/亿元	流动资产占总资产的比重/%
2005	179.36	−3.24	217.79	82.35
2006	202.93	13.14	257.61	78.77
2007	304.87	50.23	392.30	77.71
2008	426.76	39.98	508.66	83.90
2009	555.94	30.27	683.42	81.35
2010	655.28	17.87	841.52	77.87
2011	844.77	28.92	1053.68	80.17
2012	826.19	−2.20	1074.46	76.89
2013	764.05	−7.52	1000.79	76.34
2014	822.26	7.62	1062.14	77.42
2015	992.30	20.68	1248.32	79.49
2016	1128.52	13.73	1416.41	79.67
2017	1082.31	−4.09	1439.62	75.18
2018	928.48	−14.21	1293.51	71.78
2019	1025.67	10.47	1412.02	72.64
2020	1069.77	4.30	1506.35	71.02

2005—2020 年中兴公司流动负债规模上升，在总资产中占比增大，但小于流动资产占比，日常营运资金表现健康。由表 7.7 可知，公司的流动负债在 2005—2020 年上升明显，除了 2013 年、2017 年、2019 年和 2020 年出现负增长外，其余

年份均是正增长,总体而言,其流动负债总额由 2005 年的 99.90 亿元增长了 645%,至 2020 年为 743.95 亿元。此外,流动负债在资产总额中所占的比重也呈波动上升趋势,由 45.87%提高到 49.39%,其中 2018 年达到了 68.12%,反映出流动负债的增长速度快于总资产,说明公司的偿债压力增大、财务风险提高。但值得注意的是,实施财务共享期间,公司总资产中流动负债的比例最高为 2018 年的 68.12%,其流动负债规模为 881.15 亿元,也小于同年 928.48 亿元的流动资产规模,说明 2005—2020 年公司日常营运资金倾向于依靠流动资产来支持。

表 7.7　中兴公司 2005—2020 年流动负债规模

年份	流动负债/亿元	流动负债增长率%	总资产/亿元	流动负债占总资产的比重/%
2005	99.90	0.73	217.79	45.87
2006	112.41	12.52	257.61	43.64
2007	209.39	86.27	392.30	53.37
2008	299.97	43.26	508.66	58.97
2009	410.95	37.00	683.42	60.13
2010	482.14	17.32	841.52	57.29
2011	634.75	31.65	1053.68	60.24
2012	729.59	14.94	1074.46	67.90
2013	609.71	−16.43	1000.79	60.92
2014	659.25	8.13	1062.14	62.07
2015	715.76	8.57	1248.32	57.34
2016	917.47	28.18	1416.41	64.77
2017	875.95	−4.53	1439.62	60.85
2018	881.15	0.59	1293.51	68.12
2019	863.71	−1.98	1412.02	61.17
2020	743.95	−13.87	1506.35	49.39

2005—2020 年,中兴公司利用信誉较多地占用了上游供应商资金,但应注意与上游企业维持了长期的关系。由表 7.8 可知,公司 2005—2020 年流动负债所占比重较大的三项是应付账款、应付票据及短期借款。2005—2011 年应付账款及应付票据占到了流动负债的一半以上,虽然在近几年占比有所降低,但相对来说仍不低,这意味着公司通过自身的良好商业信用来延长支付周期,利用应付款项提高对供应商资金占用,增强自身营运资金运用效率。同时,公司要重视管理与供应商的关系,防止因过量占用资金而影响合作关系的稳定性。

表 7.8 2005—2020 年中兴公司流动负债构成及比例（%）

年份	短期借款	应付票据	应付账款	预收账款	其他应付款	其他
2005	1.00	19.80	42.96	8.62	7.90	19.72
2006	8.42	19.95	42.25	5.66	7.05	16.67
2007	13.82	18.85	37.52	7.12	6.64	16.05
2008	12.94	21.06	31.66	4.64	5.25	24.45
2009	11.94	20.65	31.75	5.69	5.43	24.54
2010	13.64	20.86	32.03	5.69	6.46	21.32
2011	17.62	17.56	33.94	3.87	12.13	14.88
2012	24.57	15.73	24.83	4.26	11.42	19.19
2013	20.65	13.94	27.05	4.55	13.96	19.85
2014	16.68	15.75	29.19	5.01	11.44	21.93
2015	11.05	13.81	32.04	5.64	8.40	29.06
2016	16.49	12.74	27.51	8.82	14.94	19.50
2017	16.80	12.39	26.96	9.93	8.01	26.18
2018	26.94	8.98	22.16	0.00	12.64	29.28
2019	30.85	10.85	21.25	0.00	5.35	31.70
2020	14.19	15.28	23.06	0.00	5.85	41.62

2005—2020 年，中兴公司货币资金占比较高，资金状况良好，尤其是近年来对应收款项的管理较好。存货和应收账款占比呈相反的变动趋势，2005—2020 年存货占比呈波动上升的态势。进一步分析年报可知，存货占比增多主要是因为原材料存货大幅度增加，全球芯片缺乏使公司为了减少对客户的影响，在对关键器件进行中长期趋势分析发现危机后，加大了对原材料芯片的备货。而应收账款的占比先上升后降低，仔细观察表 7.9 可以发现，应收账款与应收票据构成的应收款项在 2015—2020 年开始减少，这标志着公司在此期间提高了销售渠道应收账款的清收力度，有效地降低了坏账产生的财务风险。从表 7.9 可以看出，2005—2020 年公司流动资产中，货币资金、存货、应收账款是比重最大的三个项目。较高的货币资金比重代表着公司资金储备较多，资金状况表现良好，营运资金整体上流动性较强，资金投入能力强，公司反而需要注意资金充足引起的浪费问题。

表 7.9　2005—2020 年中兴通讯流动资产构成及比例（%）

年份	货币资金	应收票据	应收账款	预付账款	其他应收款	存货	其他
2005	31.07	6.94	19.19	0.84	1.56	14.05	26.35
2006	21.24	8.17	26.27	0.26	2.17	12.23	29.66
2007	21.26	5.43	23.29	1.02	2.26	17.59	29.15
2008	26.90	3.70	23.37	0.83	1.78	21.04	22.38
2009	26.08	1.40	27.56	0.64	1.91	16.77	25.64
2010	23.48	1.97	26.80	0.69	2.12	18.47	26.47
2011	25.42	3.82	28.26	0.58	2.51	17.74	21.67
2012	29.20	5.18	26.71	0.90	2.44	13.85	21.72
2013	27.36	4.58	28.00	0.98	2.26	16.27	20.55
2014	22.03	2.54	30.59	0.83	2.63	23.83	17.55
2015	28.24	3.49	25.45	0.64	2.99	19.89	19.30
2016	28.67	1.76	23.04	1.54	3.93	23.76	17.30
2017	30.87	1.90	22.49	0.55	3.35	24.24	16.60
2018	26.16	0.00	23.26	0.66	2.16	26.94	20.82
2019	32.48	0.00	19.28	0.39	1.00	27.00	19.85
2020	33.33	0.00	14.85	0.30	1.08	31.49	18.95

7.3　评价结果

利用第 5 章内容构建的组合创新能力评价体系，融合中兴公司的五个创新能力构成要素的实际状况进行逐一分析，依然以 5 分为标准，5 分代表实力强盛，4 分代表实力较强，3 分代表实力普通，2 分代表实力较差，1 分代表实力差。评估结果表明：中兴公司制造能力得分为 3.0 分，表现普通；研发能力得分为 4.5 分，表现强盛；组织能力得分为 4.0 分，表现不俗；市场营销能力得分为 4.0 分，表现很强；资金投入能力得分为 3.0 分，表现普通。其组合创新能力如图 7.3 所示。

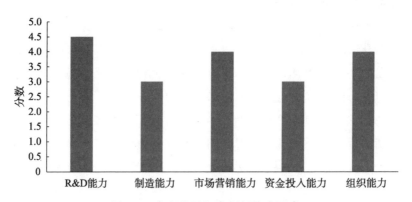

图 7.3　中兴公司组合创新能力要素

以工艺创新作为主导的组合创新模式对制造能力有着较高的要求，而对 R&D 能力的要求则相对较低，同时，该模式对资金的投入能力有较高的要求，对市场销售能力的要求则不高。中兴公司 R&D 能力强，组织能力处于行业中上水平，市场营销能力处于行业中上水平，企业资金能充分满足创新需求，资金投入能力处于行业中等水平，但公司制造能力较弱，且 R&D 能力强，同时所处行业技术水平高，因此，不适合以工艺创新为主导的组合创新模式。

以产品创新作为主导的组合式创新模式对 R&D 能力有着极高的要求，同时，对组织管理能力和市场销售能力也都有着较高的要求，而对资金投入能力和生产制造能力的要求则相对较低。从图 7.3 可以看出，中兴公司 R&D 能力强化，组织能力处于行业中上水平，市场营销能力处于行业中上水平，资金投入能力处于行业中等水平，制造能力较弱，由此可以看出，以产品创新为主导的组合创新模式更适合中兴公司。

第 8 章

宁德时代公司组合创新能力评价案例分析

8.1 宁德时代公司概况

宁德时代公司注册成立于 2011 年,位于中国福建省宁德市,2015 年完成股份制改革,2017 年上榜"中国独角兽企业排行榜",估值达到 200 亿元人民币。2018 年公司在深交所上市,上市后连续 8 日涨停,市值突破 1500 亿元人民币,其发展历程见图 8.1。公司自成立以来专注于动力电池系统、储能系统,以及锂电池材料的研发与生产,已经布局了从电池生产到回收的全产业链,目前已经建成十大生产基地,拥有两大研发中心,在德国慕尼黑、法国巴黎、日本横滨、美国底特律等多个国家与地区设有子公司与机构办事处,现已发展成为全球领先的动力电池供应商。宁德时代公司以过硬的技术吸引国内外众多著名车企合作,2017—2019 年连续三年装机量位居全球第一,2019 年年底公司市值逼近 3000 亿元人民币,成为我国汽车产业市值最高的公司。

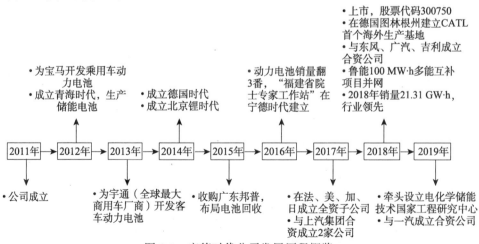

图 8.1 宁德时代公司发展历程概览

2012 年，宁德时代公司仅成立一年就成功成为宝马集团在我国唯一的动力电池供应商，为宝马首款新能源汽车提供动力电池，公司出色地完成了任务，满足了宝马输出的 700 多页严格细致的动力电池系统要求，同时这也是一次重要的学习实践机会，帮助公司建立了从动力电池的研发设计到开发认证及测试的整个流程体系，确立了公司在动力电池行业的地位。同年公司在青海省建立了"青海时代"生产基地，此后公司在我国乃至世界积极布局，不断新建工厂和研发基地，规模不断壮大。2013 年公司被全球最大的商用车厂商——宇通公司选定，为其定制开发满足客车使用需求的动力电池，此后 3 年，宇通公司一直是宁德时代公司最大的客户。2014 年，公司成立首个海外子公司——德国时代，成为国内动力电池企业中海外布局较早的企业。2015 年公司收购邦普循环，在同行业还只专注动力电池研发之时，公司高瞻远瞩地最早开始布局电池回收业务。2016 年宁德动力电池销量大幅增长，2017 年超越 LG 化学、松下成为行业全球第一，并在法国、美国、日本、加拿大等地建立子公司，与上汽集团成立了合资公司进一步扩展业务范围。2018 年、2019 年公司继续保持全球领先的地位，并积极与下游车企合资成立公司，深度绑定以保障获取业务。

宁德时代公司已成为全球锂动力电池行业龙头企业，具有较强的国际竞争力，是全球市场占有率领先的动力电池系统供应商，2017—2019 年动力电池销量连续 3 年位居全球第一，2020 年上半年公司动力电池累计装机达 8.58 GW·h，国内市占率近 49%，排名远远领先于排名第二、第三的 LG 化学和比亚迪，如图 8.2 所示。

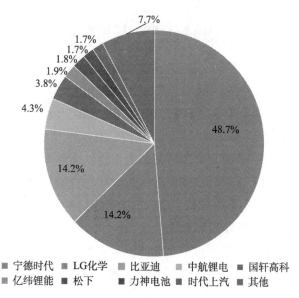

图 8.2　2020 年上半年全国动力电池市场份额情况（装机量）

当前宁德时代公司的主营业务是新能源汽车动力电池系统、储能系统的研发、生产和销售，在电池材料、电芯、电池系统、电池回收方面投入巨资进行研发，拥有全产业链中不同环节的核心技术。公司主要产品分为三大板块：动力电池系统、储能系统和锂电池材料。其中动力电池系统的销售收入占主营业务收入的比例达 90%以上，是公司最主要的收入来源；锂电池材料、储能系统占营业收入的比例相对较低，但是锂电池材料业务呈明显的增长趋势，该业务属于电池制造的上游，与动力电池业务有协同效应，如图 8.3 所示。

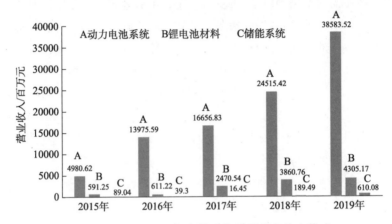

图 8.3　2015—2019 年宁德时代公司营业收入构成

8.2　宁德时代公司创新能力分析

8.2.1　制造能力

宁德时代公司已在全球布局落地了 10 个生产基地，包括福建宁德（东侨、湖东、湖西、车里湾、福鼎）、福建厦门、江苏溧阳、青海西宁、四川宜宾、广东肇庆、上海临港、江西宜春、贵州贵安，同时，公司积极拓展海外业务，首个海外工厂落户于德国图林根州埃尔福特。加上与车企合资产能，目前公司动力电池产能超过松下、LG 化学等竞争对手企业，位居世界第一。截至 2025 年，宁德时代公司电池产能预计将达到 670 GW·h 以上。

为满足生产制造能力和可持续发展的需要，作为动力电池龙头企业，公司自 2011 年发展至今完成了迈向智能制造三个阶段的升级跃迁，即"自动化"阶段、"自动化+系统化"阶段和"数字化+智能化"阶段。

（1）"自动化"阶段处于 2011—2013 年。这个时期，宁德时代公司主要在自动化水平方面进行研发,包括设备自动化、生产线自动化、物流自动化、仓储自动化等方面快速提升技术实力,逐渐建立工程设计、测试验证、工艺制造等制造流程的完善体系。在积累专业知识、丰富实践经验的同时,公司培育起一批拥有先进制造潜力的自动化装备供应商,并与之共同成长。锂电池独特的电化学特性对公司生产过程提出了高一致性标准,也要求每一道工序的设备都具备高精度和稳定性。关键技术研发设备包括高速分散搅拌系统、高速双层多面多层挤压式涂布机、极片辊压设备、高速模切机、高速预分切机及分切机、极耳焊接机、激光焊接机、注液机、气密性检测机、全自动化成系统、自动干燥线、极片立体仓库、装配段物流线、烘烤炉段智能物流线、模组组件及底板涂胶机、模组侧缝冷金属焊接机等。公司研发了高速双面多层挤压式涂布机,该装备采用放卷及裁切机构、主牵引机构、涂布装置、真空吸附装置、气浮式烘箱、后牵引机构、收卷及裁切机构智能测厚系统等结构。同时,公司开发了相应的以太网总线运动控制系统,能够自动驱动各功能部件协调动作,将制成的浆料均匀地涂覆在金属箔表面,并自动烘干形成正负极极片。该装备技术性能达到国际领先水平,打破了国外垄断,可实现本土化替代。通过采用自主研发及与合作伙伴联合研发相结合的方式,公司不断提升生产线自动化率,将经验、工艺沉淀到自动化设备和系统中,把异常因素降到最低,打造一致性极高的产品。

(2)"自动化+系统化"阶段处于 2014—2017 年。2014 年被称为"SAP 应用元年",该年动力电池规模化制造需求得到提升。在此阶段,宁德时代公司开始陆续导入软件巨头 SAP 的企业资源计划(enterprise resource planning,ERP)、供应商关系管理(supplier relationship management,SRM)和客户关系管理(customer relationship management,CRM)系统。2015 年,"物联网应用元年"开启,大量产品生命周期管理(product lifecycle management,PLM)应用软件被动力电池企业导入应用,设备端的大量数据逐渐上线。同年,公司开启了 CPS(CATL production system)体系建设,着手建立大数据平台、搭建物联网体系,并部署私有云和公有云平台,为未来的大数据分析和智能化导入奠定了良好的系统基础。公司首先采用物联网终端采集控制层,使基础数据采集变得准确完整。公司针对锂电池行业制造系统复杂、设备数量大、数据通信缺少规范标准、多源异构数据类型导致通信效率低、数据平台管理困难等问题,研究多源异构数据采集技术,开发了具有自主知识产权的统一数据采集平台,建立了电池制造生产线数据通信标准规范,同时借鉴互联网行业的数据总线技术打造了锂电池数据总线,解决了海量生产数据高速、并发传输问题,满足了各层级信息系统对实时、时序数据进行并发处理的需求。其次是构建制造与物流执行控制层,助力制造现场各要素数据互通。以制造现场管理为核心的"人、机、具、料、法、环、能"全生产要素的集成，包括 MES、LES、WMS、MHR、FIS、EMS、（预测性维护）PDMS，以及它们与制造大数据平台 MDP、E-mail、移动 App 的集成处理，其隐含的基础是构建在整个物联网和互联网环境下，制造过程中人、设备、物联终端和信息系统的集成和交互关系。再次是采用企业运营管理协作层，打通运营前后端整体价值链。这是以 ERP 为核心打造的，面向从需求、设计，一直到销售、服务的全价值链要素的集成。企业运营管理协作层是制造与物流执行控制层面向整个企业价值链的延展，是在价值链上建立以质量、效率、成本为核心的卓越管理体系。最后是研发设计试制和验证层，集成各系统实现信息互通和资源共享。采用 CAX 软件进行产品的虚拟设计、模拟仿真和工厂的布局设计，同步产生数字化模型和设计元数据，使元数据可以纵向传输，实现"研发—工程—制造—售后"各环节的闭环。整体上通过各大信息系统的有机集成，打破了"信息孤岛"，形成了全面的信息连通，使资源充分共享，实现集中、高效、便利的管理和运营。典型的运用场景有三个方面：①从研发制造一体化的角度拉动研发端基于 PLM 实现从 E-BOM（设计物料清单）到 M-BOM（制造物料清单）的转化，并将数据直接同步到 ERP 系统，从而确保从研发到计划，从计划到制造的信息一致化。②从供应链制造一体化的角度促进 ERP 仓储物流的拉动式配送和供应物流的准时制生产方式（JIT），同时，要求供应商将基于单个包装的条码打印精确化，优化仓储和上料作业，对需要做单件追溯的原材料（如模组用 PCBA 板、线束隔离板等），还可由软件配置管理（SCM）平台直接导入数据，并最终集成到生产大数据平台。③从服务制造一体化的角度促进运营和服务过程基于条码数据的一致化追溯和质量预测。

（3）"数字化+智能化"阶段处于 2017 年至今。2017—2018 年，宁德时代公司启动数据管理分析相关工作，包括数据管理、数据应用、数据分析，以及切入实际的生产线和工艺优化，在生产过程中发挥了极大的作用。这个时期，公司开始尝试使用 AI 来解决锂电池制造难题，并在 2019 年取得成功，AI 应用开始向动力电池制造领域渗透。公司开始关注基于导入的制造大数据，利用先进算法对设备进行智能维护，对生产线进行智能排程，并对质量进行智能管控。2019 年以来，公司已经尝试在生产线上推广 5G、AI、自学习、图像识别、视频流智能监控等技术，实现了生产全过程质量溯源。

在数字化方面，宁德时代公司重视数据的应用，并把数字化建设独立于系统建设，成立了专门的大数据团队进行数据治理和价值变现工作。针对动力电池制造过程中的海量数据整合成本高、质量差、建模困难等突出问题，公司研究了边缘侧多源异构数据采集与融合技术，攻克了海量数据环境下的半结构化、非结构化数据自动采集技术难题，重点解决多种信息的泛在感知和互联互通，实现生产现场采集、分析、管理、控制的垂直一体化集成，极大提升了极片制造中的混料、涂布工艺、辊压、模切连续过程，以及卷绕、组装、烘烤、注液、化成等离散过程并存的复合工艺流程中的异构数据融合程度，通过在关键工艺环节的数字化集成来实现动力电池制造的智能化改造。针对电池制造全过程，公司从来料、设备、工艺及制造环境等多个方面出发，对影响电池产品质量的各类因素进行分析，探究各因素间的关联性及关联程度。基于分层赋时 Petri 网等方法对电池生产过程中各类状态的变迁进行融合建模，实现对各类质量因素的跨工艺、多因素、变尺度分析，构建动力电池生产过程质量数据空间，实现对产品生产全过程的质量溯源。

宁德时代公司的智能化建设立足现场实际需求，围绕智能物流、数字孪生、大数据、人工智能、APS 高级排产、机器学习、5G 等技术的实际应用展开建设，并基于大量网络技术应用将信息安全系统建设的关注度也同步提升至最高水平，具体包括以下四个方面。

（1）数字孪生技术实现全局产品设计与仿真。宁德时代公司基于三维模型的产品设计与仿真建立产品数据管理（product data management，PDM）系统。PDM 系统集成了 CAX 软件等设计工具，由各模块设计工程师同步在线进行产品的三维设计工作。从概念设计到详细设计，PDM 系统完整地保留了开发过程中的所有三维模型，在统一的数字设计环境内，仿真工程师借助 CAE 软件对三维模型虚拟样机进行模拟验证，求解最优设计方案。基于三维模型驱动生成的物料清单（BOM）和技术文件将自动同步到 ERP/MES 系统，支持产品生产。PDM 系统构建了研发协同管理平台，基于三维模型的产品设计和仿真，减少了产品开发过程中对物理样机的需求，从而缩短研发周期，降低研发成本，保证产品质量。

（2）智能化物流管理提升生产效率。工厂生产线的效率在很大程度上受物流系统智能化程度的制约。宁德时代公司根据锂电池生产的特点，使用物流机器人（AGV）、机器人、立体仓库、RFID 等智能化技术提高了物流系统的自动化、信息化、智能化水平，有效提高了生产线效率，在整个物流体系中形成了极片车间立体仓库、装配段物流线、烘烤炉段智能物流线、原材料仓的智能立库，以及成品仓库的智能立库等特色应用。

（3）基于物联网进行远程监测。产品销售出库并不代表服务的终结，从价值链的角度来看，产品的运营和服务即产品价值的延伸，离不开数据和流程的支撑。对新能源应用而言，不论是新能源汽车还是储能电站都存在运营状态监控及持续运维的问题。与之对应就延展出远程运维监控大数据平台。通过在制造过程中植入针对电池系统（新能源汽车和储能电站）的 T-BOX 终端，公司可以直接收集电池管理系统（battery management system，BMS）采集到的关于电池系统的售后运行状态数据，在达到特定阈值或条件时直接触发对应的异常报警，并建立基于已知模型对电池系统的 PDMS。同时，公司也打通了制造过程和售后过程的大数据对接。

（4）借力大数据和人工智能技术实现创新。无论是产品维度的 MES 系统还是设备设施和工装夹具、仪器仪表维度的 TPM 系统都面临着大量数据的快速采集和存储问题。例如，MES 存在大量的非结构化数据（如工件的照片），在线系统存在在线数据容量的限制。宁德时代公司以 MES、TPM 和 MHR 等系统为基础，引入 LAMBDA 大数据架构，打造出制造系统大数据平台（MDP）。在各个业务系统（如 MES、TPM、MHR 等）的数据通过 ETL 工具被集成到制造系统大数据平台后，公司可根据集成的制造系统数据库进行集中式数据分析和通用数据挖掘功能的开发。在 MDP 上，公司通过引入典型化的人工智能技术框架（如 TensorFlow）将其定义为公司的数据洞察和创新平台，并在产品/设备加工参数的关联分析和优化分析、基于机器视觉的产品缺陷分析、设备的预测性维护等领域展开具体和实质化的运用。

宁德时代公司实施智能制造的最终目的是通过产品、设备和信息化的高度结合，合理优化企业内部生产组织和管理流程，探索符合自身实际的可持续发展路径与方法。公司在生产线智能化方面针对设备开发和生产线建设，坚持关键技术国产化的路线，导入三维仿真、在线检测、智能化物流等技术，提高生产线的智能化水平。在信息化架构方面，公司通过制定标准化的设备导入规范建立互联互通的工业网络，建立覆盖全生产要素的制造执行系统，实现全生产过程的数据采集、信息追溯、状态检测和防呆控制，确保生产过程的成本节约、安全可控、精益高效和质量一致。在此基础上，公司通过集成研发、设计、供应链和售后服务系统，驱动全价值链的集成和优化。

宁德时代公司以制造为核心，有效地驱动了研发制造一体化、制造供应链一体化、制造服务一体化，并在实践中进行了验证，取得了研制周期缩短 50%、运营成本降低 21%、产品不良率降低 75%、资源综合利用率提升 24%、生产效率提升 56% 的良好效果。同时，公司的智能制造实践也为国家、社会与行业提供了有价值的参考。通过智能工厂的实践与创新，公司取得了在智能制造相关关键技术上的突破：实现了工艺设备的网络化自动检测、监控，生产过程的可视化；针对各制造工序自主开发的多项特色工艺及设备，实现了一定的技术领先性，使动力电池行业数字化车间的自动化程度和生产效率大幅度提高；取得的专利、标准、软件著作权等技术成果能够有效支撑生产线量产等方面的推广应用，为行业的数字化车间、智能工厂建设做出了积极贡献。

宁德时代公司通过"自动化"阶段、"自动化+系统化"阶段和"数字化+智能化"阶段的实施,使公司制造能力处于行业乃至世界领先水平,制造能力较强。

8.2.2 组织管理能力

宁德时代公司由股东大会、董事会、总经理、监事会、董事会办公室、审计委员会、提名委员会、薪酬与考核委员会、战略委员会、市场中心、研发中心、供应链与运营中心、企业策划部、企业公共事务部、流程与IT部、质量部、职业健康与安全部、内部服务部、综合管理部、财经部、人力资源部、分支机构和审计部构成,组成架构如图8.4所示。

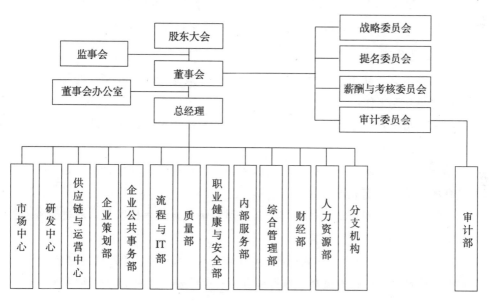

图 8.4 宁德时代公司组织架构

作为一家上市企业,宁德时代公司采用了模拟分权制的组织架构形式,该形式的组织架构可以充分调动各部门的积极性,解决企业因为规模过大而不易管理的问题,同时减少高层的行政事务,让高层把精力主要集中在企业的发展问题上。根据宁德时代各组织部门的工作内容、目标和权责进行组织功能定位可将其分为高层组织、委员会组织和事业部组织,现分析如下。

1. 高层组织

股东大会:由宁德时代公司全体股东组成,职责是决定企业经营管理的重大事项，对企业重大事项有决策权，对企业经营管理有一定的决定权，公司一切重大的人事任免和重大的经营决策一般都应得到股东大会认可和批准方才有效。

董事会：由宁德时代公司董事会成员组成，主要对内总负责公司事务、对外代表企业的经营决策和业务执行机构，企业董事会由股东大会选举形成。

总经理：执行宁德时代公司的战略决策，实现企业经营目标，负责企业日常业务的经营管理，有管理层人员的提名权和罢免权，并定期向董事会报告企业经营状况。

监事会：监督检查宁德时代公司的财务会计活动，监督检查企业日常经营活动，监督检查管理层是否有损害企业利益行为。

董事会办公室：负责宁德时代公司信息披露、投资者关系管理、证券事务工作，协助董事会秘书筹备公司股东大会、董事会、监事会并办理股东大会、董事会、监事会的日常事务，负责公司与证券监管机构、股东及媒体的沟通和联络工作。

2. 委员会组织

战略委员会：从事宁德时代公司经营谋略、运作策略、战略管理及相应体制改革研究与开发工作。

提名委员会：是宁德时代公司董事会中的专职委员会，对管理层人员提名和任用有审议的权利。

薪酬与考核委员会：评估宁德时代公司总经理绩效，制订薪酬计划，并有对人员薪酬状况的披露职责。

审计委员会：对宁德时代公司相关的财务情况进行审核监督，通过财务监控方法对企业内部运营进行监督。

审计部：负责宁德时代公司内部审计工作，对企业内部控制制度的建立和实施、公司财务信息等进行检查监督，执行董事会、审计委员会决定的专项审计工作。

3. 事业部组织

市场中心：收集市场需求信息，结合宁德时代公司经营目标，制定公司销售目标；制定市场开发、市场营销策略，进行市场开拓和维护，完成销售目标，负责客户关系管理、品牌、营销、传播管理和第三方服务商的开发与管理等。

研发中心：负责宁德时代公司前沿技术开发、技术调研，技术可行性分析，培养高端技术研发人才，负责公司知识产权工作。

供应链与运营中心：通过计划、组织、实施和控制，从原材料起始，经生产到成品，最终到消费者手中，使产品生产和服务创造相结合，进行主要的产品和服务系统设计、运行、评价和改进的管理。

企业策划部：收集、分析和研究国家和地方的产业相关政策和信息，为公司高层决策提供依据和参考；负责公司对外投资相关工作；参与监督、管理对外投资公司的发展与运营；负责公司法律事务管理；组织公司相关部门参与行业标准和相关法规的讨论与制定；建立和维护与政府职能部门之间的工作关系。

企业公共事务部：负责举办或参加公共活动内的所有事宜，负责日常公共服务工作，具有对内协调部门、对外公关的职责。

流程与IT部：通过IT管理系统工具的支持，坚持以客户需求为核心，以规范化的业务流程为中心，以持续提高企业业务绩效为目的，引导和辅助IT管理人员对流程进行分析、定义，通过资源分配、时间界定进行流程质量与效率测评、流程优化，对宁德时代公司实施有效的管理和控制，在保证公司运营稳定的前提下以较低的成本为各部门提供更优质的服务。

质量部：负责宁德时代公司质量管理体系的建立、维护及实施监督，制定产品开发过程测试验证流程体系，制定产品开发过程测试验证方案、制订测试计划和验证测试结果，并负责制造过程质量监控。

职业健康与安全部：根据宁德时代公司自身发展的要求，采用科学化、规范化和法制化的管理模式对员工的职业健康和安全生产进行管理。

内部服务部：统一人员服务管理，采取科学方式对人员的工作态度、服务能力进行管理，达到提升客户满意度的目的。

综合管理部：整体负责策划、研发、贯标、行政、后勤和行政档案管理、信息管理和宣传等工作，做好宁德时代公司的管理、支持与服务，统一管理相关的内外部资料和文件，代表公司与外部团体进行接洽、联系。

财经部：负责宁德时代公司的财务工作，包括财务预算和决算、资金的使用、调度安排、税务、财务分析等工作，同时结合外界金融信息为公司提供更加全面的财务分析。

人力资源部：负责宁德时代公司人力资源管理规划、制度制定和实施、公司薪酬福利、绩效考核、人力招聘、教育培训及职业发展等工作。

分支机构：包括宁德时代公司所属的不具有独立法人地位的派出机构，与总公司属同一法人实体，其生产、销售、财务、人事等方面受总公司支配和控制。

通过企业组织架构构成和组织机构功能的定位分析可以发现，宁德时代公司组织架构呈现高度扁平化形式，这种形式解决了组织架构层次重叠、人员闲置、企业组织运转效率不高的问题，加快了信息流的速率，提高决策效率。同时结合组织功能定位剖析可以得出宁德时代公司市场中心、研发中心、财经部、审计部等核心部门具有独立性，该独立性保证了企业核心的竞争优势。宁德时代公司组织架构高度扁平化，企业运营效率高，公司通过减少管理层次、缩减组织机构，减少决策层与执行层的层级，以便快速将决策传达到执行层。面对环境变化，执行层能快速通过决策层的方案有效解决企业问题，提升企业管理效率，提高企业对风险的自控和应对能力。公司组织部门职能化提升了工作效率，保持了企业的稳定性。公司的市场中心、研发中心、财经部、审计部等职能部门专业化程度高，能做到什么人做什么事情且只做一件事，有利于提升工作效率。且作为宁德时代公司的营销和科研部门，市场中心和研发中心的独立性有助于企业保持稳定性。

但是通过上述分析也可发现，宁德时代公司个别组织部门功能交叉重复，职能不清晰，供应链与运营中心、流程与IT部、质量部功能交叉重复，人力资源部、职业健康与安全部和内部服务部组织功能交叉重复。这种组织部门功能交叉重复问题浪费了公司资源，并且会导致工作重复。作为一家生产制造型企业，宁德时代公司采用模拟分权制的组织架构，每个部门的目标任务不同，无法设立统一的考核标准，考核的偏差易造成各部门之间的绩效不公，降低各部门的积极性。并且公司组织部门过度集权化，高层管理难度大。通过上述分析可知，宁德时代公司的权力主要集中于各部门手中，虽然组织部门集权有利于部门直接决策，快速应对风险，利于达成部门目标，但是也易导致各部门只顾自身利益摒弃公司统一发展目标，高层管理者无法实施有效监督职责，高层管理者的决策无法得到快速、高质量实施，高层管理者的管理难度较大。

结合当前宁德时代公司组织管理能力中的优势与劣势可以判断，在动力电池行业中宁德时代公司的组织管理能力处于中上水平。

8.2.3　R&D能力

2019年，宁德时代公司开发的动力电池技术已突破300 kW·h/kg，而国际上2020年年末动力电池能量密度也才达到300 kW·h/kg。我国提出的目标是在2025年前达到能量密度极限（400 kW·h/kg），如今在产、在用的磷酸铁锂和三元锂电池的能量密度都已经接近理论极限，固态锂离子电池技术是达到这一理论值的、最有可能的下一代锂电技术，而宁德时代公司早已在此技术上耕耘多年，领先于国内许多竞争企业。

宁德时代公司的发展离不开持续的技术开发与创新，目前公司研发体系完善，研发能力已经涵盖整个动力电池设计、生产、测试流程，在材料、测试、系统等领域都已经具备一定的研发实力。公司在技术创新上持续保持高投入水平，表8.1所示为2015—2019年宁德时代公司技术研发投入的相关数据，研发投入绝对值逐年上升，2015年投入为2.81亿元，2016年研发投入突破10亿元，2019年研发投入接近 30 亿元。由于公司业务扩张营收规模增长太快，营业收入基数较大，造成了研发投入的金额占公司营业收入的比重在 2018 年、2019 年稍有下降，但依然保持在营业收入的 6%以上。

表 8.1　2015—2019 年宁德时代公司研发投入分析

项　　目	2015 年	2016 年	2017 年	2018 年	2019 年
研发投入金额/亿元	2.81	11.34	16.32	19.91	29.92
研发投入占营业收入比例/%	4.93	7.62	8.16	6.72	6.53

宁德时代公司研发强度行业领先，研发投入金额远超其他同业企业，如图 8.5 所示，2017—2019 年每年的研发投入金额约是其他两个同业企业（国轩高科和亿纬锂能）的 4～5 倍。此外，研发投入金额的增长速度也高于其他两个同业企业，2019 年公司研发投入在 2018 年的基础上继续增加 10 亿元，同比增长率高达 50%，而两个同业企业的研发投入同比增长率仅为 20%，可见宁德时代公司对技术创新的重视程度。

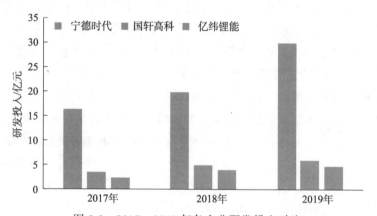

图 8.5　2017—2019 年各企业研发投入对比

2017—2019 年宁德时代公司研发人员数量持续增长，研发队伍不断壮大。截至 2019 年年底，公司共拥有各类员工 26775 人，其中研发人员 5364 名，研发人员比例进一步提高，较上年提高了 3%，达到 20%。与同行业对比，宁德时代公司的研发人员数量远超国轩高科和亿纬锂能，如图 8.6 所示。

高层次人才是创造企业核心价值的推动者，从人才质量方面来看，如图 8.6 所示，宁德时代公司的硕士及以上学历人才群体数量远超同业公司，研发团队的整体实力雄厚，且近年来高学历人才队伍增长迅速，进一步拉大了与同业企业的差距。2019 年，公司拥有的硕士及以上学历人才为 2086 人，相较 2018 年的 1070 人，同比增长率高达 94.95%。同时，公司还拥有 8 名行业领军级人才。而国轩高科面临高学历人才流失的风险，2019 年硕士以上学历人员增长率为 -5.63%，虽然亿纬锂能近年来硕士及以上学历人才数量有所增长，但仍然与宁德时代公司差距较大。

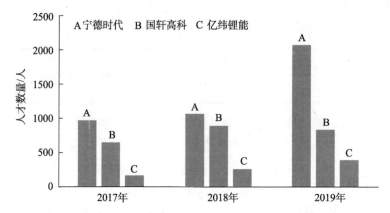

图 8.6　2017—2019 年各企业硕士及以上学历人才数量对比

此外，宁德时代公司投资建立了多个国家级研究中心、技术创新实验室、国家合格评定测试验证中心。2020 年，公司继续投资新建创新型实验室，主攻新能源领域一系列"卡脖子"技术难题。公司还设立了国家级和省级专家工作站，有利于促进科技成果转化。并积极参加相关科研活动，投入大量资金主动承担了 6 项项目周期较长的国家级重点项目和 2 项省部级重点项目，积极探究动力电池领域的前沿科技，掌握行业领域的最新学术研究成果，为持续创新积蓄能量。

经过多年持续的技术研发，宁德时代公司取得了丰硕的成果，在动力电池领域包括材料、系统、设备等方面获得了多项专利，在本行业具有一定的权威性，曾牵头制定或参与制定的行业相关标准高达 50 多项。近年来，宁德时代公司及子公司拥有的专利数量快速增长，2018 年、2019 年境内专利数量分别增加 711 项和 751 项。截至 2019 年年底，公司拥有专利数量为 2484 项，正在申请专利数量为 2913 项，合计 5397 项，如表 8.2 所示。

表 8.2　2017—2019 年宁德时代公司专利数量统计

项　　目	2017 年	2018 年	2019 年
宁德时代公司及子公司拥有的境内专利数量/项	907	1618	2369
宁德时代公司及子公司拥有的境外专利数量/项	17	38	115
正在申请专利数量/项	1440	2110	2913
合计/项	2364	3766	5397

与行业对比来看，宁德时代公司的已申请专利数量和已获得授权专利数量均

远超其他同业企业，拥有专利数量行业第一。截至 2019 年年底，国轩高科已申请专利数量为 3649 项，亿纬锂能已申请专利数量为 1374 项，均与宁德时代公司有较大差距，如图 8.7 所示。

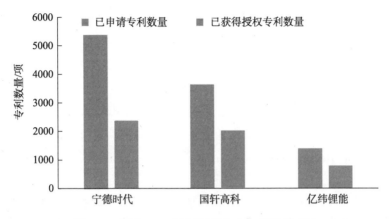

图 8.7　截至 2019 年年底各企业专利数量对比

宁德时代公司拥有的核心技术全部源于自主研发，多项技术已经达到世界领先水平，高能量密度电池技术、超短快速充电技术、长循环寿命电池技术、低温速热技术、电池管理系统精算技术、超强环境适应的电池包设计技术等引领了行业技术发展的方向，是行业技术的风向标，如表 8.3 所示。公司拥有的核心技术能够提升动力电池的续航里程、延长电池使用寿命、提高安全性和智能程度，同时降低成本，使产品性能得到极大的提升，持续拉开与二线企业的产品技术差距，更好地适应市场对不断提高动力电池性能的要求。

表 8.3　宁德时代公司核心技术及优势

核心技术	优势
高能量密度电池技术	单体电芯能量密度能够接近 300 kW·h，电池包在单个电芯的基础上能量密度再提升 15%左右
超短快速充电技术	充电 15 分钟即可拥有 80%的续航里程
长循环寿命电池技术	充放电循环使用寿命高达 12000 次
电池管理系统精算技术	快速精确地计算剩余电量、校正荷电状态
电池安全性与耐久性评估技术	风险识别和预判，保证使用安全

正是由于宁德时代公司研发金额投入强度大、研发人员实力强劲、研发体系较为完善，所以公司 R&D 能力得到了持续提升，掌握了动力电池领域的前沿科技成果，助力了企业形成动力电池行业领先优势，其 R&D 能力较强。

8.2.4 市场营销能力

宁德时代公司在动力电池领域处于世界领先水平，其市场营销能力较强，动力电池产品市场占有率高。宁德时代公司动力电池装机量占据国内动力电池装机量的一半以上，2019 年全国新能源乘用车销量榜前十名中有五家都是宁德时代公司的客户，公司前五大客户中吉利汽车和北汽汽车皆位于销量榜前五。宁德时代公司通过与我国一线汽车企业合资的方式加强企业之间合作：首先通过新能源客车占有市场；其次通过新能源乘用车入驻国内各大汽车厂商。在第一批次享受到了国内新能源汽车行业的红利，建立了动力电池领域的巨大优势。未来，随着国家推广和政策导向，民众的新能源汽车保有率将会越来越高，新能源汽车将会成为汽车市场的主流，作为我国一线汽车企业供应商，宁德时代公司的优势将会越来越大。

2019 年我国前五大动力电池供应商分别为宁德时代公司、比亚迪公司、国轩高科公司、力神公司及亿纬锂能公司（见图 8.8），其中，宁德时代公司已经是第三次荣登榜首，2019 年市场份额超过 50%，较 2018 年占比继续扩大，上升约 10%，形成一家独大的局面。同时，宁德时代公司也是行业市场占有率增长最快的企业，排名前五的企业除宁德时代公司外，其他企业市场占有率均有所下降。排名第二的比亚迪公司占据 17.30%的市场份额，较 2018 年下降约 3%，可见宁德时代公司发展势头强劲，产品在行业内竞争力较强。

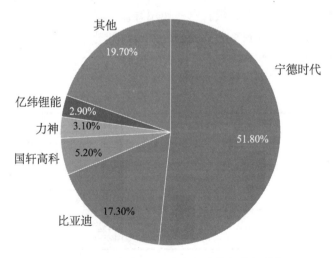

图 8.8　2019 年各企业动力电池装机市场份额

如图 8.9 所示，2015—2019 年宁德时代公司动力电池装机量持续增长，由

1.61 GW·h 上升到 31.71 GW·h，增长约 19 倍，自 2017 年以来，公司超越松下、LG 化学两大国际巨头，连续三年装机量保持全球第一，可见公司产品质量过硬，经得起市场考验，行业地位更加稳固。

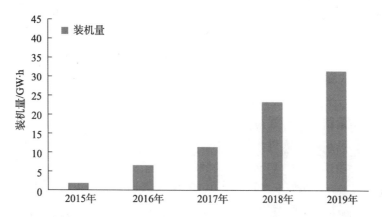

图 8.9　2015—2019 年宁德时代公司动力电池装机量

在 2019 年国内销量排名前十的新能源车型中，除排名第二和第四的两款车型由比亚迪公司自供电池外，其余均为宁德时代公司独供或者主供，北汽 EU 系列全部搭载宁德时代公司动力电池，以 11.1 万辆的成绩获得销量冠军，良好的销量也再一次证明宁德时代公司的产品质量。配套车型方面，在国家权威机构发布的新能源汽车车型目录中，宁德时代公司配套的车型数量最多。如表 8.4 所示，2017—2019 年，公司配套车型数量分别为 500 款、1100 款、1900 款，配套车型数量和占比都不断上升，2019 年宁德时代公司的配套车型占比突破新高，车型目录中超过 40%的车辆都装载了宁德时代公司的动力电池。由此可见宁德时代公司的电池认可广，供应范围大，市场营销能力强。

表 8.4　2017—2019 年宁德时代公司配套车型数量占比分析

年　　份	新能源车型有效目录数量/款	宁德时代公司配套车型数量/款	宁德时代公司配套车型占比/%
2017	3200	500	15.62
2018	3800	1100	28.95
2019	4600	1900	41.30

综上所述，宁德时代公司由于在动力电池领域处于明显的技术优势，加之近年来动力电池的全球需求保持快速增长，下游需求的强力拉动，上游原材料供应紧缺，公司的动力电池产品目前处于供不应求的状态，占据我国动力电池装机量

的半壁江山，其市场营销能力较强。

8.2.5 资金投入能力

目前宁德时代公司的收入来源主要分为四个部分，包括为整车企业提供动力电池系统、为发电和用电企业提供储能系统、为锂离子电池正极材料厂商提供三元前驱体，以及其他。由于公司的技术创新成果主要集中于动力电池领域，因此动力电池业务也成为公司主要的利润源。

如图 8.10 所示，2015—2019 年，宁德时代公司营业收入的持续增长主要得益于公司在动力电池系统领域突出的产品优势，动力电池业务的持续增长对公司营业收入的贡献率超过 80%，为公司业绩增长提供了有力支撑。

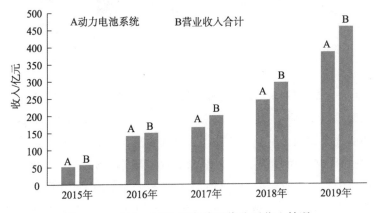

图 8.10　2015—2019 年宁德时代公司收入情况

如图 8.11 所示，与同行业其他企业对比来看，2015—2019 年宁德时代公司凭借其技术和产品优势在动力电池系统收入上始终保持领先地位，并且优势逐年扩大。

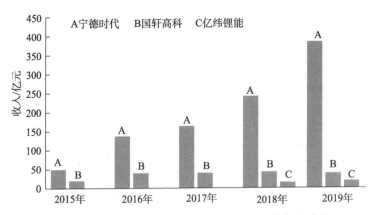

图 8.11　2015—2019 年各企业动力电池业务收入对比

如图 8.12 所示，从各业务贡献利润占比来看，2015—2019 年宁德时代公司超过 80%的利润来源于动力电池业务，该业务是公司最主要的利润来源，其次是锂电池材料，占公司利润总额的 10%左右，储能系统贡献利润占比较少。但近年来随着我国储能行业的崛起，市场规模扩大，公司的储能系统业务得到进一步发展，2018 年、2019 年储能系统业务贡献利润占比快速增长，预计远期发展潜力较大。

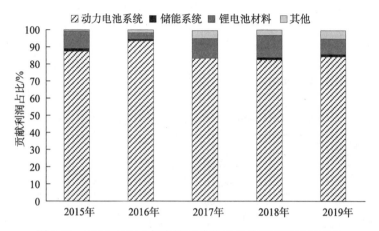

图 8.12　2015—2019 年宁德时代公司各业务贡献利润占比

如图 8.13 所示，2015—2018 年宁德时代公司动力电池系统毛利润是三种业务中最高的，说明公司在动力电池系统业务上技术储备、生产成本控制、市场竞争方面均占有较大优势，带动公司拥有了较高的综合毛利润，保证了公司利润来源。2019 年储能系统毛利润首次超过动力电池系统，达到公司总毛利润的 37.87%，主要原因是近年来我国储能行业发展迅速，公司在储能领域技术积累得到释放。未来随着储能业务收入占比进一步提高，储能业务会成为公司利润的重要来源。

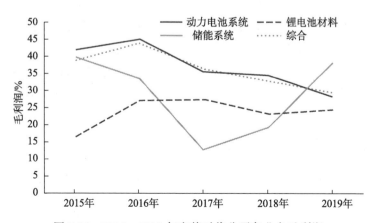

图 8.13　2015—2019 年宁德时代公司各业务毛利润

整体来看，宁德时代公司业务规模不断扩大，营业收入、营业成本，以及利润总额等均呈现爆发式增长，经营状况良好，资金充足。如表 8.5 所示，2015—2019 年公司营业收入和净利润保持高速增长，2015 年营业总收入为 57.03 亿元，归属于母公司所有者的净利润仅为 9.31 亿元，短短五年到 2019 年营业总收入突破 450 亿元，增长近 7 倍，归属于母公司所有者净利润突破 45 亿元，行业排名第一。2019 年政府补贴大幅度下降直接影响了新能源汽车整体销量，动力电池行业也受到较大冲击，行业销量首次同比下降。在此背景下公司依然保持高速增长，装机量同比增长 40%，营业收入同比增长 54.63%，归属于母公司所有者的净利润同比增长 34.64%，增长率大幅领先于行业市场增长率。

表 8.5 2015—2019 年宁德时代公司收入与成本分析

科 目	2015 年	2016 年	2017 年	2018 年	2019 年
营业总收入/亿元	57.03	148.79	199.97	296.11	457.88
营业总成本/亿元	46.58	115.85	168.75	257.29	406.25
其中：营业成本/亿元	34.99	83.77	127.4	199.02	324.83
营业税金及附加/亿元	0.4	1.09	0.96	1.71	2.72
销售费用/亿元	3.31	6.32	7.96	13.79	21.57
销售费用率/%	5.80	4.25	3.98	4.66	4.71
管理费用/亿元	6.21	21.52	13.25	15.91	18.33
管理费用率/%	10.89	14.46	6.63	5.37	4.00
财务费用/亿元	1.09	0.8	0.42	−2.8	-7.82
研发费用/亿元	—	—	16.32	19.91	29.92
净利润/亿元	9.51	29.18	41.94	37.36	50.13
归属于母公司所有者的净利润/亿元	9.31	28.52	38.78	33.87	45.60

宁德时代公司研发费用持续增长，但一直以来公司选择将研发支出 100%费用化处理，会计政策较为保守，这在动力电池和新能源汽车行业均属罕见，说明公司有较好的业绩作为支撑，全部费用化并没有影响自身利润的增长。随着业务规模发展，期间费用上升但增速慢于营业收入的增速：销售费用率基本维持在 5%左右，说明公司制定了较为完善的销售制度，在一定程度上控制销售费用的过快增长；管理费用率呈现逐年下降的趋势，由 10.89%下降到 4.00%，说明公司内部管理费用控制成果显著，管理水平进一步提高；财务费用由正转负，2019 年为 −7.82 亿元，公司的利息收益大于对外支付利息的成本，说明资金充裕，是公司财务状况良好的表现。整体的期间费用率由 2015 年的 18.6%下降到 2019 年的 7.00%，表明公司费用控制能力较强，经营效率得到显著提升，为赢利创造了更好条件。总体

而言，宁德时代公司经营效率高、业绩持续增长、净利润持续增加、资金充足，对研发等方面的资金投入能力较强。

8.3 评价结果

利用组合创新能力评价体系，融合宁德时代公司的五个创新能力构成要素的实际状况进行逐一分析，依然以 5 分为标准，5 分代表实力强盛，4 分代表实力较强，3 分代表实力普通，2 分代表实力较差，1 分代表实力差。评估结果表明：宁德时代公司制造能力得分为 4.0 分，表现较强；研发能力得分为 4.5 分，表现强盛；组织能力得分为 4.0 分，表现较强；市场营销能力得分为 4.0 分，表现较强；资金投入能力为 4.0 分，表现较强。公司组合创新能力如图 8.14 所示。

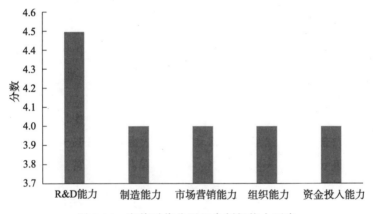

图 8.14　宁德时代公司组合创新能力要素

从宁德时代公司组合创新能力要素评价结果来看，公司在 R&D 能力、制造能力、市场营销能力、组织能力及资金投入能力均处于较强或强盛的水平，无明显短板。若采用工艺创新作为主导的组合式创新模式，从组合创新要素来说，宁德时代公司的制造能力与资金投入能力均能满足其要求。但是通过上文中宁德时代公司组合创新能力要素的具体分析可以看出，公司制造能力之所以较强是由于生产制造的"自动化"阶段、"自动化+系统化"阶段及"数字化+智能化"阶段一步一步实现的，而在公司制造能力逐渐变强的过程中，R&D 能力起到了很大的带动作用，该能力在公司生产制造升级中（特别是后期"数字化+智能化"阶段）发挥了巨大的作用，取得了许多专利成果，实现了生产制造能力的行业领先水平。因此，采用以工艺创新作为主导的组合式创新模式无疑是舍本逐末，舍弃了宁德时代公司最大的优势 R&D 能力，不利于公司在动力电池领域保持领先地位。因此，以工艺创新作为主导的组合创新模式不适合宁德时代公司。

以产品创新作为主导的组合创新模式对企业 R&D 能力、组织能力及市场营销能力要求较高，而对资金投入能力及制造能力的要求相对普通。宁德时代公司 R&D 能力、组织能力及市场营销能力均能满足以产品创新为主导的组合创新模式要求，并且从公司组合创新能力要素的具体分析可知，公司之所以在我国乃至世界动力电池行业中占据领先地位，主要原因是 R&D 能力强，所研发的动力电池产品无论在容量、效率及安全性方面均处于行业领先水平。因此，选择以产品创新作为主导的组合创新模式可以充分发挥公司 R&D 能力强的优势，注重产品创新，保持公司在动力电池领域的领先地位，实现长久发展。

第 9 章

比亚迪公司组合创新能力评价案例分析

9.1 比亚迪公司概况

1995 年,比亚迪股份有限公司成立,于 2003 年在香港证券交易所注册。2011 年,公司重新回归深圳证券交易所以 A 股形式上市,股票交易代码为 002594。在经历了 20 多年的高速成长后,比亚迪已经建立了三通平台、专业、新能源汽车服务、手机代工业务、充电电池和摄影服务等业务,这些业务均居于业界领先地位,公司净资产已达到了 1956 亿元人民币,为世界前 500 的大公司之一。同时,比亚迪公司也开始做充电电池业务。在诞生初期,公司基本业务是生产制造第一代手机(大哥大)所用的镍镉电池,数年后二代手机(数字信号手机)的问世,使锂电池逐渐替代了镍镉电池,而比亚迪公司也把握住了历史机遇,成为国内第一个生产制造锂电池的企业。低成本优势也使比亚迪迅速地和诺基亚、摩托罗拉等世界优秀手机制造生产商形成了战略合作关系,并成为世界第二大充电电池制造商。目前,公司制造的锂离子电池应用于手机、数码照相机、消费电子、家庭电子设备等各类电子产品。

2008—2020 年,新能源汽车领域已成为我国汽车行业结构调整和发展战略的主要部分。在国家有关政府部门的大力帮助和引导下,我国新能源汽车企业在不断挖掘发展潜力以满足市场需求,保持高速成长。与此同时,这十多年也是比亚迪公司在新能源产业上不断转型的时期。比亚迪董事长王传福也曾指出,比亚迪不再是单一生产电池的公司,目前,公司已拥有汽车整车、铁路、新能源、消费电子四个产业,堪称"新总领军企业"。

按照比亚迪公司对新能源交通创新路径的新愿景,十年创新创业道路显而易见。2010 年,世界首款采用 DM 双动力混合动力系统的 F3DM 电动汽车打破了当时市场上传统的车辆控制系统范式。2011 年,国内的首款纯电动汽车 E6 上市,成为当时国内续航里程最高的纯电动汽车车型。2012年，秦DM作为王朝系列的领军项目，同时也是当时国内销售超过10万台的混合动力汽车。同年，比亚迪公司推出了三种核心技术：行驶距离控制、DMII代，以及双向逆变器的升级技术。2014年，基于542（5代表百公里加速时间在5秒以内，4代表四驱，2代表油耗2L）技术重新设计的新能源汽车技术标准，比亚迪汽车集团成功制造了王朝系列产品。2015年，比亚迪继续实施"7+4"的全产业链策略，从而加速了电动汽车市场的形成。2016年，比亚迪聘请了约瑟夫·艾格为自己的产品设计了Dragon Face（龙颜）的概念车。2017年，比亚迪发布了全新的"电动未来"策略，并开始了品牌发展的崭新征程。2019年，基于e平台的王朝系列产品也开始推进，并由此开启了纯电动汽车集中发售的新市场布局。

比亚迪公司汽车业务包括新能源汽车和燃油汽车两大板块，其中，新能源汽车在2008年正式推出，产品覆盖乘用车、客车和货车等，是国内新能源汽车产品覆盖最全面的厂商之一。凭借在电池、电机、电控领域扎实的技术基础，比亚迪在乘用车领域打造了王朝家族和e系列两条产品线，产品布局不断完善。截至2020年，比亚迪汽车整车产能累计达80万辆，分布在广东、陕西、湖南等地，并且在江苏常州规划了40万辆产能。在汽车零部件方面，比亚迪公司在电池、电机、电控等方面都具备了一定的技术积累，不仅为新能源汽车提供技术基础，对燃油车的技术改进也有很大帮助。例如，燃油车骁云动力1.5升自然吸气发动机热效率达43%，在量产发动机中全球排名领先，同时可以配合电机组成EHS插混系统（electric hybrid system，比亚迪公司自主研发的混动核心部件）应用到新能源汽车。在电池产能方面，比亚迪公司在重庆、湖南、青海、广东等地建有全球领先的电池工厂，并且产能还在继续提升。比亚迪公司是在全球范围内率先同时拥有电池、电机、电控三大新能源汽车核心技术的车企，电池、功率半导体等关键部件实现了自主供应。

比亚迪凭借其领先的核心技术、优化的售后解决方案、完善的产业链结构，以及被消费者信赖的新能源汽车产品品质，给我国乃至全球的公共交通系统新能源化的进程都产生了巨大的推动作用，向世界各国输出了环保出行、绿色交通的理念。无论在国内还是国外，比亚迪都在为消费者提供技术和产品的同时，为城市提供一系列的绿色交通解决方案，提升了品牌的影响力。

新能源是未来汽车行业发展的方向，多个发达国家开始进入这一新兴产业。在荷兰阿姆斯特丹，比亚迪于2013年首次获得35辆电动巴士的竞标，这为比亚迪开拓欧、美、日、韩等传统汽车大国市场打下了坚实的基础，并使公司获得了来自海外的用户，如脸书、伦敦交通局等。2020年，荷兰、德国等欧洲国家都逐渐开始在不同领域采购比亚迪的新能源汽车，包括机场摆渡车、出租车等多种车型。

通过汇总比亚迪 2020 年企业年报及相关资讯，作者整理分析了比亚迪 2020 年新能源汽车海外业务的发展动向，如表 9.1 所示。

表 9.1　2020 年比亚迪新能源汽车海外业务发展动向

发生时间	业务内容描述
2020 年 4 月	宣布与哥斯达黎加能源学院、美国国防部合作，开启首个哥斯达黎加纯电动公共交通项目
2020 年 7 月	向匈牙利交付 10 辆纯电动大巴
2020 年 8 月	比亚迪汽车工业有限公司与西班牙签订 30 辆新能源纯电动客车的交易合同
2020 年 9 月	比亚迪汽车工业有限公司宣布与北欧最大公共交通运营公司签订 106 辆新能源纯电动客车订单，跻身芬兰市场，这也是比亚迪公司在欧洲的再一次拓展
2020 年 10 月	比亚迪与澳大利亚当地多家客车制造商建立了合作关系，共获得近百辆客车订单，总价值达上亿元人民币
2020 年 11 月	比亚迪携手英国巴士制造商 ADL 向新西兰旅游胜地怀赫科岛交付首支新能源纯电动大巴车队
2020 年 12 月	建成哥伦比亚规模最大的纯电动巴士车队（470 辆）

目前，比亚迪在新能源汽车领域全产业链已完成基本布局，核心"三电"系统全部自主掌握，在产业链上游"卡脖子"问题最严重的半导体方面，比亚迪虽然较英飞凌等国际巨头在技术上仍有较大差距，但公司能够实现自主设计生产，是国内唯一一家拥有绝缘栅双极型晶体管全产业链的车企，难能可贵。经过长时间的深耕，比亚迪在新能源汽车领域已然处于国际第一梯队，但是近年来传统车企纷纷转型、"造车新势力"快速崛起让比亚迪面临极大的威胁。2019 年特斯拉以 367820 台的销量强势超越比亚迪，登顶全球新能源汽车销量榜；2020 年更是以接近 50 万台的销量蝉联冠军；2021 年，特斯拉全年销售 936172 台，继续压制比亚迪取得连冠。因此，比亚迪新能源汽车业务的未来发展之路绝非一马平川。

9.2　比亚迪公司创新能力分析

9.2.1　制造能力

产品的产能是衡量企业制造能力最为直观、重要的指标。比亚迪公司具有较为完善的新能源汽车全产业链结构，分析其产品产能时除了选取整车产能外，可以另外选取一项新能源汽车核心部件产能，通过两种产品产能更为全面地剖析比亚迪的生产能力。动力电池在电动汽车中成本占比最高，在产业链中的地位突出，因此作者选取动力电池产能进行分析。

1. 整车产能

比亚迪公司整车产能稍显不足,根据年报等相关数据可知,2020 年比亚迪公司乘用车整车产能 60 万辆,实际产量 417037 辆,产能利用率约 70%。但在 2021 年,比亚迪迎来了新能源汽车产销量大爆发,新能源乘用车年累计产销量分别同比增长 233.13%和 231.6%,全年乘用车整体产量 737502 辆,其中,仅新能源乘用车产量就高达 597081 辆,公司整车产能告急,全国各地部分车型均出现较长的"等车周期"。

比亚迪 2021 年整车规划产能详情如表 9.2 所示。根据盖世汽车 2021 年 1—4 月中国汽车、整车产能排行榜数据可知,吉利汽车以 454 万辆产能登顶,前 14 名厂商产能均过百万辆,不过整体产能利用率仍处于较低水平。从产能利用率来看,比亚迪 2020 年 70%左右的表现并不差,在行业内极具竞争力。产能利用率详情如表 9.3 所示。

表 9.2 2021 年比亚迪整车规划产能情况一览表

工 厂	规划产能/万辆			状态	生产车型
坪山工厂	20			已投产	"唐""汉"
西安工厂	60	1 期	30	已投产	"秦""宋"
		2 期	30	已投产	DM-i 车型
长沙工厂	30	1 期	10	已投产	e 网产品
		2 期	20	建设中	DM-i 车型
常州工厂	20			建设中	未知
合肥工厂	40			建设中	未知
济南工厂	30			建设中	未知
郑州工厂	推测 40			建设中	未知
抚州工厂	推测 30			建设中	未知

表 9.3 国内部分车企整车产能情况对比

序号	品 牌	2021 年 1—4 月产能/万辆	2020 年产能利用率/%	2021 年 1—4 月产能利用率/%
1	吉利汽车	454.21	39.07	42.60
2	一汽大众	392.77	43.01	68.90
3	上汽大众	288.00	47.02	46.90
4	上汽通用五菱	250.44	48.12	66.50
5	上汽通用	227.95	40.64	63.10
6	长城汽车	183.90	60.47	68.30
7	长安汽车	174.97	85.96	74.60
8	北京现代	165.00	27.04	24.30
9	长安福特	160.00	13.17	15.50
10	上汽乘用车	154.00	44.51	42.50

2. 动力电池产能

相较整车产能而言，比亚迪在动力电池方面的产能则具备相对较强的竞争力。尽管比亚迪 2020 年推出刀片电池，受到市场追捧后曾一度出现产能紧张、供不应求的情况，但在新建动力电池生产线产能爬坡后这一情况很快得到了缓解。

根据起点研究的相关数据可知，2021 年比亚迪动力电池产能为 75 GW·h，位列全球第四，落后于宁德时代和 LG 新能源，但与松下差距并不大。从此前官方及各媒体披露的信息来看，截至 2021 年年底，比亚迪的动力电池理论产能已经突破 100 GW·h，但考虑到已有生产基地产能利用率和部分刚投产的生产基地产能未完全释放，因此查询到的实际产能在 75 GW·h 左右。

比亚迪已经布局了包括广东惠州、深圳坑梓、青海西宁、重庆璧山、陕西西安、长沙宁乡、贵州贵阳、安徽蚌埠等在内的多个动力电池生产基地，现有大部分基地已经完成或正在进行产能扩充的建设工作。除此之外，比亚迪在各地还有超过 10 个全新的动力电池生产基地正在建设或筹建中，这些基地未来将分别生产三元锂、磷酸铁锂及最新的刀片电池等不同类型的动力电池，应该可以满足未来较长一段时间内比亚迪新能源汽车对动力电池的各类需求。

比亚迪整体产能处于行业第一梯队，稳居动力电池企业全球前三名。

9.2.2　组织管理能力

在组织管理方面比亚迪采取的是事业部制，各事业部是消耗成本的中心，也是产生利润的中心，如图 9.1 所示。其中，比亚迪汽车业务各事业部采取总经理负责制，按产品类别分成若干类业务，从产品的设计、成本核算到产品制造均由事业部及所属工厂负责，实行单独核算、独立经营，公司总部只保留人事决策、预算控制和监督大权，并通过利润等指标对事业部进行控制。目前比亚迪共有五个大产业群，23 个大事业部，公司依托垂直整合策略，获得了雄厚的技术资源。

比亚迪公司五大产业集群分别为：①电子事业群，主要业务为 IT 终端设备结构、研发、设计、制造，以精密结构件与模具开发、集成电路、摄像头、光学元器件、芯片、LCD、智能手机、GSM/GPS 模块等相关产业制造、研发和代工为主，很多一线知名品牌的电子设备为比亚迪制造。②电池事业群，主要业务包括早期镍电池（已经淘汰）、磷酸铁锂电池、镍钴锰酸锂电池、电池 PACK、太阳能电池模组、太阳能道路照明设备、船舶机组及储能电站，依托车辆船舶的动力电池二次回收布局新能源以及照明领域。③乘用车事业群，主要业务是王朝系列与 E 系列电动及混动汽车的生产销售，知名车型如"秦""唐""宋"三款主力车型，不过在乘用车领域，比亚迪最终的定位是平台供应商，公司以 E 与 B 系列四大平台

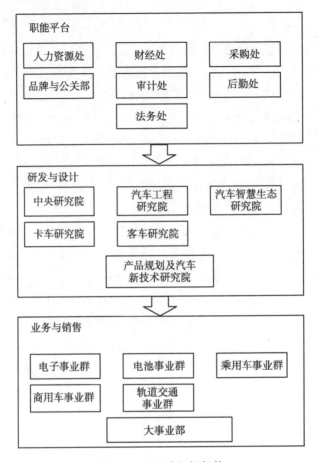

图 9.1　比亚迪组织架构

成为其他车企发展新能源汽车的基础。④商用车事业群，主要业务为量产商用车（包括纯电动及增程大巴、重卡、特种行业用车等），目前主力车型以大巴车为主，内销和出口均有较大的市场占有率，出口覆盖 50 余个国家地区且包括所谓经济发达地区，中、重型卡车目前保有量并不高，与陕汽合作能否出现一些更加适用的混动车目前还在规划研究阶段。⑤轨道交通事业群，车型包括云轨和云巴，是缓解城市拥堵的理想方式，尤其是后期可能出现的载车云轨对一些大型城市比较有吸引力，相比工期很长的地铁，其对于中小型城市而言更合理一些，而且云轨也已经出口海外。

比亚迪公司第一事业部主要承担镍电池、新材料电池、手机零部件、汽车零部件及其他 IT 产品的研发、生产与组装。第二事业部主要承担锂离子充电电池业务，主要应用于手机、无绳电话、笔记本计算机、数码产品等领域。第三事业部主要承担各类 IT 终端设备结构件的研发、设计、制造，主要负责精密机构件、输入模组、金属模组、精密模具等业务。第四事业部主要负责 LCD、触摸屏、背光及模切三大业务。第五事业部主要负责手机、数据卡、平板计算机等产品的研发，凭借其强大的零部件垂直整合能力成为世界领先的原始设计制造商。第六事业部主要负责公司集成电路及功率器件的开发、整合性晶圆制造服务的生产任务。第七事业部为广电业务部门。第八事业部专注于计算机产品原始设计制造商业务的研发设计与生产。第九事业部为表面贴装技术部门，主要负责整机产品的组装、测试、彩包、售后维修等。第十事业部主要负责手机应用软件和整机方案设计业务。第十一事业部主要负责公司各车型的冲压、焊装、涂装、总装四大工艺和油箱产品的生产任务。第十二事业部为比亚迪汽车模具中心，主要负责公司全部新车型模具、检具、夹具的设计及制造任务。第十三事业部主要负责生产比亚迪汽车各车型的所有注塑配件（内外饰件）、汽车灯饰的各种产品，并负责产品的后续组装任务。第十四事业部主要负责电动汽车核心零部件的研究、开发与生产。第十五事业部主要负责的产品可划分为车载电子、车身电子、安全电子三大类，包括多媒体、空调、气囊、整车线束、开关、整车仪表、配电盒、GPS、倒车雷达、防盗系统、智能钥匙系统、整车音响系统等数百种汽车电子产品。第十六事业部主要负责设计车身零件、底盘悬挂等。第十七事业部主要负责发动机研发、制造。第十八事业部主要经营橡胶、塑胶、涂料等相关产品。第十九事业部主要负责客车整车、客车专用底盘的研发、制造。第二十事业部主要负责制定总装车间生产场地平面布置方案、总装新车型项目的工艺开发、规划工艺流程。第二十一事业部主要负责轨道交通系统的技术研发、应用及进行新技术和新产品的研究，涉及车辆、桥梁、机电设备等轨道交通系统的研发、试制及生产。第二十二事业部主要负责城市轨道交通业务的轨道梁、轨道支撑柱、盖梁、线路、车站的设计、制造、施工等全部的工程建设工作。第二十三事业部主要负责云轨研发、设计及销售等工作。

比亚迪公司的组织架构实现了从事业部到事业群再到弗迪系架构的转变。早期，比亚迪公司在电子行业拥有较为完善成熟的供应体系。在进入乘用车领域时，公司仍然坚持走供应链垂直一体化的道路，将大多数核心零部件及整车研发制造技术掌握在自己手中。这一直是比亚迪公司的特色和优势，为公司带来了显著的成本优势和丰富的技术储备。但汽车行业发展到今天，人工智能、互联网、5G 等新技术给行业带来了较大冲击，消费者所有权意识、个性化需求和出行理念也在不断变化。车企在"四化"时代的产业链中如果仅满足于生产制造则会沦为各种新兴模式的代工厂，逐步丧失产业主导地位。垂直一体化带来的边际收益越来越低，所以比亚迪公司选择迈出"去垂直一体化"的一步，建立弗迪系组织架构，将公司旗下的各项有竞争力的子业务分拆，提升公司整体的市场化经营活力。2018年，比亚迪公司推出 e 平台，并向全行业开放共享。2020 年，比亚迪成立弗迪电池、弗迪视觉、弗迪科技、弗迪动力和弗迪模具五家公司，分别覆盖动力电池、车用照明、汽车电子、动力总成和汽车模具五大领域。弗迪系架构的创建是 e 平台开放共享在战略层面的推进，同时也为进一步推进新能源汽车的普及奠定了基础。

企业的组织管理能力更加抽象、难以直观描述，但可以从某个事件的表现上间接分析。2020 年年初新冠疫情暴发，口罩等防护用品极度短缺。比亚迪作为国内制造业的代表第一时间跨界援产口罩，依托无尘车间完成了 3 天出图纸、7 天造出口罩机、10 天出产品的壮举，仅用一个月时间其口罩日产量便突破 500 万只。为了解决口罩原材料熔喷布短缺的问题，比亚迪更是花了 3 周左右的时间实现了熔喷布的自主生产。目前比亚迪口罩日产量最高可达 1 亿只，已经成为全球最大的口罩生产商，生产的口罩已经运送至全球 70 多个国家和地区。比亚迪强大的组织管理能力从口罩跨界生产一事可见一斑，可以认为，其组织管理能力具备相当强的优势。

9.2.3　R&D 能力

比亚迪公司在深圳建有全球研发中心，并在美国洛杉矶、巴西圣保罗和荷兰鹿特丹等地建有研发中心，实现了研发的全球化布局。在深圳比亚迪研发中心，比亚迪公司的研发工作并没有按照传统业务的方式进行分类，而是有专门的研究院进行一系列的研发工作，每一研发机构均涉及具体业务。比亚迪公司高度重视研发工作：首先，这种重视体现在其研发全面性上。比亚迪深圳研发中心共设置有六个研发机构，涉及汽车、卡车、客车等多个细分领域，整车的设计、研发、试制、试验工作均被包含在内，研发工作覆盖面比较全。其次，比亚迪公司汽车技术研发具有独立性。公司汽车技术研发工作大部分由其自身的研发机构承担，特别是在新能源汽车的电池、电机、电控这三项核心技术上，比亚迪公司拥有自主知识产权。最后，比亚迪公司汽车技术研发还具有一定的长远性。公司汽车研发不仅涉及现有车型的汽车工程研发工作，还面向汽车发展的未来，进行关乎汽车智慧生态的研发，例如，开放式智慧汽车平台、智慧型客户关系和智能型汽车应用，可见公司 R&D 能力具有一定的长远性和战略性。

比亚迪公司将 R&D 能力作为公司保持核心竞争力的重要保证，历来重视产品和技术的开发和创新工作，公司整体研发费用 2016—2020 年近 5 年逐年增加。汽车业务和电子业务是比亚迪公司的两项主要业务，由于新能源汽车的研发基础包括电池、电机等核心零部件，而公司的电池业务主要内销给汽车业务，因此为进一步分析公司汽车业务经营情况，作者将公司研发费用在港股财报框架下进行拆分，采用比亚迪（1211.HK）财务数据与比亚迪电子（0285.HK）财务数据之间的差值代表汽车业务研发费用投入数据，所得比亚迪公司汽车业务与电子业务2016—2020年研发数据，如表9.4所示。

表9.4　比亚迪公司汽车业务与电子业务研发费用及研发/营收比

项　　目	2016年	2017年	2018年	2019年	2020年
汽车业务研发费用/亿元	21.93	25.39	34.01	35.42	45.52
电子业务研发费用/亿元	9.79	12.01	15.89	20.88	29.13
汽车业务研发/营收比/%	3.45	3.97	4.21	5.15	5.66
电子业务研发/营收比/%	2.66	3.10	3.87	3.94	3.98

近年来，比亚迪公司一直保持高额的R&D投入，研发投入增长率逐渐增长。由表9.4可以看出，比亚迪公司汽车业务研发费用投入2016—2020年总体呈增长趋势，2016年，比亚迪公司汽车业务研发费用投入21.92亿元，经过5年的发展，2020年其研发费用投入已经翻了一倍多，超过45亿元，研发/营收比由2016年的3.45%逐年增加至2020年的5.66%。相较公司电子业务而言，虽然2016—2020年比亚迪公司电子业务的研发费用和研发/营收比也在逐年增加，但由表9.4可知，公司汽车业务的研发费用和研发/营收比增长幅度明显要比电子业务大。由此可见，比亚迪公司汽车业务不仅是研发费用投入越来越多，而且近些年公司对汽车业务的研发工作越来越重视。国产汽车行业2020年研发投入排名数据如表9.5所示。

表9.5　国产汽车行业2020年研发投入排名

排名	企业名称	2020年/亿元	2019年/亿元	同比增长率/%
1	上汽集团	149.67	147.68	1.30
2	长城汽车	51.50	42.48	21.20
3	广汽集团	51.25	50.41	1.70
4	比亚迪汽车	45.52	35.42	28.51
5	长安汽车	41.42	44.78	−7.50
6	吉利汽车	37.38	30.67	21.88
7	北京汽车	26.02	31.00	−16.06
8	蔚来汽车	24.87	44.28	−43.80
9	江淮汽车	18.10	16.04	12.84
10	小鹏汽车	17.25	20.70	−16.70%
11	江铃汽车	16.65	19.37	−14.04%
12	北汽蓝谷	15.82	15.45	2.39%
13	理想汽车	10.99	11.70	−6.10%
14	东风汽车	3.87	4.84	−20.04%

由表 9.5 可以看出，国内汽车行业 2020 年研发投入数据两极分化较为严重。从研发投入金额上看：2020 年上汽集团研发投入 149.67 亿元，位居行业第一；相比之下 2020 年东风汽车研发投入仅为 3.87 亿元；比亚迪公司汽车业务 2020 年研发投入 45.52 亿元，排在上汽集团、长城汽车、广汽集团之后，但是其 2020 年研发投入同比增长 28.51%，在所选车企排名中位居第一，可见其在 R&D 能力投入方面的增长势头强劲。

R&D 成果的衡量方式有多种，例如，研发成果转化率、新产品销售收入等指标。但是基于数据的可取性，作者以企业的专利申请量来衡量企业研发活动成果。专利按照类型可以分为发明型专利、实用新型专利，以及外观专利，其中创新程度最高的是发明型专利，其次是实用新型专利，然后是外观专利。表 9.6 列举了 2016—2020 年比亚迪公司专利数据，日期统计口径以申请日为准。

表 9.6　2016—2020 年比亚迪专利数据　　单位：件

类别	2016 年	2017 年	2018 年	2019 年	2020 年
发明专利	1034	1217	1322	1335	51
实用新型专利	493	503	664	671	700
外观设计专利	99	126	257	157	124
合计	1626	1846	2243	2163	875

比亚迪公司以往非常注重研发成果专利化，重视对研发成果权的保护，如表 9.6 所示，从专利申请合计数量来看，比亚迪公司 2016—2018 年专利申请数量持续增长。但 2019 年后专利申请数量开始下降，2020 年下降幅度较为明显，相较 2019 年同比下降 59.5%。从专利申请具体类型上看，主要是发明专利下降明显，2019 年发明专利申请量为 1335 件，2020 年仅为 51 件，同比下降 96%。

比亚迪公司与可比汽车厂商 2016—2020 年专利申请数据如表 9.7 所示。由表 9.7 可以看出，与其他 2020 年研发投入 30 亿元以上的国产车企相比，比亚迪公司 2016—2020 年专利申请总量排名第二。在 2016 年和 2017 年，比亚迪公司的专利申请总量位居第一，2018 年之后被吉利汽车反超，2020 年专利申请总量排在吉利汽车、长城汽车之后。由此可见在专利申请数量层面，2020 年比亚迪公司在同行业国产车企中表现并不是最为优异的。

表 9.7　2016—2020 年可比汽车厂商专利申请数据　　单位：件

汽车厂商	2016 年	2017 年	2018 年	2019 年	2020 年	合计
吉利汽车	1180	1250	2383	2375	2176	9364
比亚迪	1626	1846	2243	2163	875	8753
长城汽车	1007	832	1021	1093	1089	5042
长安汽车	808	934	967	813	861	4383

创新活动的主体是人才，人才是创新的第一推动力。其中，最直观的研发人员数量指标简明易得且可比性强，有较高的参考价值。由表 9.8 可以看出，比亚迪公司的研发人员数量虽然增长幅度不大，对比同行业平均研发人员数量来看，比亚迪公司一骑绝尘，远超同行业平均水平，其数量为同行业平均水平的几十倍，如图 9.2 所示。对比 2020 年汽车制造业研发人员数量排行前五名的企业，比亚迪公司排名第一且超过第二名上汽集团 7700 人，超过第五名长安汽车 29000 余人，而且整个汽车制造业中研发人员数量分布非常不均匀，超过 85%的企业研发人员数量在平均线以下，少数研发人员多的企业提高了整个行业的数量水平，而比亚迪公司又是翘楚中的翘楚，以一己之力拉动了整体平均线的上升。可以说在研发人员数量这一方面，比亚迪公司有充足的人才储备，可以为企业的创新提供更多可能，如表 9.9 所示。

表 9.8　2016—2020 年比亚迪公司研发人员数量与行业平均数量　　单位：人

年　　份	2016	2017	2018	2019	2020
研发人员数量	23814	27488	31090	35788	35776
行业平均数量	1068	1046	1079	1079	1000

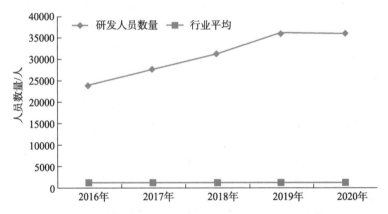

图 9.2　2016—2020 年比亚迪公司研发人员数量与行业平均数量对比

表 9.9　2020 年汽车制造业研发人员排行榜前五名　　单位：人

行业排名	企业名称	研发人员数量
1	比亚迪公司	35776
2	上汽集团	28076
3	长城汽车	19347
4	华域汽车	10291
5	长安汽车	6636

研发人员的数量是可以反映创新能力的绝对指标，而研发人员的占比则是衡量创新能力的相对指标。比亚迪公司的研发人员占总体员工数量的比例呈持续上升态势，和行业平均水平的发展趋势可以说是并驾齐驱，从2016年略高于行业平均水平，到2019年和2020年与行业平均水平基本持平，如表9.10、图9.3所示。虽然比亚迪公司的研发人员数量众多，但是在研发人员投入比重这一方面，该公司并没有明显优势。观察2020年研发人员数量在行业前五名的企业，比亚迪公司的研发人员数量最多，但比重仅排第四名，而长城汽车的研发人员数量排名第三，但占比却达到30.62%，排名第一，超过第二名华域汽车12%左右。由魏氏家族创办的长城汽车从诞生到壮大也具有相当浓重的家族色彩，同为家族企业，但是比亚迪公司在研发人员占比方面与长城汽车有不小的差距，前者仅为后者的二分之一左右，这说明比亚迪公司在此方面还有提高的空间，如表9.11所示。

表9.10 比亚迪公司研发人员数量占公司职工数量比及行业平均水平

	2016年	2017年	2018年	2019年	2020年
研发人员数量占公司职工数量比/%	12.29	13.68	14.12	15.62	15.95
行业平均水平/%	12.01	12.41	13.81	15.43	15.61

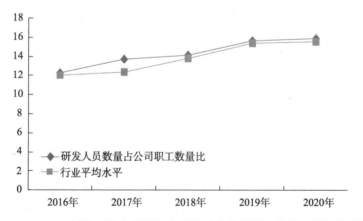

图9.3 2016—2020年比亚迪公司研发人员数量占公司职工数量比及行业平均水平

表9.11 研发人员数量前五名企业占比情况

行业排名	企业名称	研发人员占比/%
1	长城汽车	30.62
2	华域汽车	18.19
3	长安汽车	16.47
4	比亚迪公司	15.95
5	上汽集团	12.90

企业的创新活动是资金成本与人力成本共同作用的过程,而高学历员工的教育水平带来的系统化专业知识和良好的综合素质在一定程度上可以提高创新活动效率、优化创新活动中的资源配置,促进创新活动的进行。比亚迪公司的员工受教育程度 2016—2020 年呈上升的趋势,硕士及以上学历员工人数从 1042 人增长到 2986 人,增长了将近 4 倍,但相对员工总数来说其比例并没有明显提高,仅提高了 0.94%。本科人数从 19149 人增长到 24614 人,增长幅度并不大,如图 9.4 所示。

图 9.4 2016—2020 年比亚迪公司员工受教育程度及比例

对比国有企业广汽集团的员工受教育程度,比亚迪公司虽然员工数量众多,但是高学历员工的数量及比例不及广汽集团。广汽集团在 2016 年硕士及以上学历员工就达到了 2593 人,2020 年更是达到了 4546 人,虽然比亚迪公司与广汽集团在硕士及以上学历员工数量上的差距逐渐缩小,但是从比例上来说却是远远不及。广汽集团历年的本科及以上学历员工占比几乎都达到了 25%以上,比亚迪公司虽这些年来略有增长,但仅从 10%涨到了 12%,比起四分之一员工受教育程度都是本科及以上学历的广汽集团还有一些差距,如表 9.12、图 9.5 所示。广汽集团作为国内老牌的汽车企业,由广州市国资委实际控制,在多年的发展中重视人才的引进与培养,到如今人才引入与培养体系已经趋向成熟并且取得了成效。比亚迪公司发展时间与广汽集团相似,从开始的挖到第一桶金的"人海战略"——利用低廉的人工成本代替生产线,到随后的转型成功,各个业务板块发展良好,为了满足生产要求,比亚迪公司招聘更多的是生产工人,并不对学历做出硬性要求。虽然比亚迪公司员工规模在汽车制造业排名前列,但是其员工整体的教育水平仍与国有控股的车企有一定差距。

表 9.12　广汽集团员工受教育程度

受教育程度	2016 年	2017 年	2018 年	2019 年	2020 年
硕士及以上人数/人	2593	10651	4003	4517	4546
硕士及以上占比/%	3.43	12.64	4.22	4.81	4.85
本科人数/人	15801	17218	20349	21674	22028
本科占比/%	20.88	20.43	21.45	23.09	23.50
大专及以下人数/人	57278	56421	70504	67663	67171
员工合计/人	75672	84290	94856	93854	93745

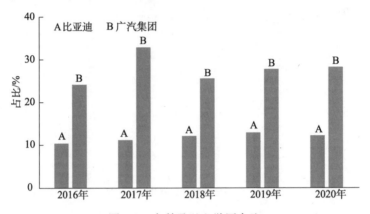

图 9.5　本科及以上学历占比

除却员工本身的教育水平，比亚迪公司秉持"造物先造人"的理念，一直致力于提升员工综合素质与技能水平，在各年度都组织员工进行多种培训，帮助员工提升职业技能及职场晋升能力等。在 2019 年，比亚迪实行了"腾龙计划"，完善了人才管理体系，建立了六大人才库，帮助员工制定"管理"及"专业"两大发展路线。同时，比亚迪公司建造了员工福利房、员工子女学校，以提供购车补贴，以及完善社保补贴等各种方式为员工提供良好的工作环境与待遇，设置包括技术创新奖、专利奖、持续改进奖等各个奖项激发员工工作与创新热情。虽然比亚迪公司的员工学历总体偏低，但是在重视员工培训与发展的企业氛围下，员工的职业能力和创新意识与高学历员工的差距会不断缩小，可以在一定程度上弥补公司员工受教育水平偏低的短板。

由上述情况可以看出，研发人员数量、教育水平在汽车企业并未使比亚迪公司占据明显优势，但是比亚迪公司仍处于行业领先水平，在研发投入、创新成果等方面处于行业数一数二的水平。并且本书对比的国内其他汽车厂商均为新能源与燃油车双线发展，而比亚迪公司在新能源汽车领域的 R&D 能力可以说稳居国内前列。

9.2.4 市场营销能力

坚持技术创新的比亚迪始终给外界以"理工男"的刻板印象，其市场营销能力历来为人诟病，但近年来公司营销能力已大为改善，部分热门车型销售火热，如王朝车型，甚至出现供不应求的局面。比亚迪公司的市场营销能力可以从战略营销能力、职能营销能力及运营营销能力、营销效果四个层面分析。

1. 战略营销能力

从市场感知能力的角度来看，比亚迪属于典型的"春江水暖鸭先知"，毋庸置疑具备较强的市场感知能力，在新能源汽车前景并不明朗时公司始终坚持押注混合动力汽车和电动汽车，提前预判了新能源汽车广阔的蓝海市场。从目标市场选择与定位能力的角度来看，比亚迪依靠成本优势一直主打低价策略，其高性价比在中低端市场具备很强的竞争优势。目前，其新能源汽车产品涵盖 5 万～30 万元的价格区间，基本实现中低端市场全覆盖，但是在溢价更高的高端市场则尚未有产品推出。此外，比亚迪品牌字母 BYD 并非来自汉语，而是具有明显舶来品的特征，与旗下王朝系列"秦""唐""宋"等子品牌存在文化上的冲突，品牌清晰度相对较差。

2. 职能营销能力

从管理顾客关系能力和接近顾客能力来看，比亚迪并不具备优势。比亚迪虽然采用"线上+线下"的销售模式，但是公司线上渠道功能单一、传统渠道占比较高，与特斯拉等"造车新势力"相比，订单信息追踪能力不足、用户体验较差，特别是 2021 年 DMi 车型销售火爆，订车周期长，无法实现全流程实时信息跟踪。此外，相对直营模式，比亚迪数量众多的经销商服务水平参差不齐、难以管控，销售态度恶劣、售后服务欠缺已经成为很多地区消费者对比亚迪品牌的共识。从产品管理能力和新产品开发能力来看，比亚迪则表现优异。长期注重技术创新，具备深厚的技术积累，近几年新能源汽车迭代速度较快，在刀片电池、DM 混动技术，以及全新纯电平台 e3.0 等新技术加持下，公司新能源汽车产品力越来越强，在品控方面也未发生大范围的质量问题。

3. 运营营销能力

在产品策略上比亚迪在产品研发时采用了 542 开发策略。和传统燃油汽车相比，新能源汽车有着先天的优势，例如，加速时间快、使用成本低和驾驶体验感好等，这些优势也让新能源汽车在营销策略上有了更多的卖点。2020 年，比亚迪推出 DM-i 和 DM-p 第 3 代双模系统，续航里程超过 1000 km，打破了人们传统认识中的新能源汽车续航里程，在保证驾驶性能的前提下也进一步地降低了油耗。近几年，为了提升产品整体的外观形象，比亚迪也聘请了国内外造型设计专家，并组建了全新的造型设计队伍，提升了比亚迪新能源汽车的整体外观和内饰设计能力，给产品赋予了新的"设计 DNA"，给市场营销端提供了更多的话术，使产品设计实力充分得到了市场和行业的认可。

在价格策略上，比亚迪公司在产品研发设计过程中秉承"品质、技术、创新"的企业使命，坚持以品质、安全作为产品的第一卖点。因此，比亚迪在新能源汽车材料成本上的投入并不低。结合公司产品成本，比亚迪新能源汽车根据消费者普遍的价格需求确立了亲民、高性价比的价格策略。以当前比亚迪公司销售最火爆的王朝系列——"汉"为例：首先，比亚迪"汉"28 万元的售价上限是豪华品牌奔驰、宝马、奥迪 B 级车型的起始价位点。比亚迪"汉"用 28 万元的售价上限将自身与 BBA 等豪华品牌区分开来，形成价格错位，而其 22 万元的售价下限则伸入了迈腾、帕萨特、雅阁、凯美瑞、君威等主流 B 级燃油车型的售价区间，可以通过新能源的优势与这些燃油车型展开竞争。其次，20 万元以下售价区间的轿车市场从自主品牌的长城、吉利、长安到合资品牌的大众、丰田、别克，车型已经异常丰富，同时也是目前国内竞争最为激烈的价位区间战场。而 30 万元以上售价区间的轿车市场则几乎被外资车企霸占。这一售价区间的车型对车辆综合素质的要求严格，消费者的品牌忠诚度、认可度更高，偏好也更加固定，想要"虎口夺食"难度较大。最重要的是，20 万~30 万元售价区间的"B+"级轿车市场具有承接 20 万元以下车型消费升级需求的功能，但是这一区间在国内的乘用车市场几乎是一片空白。比亚迪在低于豪华品牌、高于普通合资品牌的售价空档投放了"汉"这样一款"B+"级新能源轿车。不但避开了与自主品牌在 A 级车市场的低价竞争，避免出现"单纯 PK"续航、轴距等参数的"内卷"现象。同时比亚迪能够运用自身传统车企的身份和优势将"汉"的产品力发挥到极致。与此同时，比亚迪公司近年来一直实行的是"高性价比"与"低利润率"营销模式，即低售价高配置和低利润高销量，"汉"新能源车也不是例外。而"汉"新能源车全系车型都符合国家相关的补贴政策要求，在购买时均可享受"购置税全免"的优惠政策，这进一步降低了其终端售价。

在渠道策略上，目前比亚迪主要以传统销售渠道为主，并积极开拓线上渠道，在传统渠道上继承用户的购车习惯，发挥老客户资源优势。对原本 4S 店渠道合理利用可以起到节约建设渠道的作用。更新新能源展厅，厂家直营 4S 店，将汽车直接送入车主手中，打破经销商分级。车企自己掌握营销渠道，控制终端价格，避免新车加价等问题，改善用户购车体验。品牌宣传，定期举行春季发布会，启用设计师、高级工程师作为品牌代言人宣传车型，提升品牌溢价。全面升级 4S 店，下沉销售渠道，坚持线上线下双布局。线下形成 4S 店、城市体验中心+城市销售展厅、专营店的三级零售模式，布局更加紧密。自 2018 年起，比亚迪开始对 4S 店全面升级，分别统一了"王朝"网和 e 网店面风格，并丰富了服务模式。全面升级 4S 店：升级店面外观、内部装潢，王朝网与 e 网店面风格得到了明显区分。

服务模式升级：在新车销售、售后服务、金融、配件传统业务基础上增加二手车、分享体系（包含客户关怀、共享）职能，形成 6S 服务体系。"城市体验中心+城市销售展厅"，王朝网已经升级完成 167 家体验店，未来计划升级至 600 家。e 网计划建设 200 家销售体验店。专营店：计划建设 900 家专营店。

在促销渠道方面，比亚迪公司通过广告活动或销售人员推广等多种方式将新产品的信息准确及时地传达给消费者和需求用户，这被称为促销策略，可以吸引消费者注意力，从而激发购买欲望，最终实现购买行为。

从促销策略来看，比亚迪汽车当前的主要营销方式是人员线下推销、汽车展会促销、媒体广告营销。

人员线下推销不仅是比亚迪推销自己汽车产品采用的常规营销手段，也是传统的燃油车企普遍使用的营销手段，它通过 4S 店的销售人员与客户进行面对面交流，介绍产品信息，宣传产品特色，具有很强的说服力。

汽车展会促销主要是指利用国内外的各类汽车展会及时地将本公司的新产品第一时间展示给消费者，通过新闻媒体的宣传报道传达产品信息。人流量大且目标人群集中是展会的巨大优势，茅台酒就是通过在 1915 年首届巴拿马万国博览会的展出才开始闻名世界的，可见展会能够给产品宣传带来的影响力是巨大的。比亚迪每年都会参加各种展会，借以展示自己的最新汽车产品，"汉"新能源车就是在 2020 年重庆国际汽车展览会第一次亮相的。在新冠疫情后国内首个线下大型车展——重庆车展中，消费者都在期待着比亚迪的最新科技，所以"汉"新能源车一出现立即成为车展关注度最高的车型。在比亚迪的展会专属区域，专业的产品经理向参加车展的人群展示新能源车型的优势，让消费者最直观地感受到新能源车型的优势。而且展会促销一方面扩大了潜在消费人群，另一方面还可以借助现场的官方媒体、网络媒体及自媒体影响力，大大加强对新车型的宣传力度。

广告无处不在，它是传播信息的重要手段，在比亚迪公司新能源汽车营销中也不例外，发挥着重要作用。除了电视广告、植入电视剧广告、赞助体育赛事之外，很多车企投入大量资金赞助综艺节目。上海大众凌度借助《奔跑吧兄弟》第一季就"火"了一把，节目开播后"凌度"一词的百度搜索指数达到了 4.1 万次，远高于此前成都车展亮相时的 2.4 万次；一汽丰田赞助旅游真人秀节目《花儿与少年》，成为官方指定用车，让新款 RAV4 型 SUV 车热度取得了一定提升；比亚迪也曾独家冠名国内首档主打"电音概念"的音乐综艺节目《盖世英雄》，该节目聚集了大量热爱新鲜事物和酷爱音乐的年轻男女，使比亚迪实现品牌与市场的双赢，这是因为综艺节目的观众都是年轻人，他们更容易接受新鲜事物、更愿意去尝试新能源汽车，甚至有能力说服家人，改变家庭传统的购车观念。

4. 营销效果

比亚迪新能源汽车 2015 年的销量目标是实现国内第一，2025 年的销量目标是实现世界第一。乘联会的数据显示，比亚迪新能源汽车2015年的销量为58869辆，市场份额为33%，实现了国内第一的目标。2016年的总销量为100178辆，同比增长70%。2017年总销量为113669辆，同比增长13.5%。2018年总销量为227152辆，同比增长99.8%。2019年目标销量为40万辆，比亚迪新能源汽车实际总销量为221662辆，同比增长率为-3.4%，增长率较往年下降较为明显。2020年比亚迪新能源汽车总销量为189689辆，同比增长率为-14.4%。但2022年总销量为1868543辆，力压特斯拉成为国内新能源汽车销量第一，成为我国首个年销量第一的自主厂商，由此可见比亚迪公司市场营销能力已十分强盛。

9.2.5 资金投入能力

根据比亚迪历年的年报等有关资料可以将其主要财务指标数据的变化趋势分别整理汇总成表9.13和表9.14，并可以据此对比亚迪的资金投入能力进行分析。

表9.13 比亚迪主要财务指标（总量）

财务指标	2016年	2017年	2018年	2019年	2020年	2021年
资产总值/万元	14507078	17809943	19457108	19564159	20101732	29578015
净资产值/万元	5125593	5500419	5519829	5676229	5687427	9506967
营业额/万元	10020770	10265061	12179093	12177812	15346918	211299918
经营现金流入量/万元	-184600	636800	1252300	1474100	4539300	6546700
毛利/万元	1901826	1793507	1806676	1807599	2724359	2363256

表9.14 比亚迪主要财务指标（财务比率）

财务指标	2016年	2017年	2018年	2019年	2020年	2021年
产权比率/%	162	197	221	213	212	173
流动比率/%	100	98	99	99	105	97
现金比率/%	10.44	10.66	11.2	12.69	14.75	29.08
利息保障倍数/倍	4.64	3.38	2.31	1.68	3.31	3.83
总资产周转率/次	0.79	0.66	0.70	0.65	0.79	0.87
应收款项周转天数/天	132	192	189	190	141	100
存货周转天数/天	76	81	82	92	83	74
总资产利润率/%	3.78	2.76	1.83	1.08	2.99	1.34
毛利率/%	19	17	15	15	18	11
净利润率/%	5	4	2.3	1.3	2.8	1.4
可持续增长率/%	11.98	8.69	5.21	3.45	9.54	14.52
营业收入同比增长/%	29.32	2.36	22.79	-1.78	26.02	37.68

比亚迪现金流动比率近6年来均维持在数值1上下，横向对比特斯拉（2021年流动比率1.38）、北汽蓝谷（2021年流动比率1.31）、广汽集团（2021年流动比率1.25）等新能源汽车企业数据，比亚迪流动性并不具优势。但比亚迪2021年现金比率大幅提升，现金及现金等价物总量由2020年年末的1373849万元增长至2021年末的4981986万元，在这个"现金为王"的时代，比亚迪短期偿债能力有较大的提高。同时，虽然比亚迪产权比率较高，但通过分析其2021年资产负债表中经营性负债和金融性负债可以发现，其总负债金额为1915亿元，其中经营性负债1431亿元，占比75%，由此可见比亚迪金融负债占比较小，而经营性负债一般无须支付利息，因此比亚迪的利息保障倍数较高，相对而言长期偿债风险较低。此外，比亚迪经营现金流入量较大，较2020年年末经营现金流入增长44%，银行贷款及债券减少34%，降低偿债风险的同时增强了财务弹性。综上所述，比亚迪具有较好的资金流动性，可以满足日常流动资金管理及资本开支需求，偿债能力相对较好。

比亚迪的赢利指标在2016—2019年呈下降态势，该变化主要是由于汽车销售市场疲软和新能源汽车政策补贴减少导致；2020年后半年国内经济复苏，消费能力得到一定程度释放，公司赢利能力回升；2021年，受钢材、塑胶、锂、钴等主要原材料价格上涨和产品结构变化影响，比亚迪各项赢利指标较2020年下降明显。横向对比特斯拉（2021年总资产净利率9.88%）、北汽蓝谷（2021年总资产净利率－13.23%）、广汽集团（2021年总资产净利率4.88%）等新能源汽车企业数据可以发现，比亚迪优势并不明显。

2016—2020年的5年间，比亚迪毛利率始终保持在15%~19%的较高水平，但净利率和净资产收益率并不可观，这主要是由于期间费用占比较高导致。比亚迪2020年年报显示：2020年毛利率18%，毛利约272亿元人民币；而财务费用31亿元，研发费用75亿元，销售费用51亿元，三项费用就占到营业收入的10%左右。比亚迪2021年年报显示，公司实现营业收入约2112亿元人民币，同比增长37.68%，但销售成本率88.81%，较2020年的82.25%明显提高，反而降低了盈利能力，这主要是由于原材料价格上涨和产品结构变化所致。比亚迪志在把握新兴业务领域的庞大商机、多维布局，加大研发投入、扩充产品线、加深与海内外汽车主机厂的合作，以实现汽车智能系统业务的长足发展，因此增加了部分成本。综上所述，比亚迪盈利能力整体向好的趋势尚在，潜力较大。

比亚迪近年来总资产周转率呈上升趋势，2021年总资产周转率为0.87，横向对比特斯拉（2021年总资产周转率0.94）、北汽蓝谷（2021年总资产周转率0.21）、广汽集团（2021年总资产周转率0.51）等新能源汽车企业数据，比亚迪公司表现良好。比亚迪 2021 年应收类款项（含应收贸易账款及应收款项融资、应收联营及合营公司款项、应收关联方款项）周转天数为 100 天，较 2019 年的 190 天、2020 年的 141 天显著降低，变化的主要原因为应收账款平均余额的同期增幅较营业收入的同期增幅小，横向对比特斯拉（2021 年应收账款周转天数 12.71）、北汽蓝谷（2021 年应收账款周转天数 643.2）、广汽集团（2021 年应收账款周转天数 27.65）等新能源汽车企业数据，比亚迪应收账款周转天数整体偏高，应收款项周转效率有待进一步提高。从存货周转天数来看，比亚迪近年来保持在 80 天左右，横向对比特斯拉（2021 年存货周转天数 44.12）、北汽蓝谷（2021 年存货周转天数 111.16）、广汽集团（2021 年存货周转天数 38.34）等新能源汽车企业数据，比亚迪存货变现能力中等。综上所述，比亚迪营运能力在行业中约处于中等水平，整体呈现增强趋势，值得进一步关注研究。

比亚迪近 6 年营业收入增长率除 2019 年受汽车销售市场疲软和政府分阶段下调新能源汽车补贴等因素所致为负数外，整体增长势态显著。横向对比特斯拉（2021 年营业收入增长率 70.67%）、北汽蓝谷（2021 年营业收入增长率 64.95%）、广汽集团（2021 年营业收入增长率 19.76%）等新能源汽车企业数据，比亚迪成长势头不容小觑。2021 年，比亚迪实现收入增长 37.68%，达到 2112 亿元人民币。

2021 年，比亚迪共销售新能源汽车 59.39 万辆，同比增长超过 200%，在国内新能源汽车市场占有率超过 17.1%，继续霸榜中国新能源汽车销量榜，全球市场份额占比也达到 9.1%。此外，相关数据显示，比亚迪的单车均价一直保持上升态势。2022 年 1 月 19 日，比亚迪再次入选加拿大媒体和投资研究公司 Corporate Knights 发布的《全球可持续发展公司 100 强》榜单，位列第 100 位，这已是比亚迪连续 5 年入选。综上所述，比亚迪资金投入能力在行业中约处上等水平，成长空间巨大。

9.3 评价结果

利用本书所构建的组合创新能力评价体系，融合比亚迪公司的五个创新能力构成要素的实际状况进行逐一分析，依然以 5 分为标准，5 分代表实力强盛，4 分代表实力较强，3 分代表实力普通，2 分代表实力较差，1 分代表实力差。评估结果表明：比亚迪公司制造能力得分为 3.0 分，表现普通；研发能力得分为 4.5 分，表现强盛；组织能力得分为 4.0 分，表现较强；市场营销能力得分为 4.5 分，表现强盛；资金投入能力为 4.0 分，表现较强。其组合创新能力如图 9.6 所示。

从比亚迪公司组合创新能力要素评价结果来看，该公司的 R&D 能力、组织能力及资金投入能力均处于较强或强盛的水平，其制造能力与市场营销能力表现则

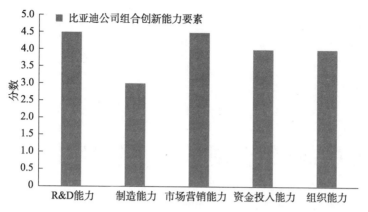

图 9.6　比亚迪公司组合创新能力要素

为普通，其制造能力不足主要是由于整车产能不足所致，而市场营销能力不足则是由于其在营销模式上较为传统，中规中矩，并无较为创新或亮点所致。以工艺创新为主导的组合创新模式对制造能力及资金投入要求高，对市场营销能力及 R&D 能力则相对较低，虽然比亚迪资金投入能力较强，但其制造能力是短板，当前比亚迪公司制造能力表现仅为 3.0 分，较为普通，整车产能不足在很大程度上限制了其制造能力的提升，不适合采用以工艺创新为主导的组合创新模式。

　　以产品创新作为主导的组合式创新模式对企业 R&D 能力、组织能力及市场营销能力要求较高，而对资金投入能力及制造能力的要求则相对普通。比亚迪公司作为国内新能源汽车销量第一的龙头企业，在 R&D 能力及市场营销能力方面均表现强盛，其组织能力也较强。并且采用以产品创新为主导的组合创新模式有助于在一定程度上规避其制造能力短板，有利于公司在提升制造能力期间仍保持市场领先地位，继续成为国内乃至国际新能源汽车的"领头羊"。

第 10 章

格力公司组合创新能力评价案例分析

10.1 格力公司概况

格力公司是我国空调行业的龙头企业和家电制造型企业中的代表企业,也是一家多元化、科技型的工业集团。2020 年,格力公司位列《财富》世界 500 强第 436 位,福布斯"全球企业 2000 强"第 246 位,旗下拥有格力、TOSOT(大松)、晶弘三大品牌。产品主要包括空调、冰箱、洗衣机、厨房电器、消费电器等家用消费品;高端装备、精密模具、精密铸造、电器零部件、工业储能、再生资源等工业装备。产品远销 160 多个国家及地区,全球用户超 4 亿名。

格力公司以"缔造世界一流企业,成就格力百年品牌"为企业愿景,以"弘扬工业精神,掌握核心科技,追求完美质量,提供一流服务,让世界爱上中国造"为使命,恪守"创新永无止境"的管理理念,专注自主创新、自主发展,构建了从上游空调压缩机、电机、电子元器件、换热器等关键零部件研发、生产到下游废旧空调回收、再利用的全产业链。同时,格力稳步加强质量变革管理,开创了独具一格的 PQAM 完美质量保证模式,紧紧围绕质量管理过程,通过质量预防五步法事先严控过程,再通过质量技术创新循环开展事后追溯,深入建设"质量强企"。

目前,格力在全球建有 17 个家电生产基地,这些基地基本围绕主要市场就近布局,包括珠海、南京、长沙、合肥、郑州等 15 个国内基地,以及巴西和巴基斯坦两个国外基地,各基地还建有压缩机、电机等零部件配套工厂;同时在珠海、郑州等地建有 6 个再生资源基地,实现了完整产业链循环、绿色和可持续发展。

格力公司的发展历程,大致分为四个阶段。

(1)初创阶段(1991—1994 年):实施"精品战略",重视研发和提升产品质量，推行"零缺陷工程"，为格力产品奠定质量优势。

（2）从国内走向国际（1995—2011年）：公司强化产品品质、突破核心技术，积极构建上下游产业链，在渠道端成立区域性销售公司，在市场端逐步走向国际市场，2005年实现全球家用空调销量第一的目标。

（3）转型升级与多元化探索阶段（2012—2019年）：2012年起，公司相继进军精密模具、消费电器、通信设备、智能装备等领域，从专业空调生产延伸至多元化的家电相关产业和高端装备产业，开始积极拥抱线上渠道。

（4）积极布局新零售阶段（2020年至今）：新冠疫情带来线下销售停摆，格力加速渠道变革。在疫情扰动下，2020年第一季度大部分线下门店停业，包括家电在内的消费逐步向线上渠道转移。2020年4月格力公司董事长董明珠亲自直播带货，全面拉开新零售改革大幕。

在国内空调行业，格力家用空调产销量从1995年开始连续24年位居第一；在全球范围内，2005—2019年连续15年全球第一；自2012年起，格力连续7年在中央空调市场排名第一。格力公司空调产品近几年发展速度较快，销售业绩如下：2015年83.72亿元，2016年88.09亿元，2017年123.41亿元，2018年155.68亿元。2018年，格力空调线下零售额排名第一，线上零售额排名第三。

10.2 格力公司创新能力分析

10.2.1 制造能力

格力公司拥有覆盖核心市场、中心城市的生产基地，不仅在国内建有珠海、重庆、合肥、郑州、武汉、石家庄、芜湖、长沙、杭州、洛阳、南京、成都、安吉、临沂、赣州15个生产基地，还在巴西玛瑙斯市、巴基斯坦拉合尔市建立了海外基地，公司家用空调年产能力2000万台、商用空调年产值50亿元，产能居全球首位，构建了比较完整的生产—市场布局，为快速市场—生产反应提供了保障，为新零售扁平化销售体系奠定了基础。同时，格力公司各基地均建有压缩机、电机、电容、漆包线等家电产品的上游零部件工厂，构建了完善的产业供应链体系，保证了生产的高效运行，能及时满足消费者的需求。

格力公司从2011年开始着手废弃电子电器的回收，成立了官方回收平台，使用技术手段进行环保处理后，再利用于其他产品再制造。格力公司不断创新废弃电器电子拆解技术，努力建设再生资源产业链的生态循环，公司还建设有珠海、长沙、郑州、石家庄、芜湖、天津6个再生资源基地，覆盖空调行业从上游生产供应到下游废旧回收的全产业链。

在生产环节，格力独创"定额领料—落地反冲"模式，获得了国家企业管理创新成果一等奖。该模式主要分为三部分：一是严格按照订单情况使用物料，为最后反冲数据提供可信度保障；二是成品入库进行 MES 扫描，确保原材料反冲扣除；三是实时反馈数据，实现闭环改进。具体来说，就是借助信息化工具，用成品的数量反冲生产原料的消耗数量，实现成品与原料的对应。通过对比数据发现生产过程的缺陷，倒逼各个生产环节进行管理改善，再对改善的效果进行验证，以成品入库和消耗原料数量对等为目标实行闭环管理，降低了生产中物料的浪费和损耗。整个执行过程需要 5 个环节 100%的落地执行，包括挑选配发物料、齐套排产、按订单使用原料、创建物流配送看板、反冲结算。

2019 年，格力进一步优化精益制造体系，建立了劳动力需求评估和调配机制，人力资源使用效率和生产效率得到全面提高。一是提高自动化生产比例，降低人力需求；二是生产数字化，提高生产的信息化水平，推动智能制造；三是优化新工艺，逐步淘汰高成本工艺。通过精细化的成本管控，格力人均效率提高 7.1%，在家电制造型企业的精细管理排名中位居首位。除此之外，格力实施全员成本管理，建立班组、个人的成本管理体系，明确各环节、各班组的成本控制目标，通过经济责任制落实奖惩，多方面降低生产成本。2019 年中国企业改革与发展研究会（以下简称"中企研"）主办的"中国企业改革发展峰会暨成果发布会"在北京召开。会上发布了"第三届中国企业改革发展优秀成果"，格力公司"大型家电制造型企业面向智能制造的精益管理创新实践"项目被评为一等奖。

从 2013 年起，格力公司相继成立了智能装备公司、装备动力院、大数据中心、联云科技等研究机构，有效地支撑了格力工业互联网的构建，助力了格力智慧工厂的稳步落地。目前，格力公司的装备产品已经涵盖工业机器人、数控机床、工业自动化、智能仓储物流等领域，不仅为凯邦、凌达等全资子公司提供智能改造升级服务，也为相关上下产业链和行业内的其他企业提供智能改造的支撑和示范。

创新是先进制造业的第一引擎，也是高质量发展的关键。格力高端制造的转型和发展离不开自主创新的支撑。格力公司已经研发出 2 项智能装备领域的国际领先技术，并完成了高精度柔性生产线的搭建工作，不断在高端制造领域开疆拓土。

一方面，格力公司通过建立科学的产品线平台规划和模块化、标准化的设计体系，避免自动化设备和 IT 技术叠加带来的浪费，从而提高了生产的实际效益；另一方面，通过明确的管理机制、严格的审查标准和考评培训体系，推动了自动化生产全过程的效率升级。格力公司通过信息化手段将信息管理系统、流水线、物流、设备、产品质量和异常信息监控等所有生产信息互联，通过信息化平台支撑各级生产应用和决策管理，为智能制造的顺利推进和智慧生产的落地提供了保障。

在自主生产的道路上，格力试图突破现有技术，打破国外制造的垄断。在空调的制造过程中，格力不仅注重空调生产技术的发展，更注重空调产业的纵向发展，即零部件的开发。格力公司的"两段压缩技术"（两段增压变频压缩机的研制和应用）在专家组中获得了"国际领先"的殊荣，其技术突破了常规空调系统的限制，实现了-30 ℃的高采暖、54 ℃的高温高冷、低能效等技术问题，超低温采暖的性能可以满足国内大多数寒冷地区的采暖需求。

众所周知，空调换热器是传统制冷机的重要组成部分，但传统的换热器生产过程会严重污染环境，如废渣、废油、废水、废气、噪声等。据报道，空调换热器的制造工艺主要涉及零部件的成型和接头的钎焊，如翅片冲压工艺和小型歧管成型过程需要使用大量的挥发油，而每吨挥发油将排放 3.15 吨二氧化碳，对操作者的健康也有一定影响。管道的焊接、部件的焊接和烘干都需要燃烧液化气体。国内空调生产总量超过全球的70%，挥发油和天然气在生产中的污染问题亟须解决。

要解决空调换热器制造过程中的浪费和污染问题，必须从不同的工艺入手。格力率先与上下游、生产单位、第三方平台、科研机构等对空调换热器的生产工艺进行了全面梳理，并取得了突破性进展。通过工艺整合、工艺再设计、绿色工艺、绿色材料等技术的运用，全面推进绿色技术创新。开发节能、低排放、低碳、环保的新型绿色工艺（包括加工换热器翅片冲压、小弯头成型、扩管、干燥、焊接等工艺），为操作人员添加了"保护屏障"，通过绿色生产技术和设备的产业化推动绿色技术向"关键技术改造和绿色改造""绿色设备和材料的创新和应用""绿色关键技术标准的推广"三个方面发展。公司提出了绿色生产技术、高可靠性、高附加值的"绿色生产链"，将发展节能、环保、清洁生产、清洁能源、发展新的经济增长点列入"三年蓝天保卫战"的战略，在空调换热器的绿色制造系统上进行了革新，为空调换热器的绿色生产开辟了一种新的模式，在行业具有促进潜力，促进环境友好的发展，为打赢"蓝天保卫战"注入新动能。

在生产质量方面，格力公司基于 ISO 9000 质量管理体系、六西格玛、卓越绩效模式等管理体系优点推出 PQAM 完美质量保证模式，是目前行业领先的质量管控模式。同时，利用质量预防五步法进行事前过程严控，利用质量技术创新循环 D-CTFP 进行事后追溯。公司通过生产前—生产中—生产后的模式进行预防管控，保证了空调产品品质及适用性，在各个环节避免产品质量问题。在质量管理模式创新的同时，公司基于质量保证自主研发了1541项检测技术，研制了427类检测设备。在质量管控方面，格力公司空调产品也是业界领先的，曾经获得第三届中国质量奖，受到国家认可。格力公司是唯一一个处于家电行业获得此奖的企业。除了奖项之外，从家电行业特有的"甲供"模式也可以看出，企业想要满足产品的实际需求，需要通过提供原材料给上游企业，从而制造出合格率更高的电器，格力公司在此方面的采购远远高于其他企业，一是因为格力公司的生产需求大，二是因为格力对质量的把控异常严格。

在供应商管理上，家电企业属于加工行业，对零件的依赖性较高，从某一角度来说，它是装配企业和众多零部件供应商组成的产业联盟。供应商对企业成本的影响主要表现在原材料成本、运输成本、供货速度、与企业的协调度等方面，整个流程的完成度都会影响企业的原材料成本。为了最大限度降低供应商对成本管理的影响，格力采取了自建、收购等方式来完善自身产业链，拥有压缩机、电容、电机等核心产品的控制权，除了能严格控制成本外，还能增加对外采购的议价权，节约采购成本。格力对于供应商的选择有严格的评估标准，包括质量优势、价格优势、合理的供应商布局等。例如：生产工艺和规模不能低于现有供货商水平，供货分配与质量挂钩；分析供应商的成本结构，允许其获得合理的利润；为确保供货及时，将供应商与工厂之间的距离纳入考核体系；同种原材料的供货商选取多家，并呈区域性分布，确保厂家间的良性竞争。在供应商的管理方面，公司会进行季度评级和年度评级，为A级以上企业颁发证书及奖金，对有严重质量问题企业则进行处罚或暂停供货，甚至取消供货资格。这种淘汰机制形成了双赢的局面，供应商不断提高管理水平、降低生产成本，而格力则确保了供应链的稳定，获得更大的成本优势。

10.2.2 组织管理能力

1. 组织架构

组织架构是企业流程运转、部门设置及职能规划等最基本的结构依据。其本质是分工和协作，以实现企业的战略目标，不同的企业任务有不同的组织架构模式。因此，正确的组织架构是以实现企业的战略目标、提高企业的外部竞争力、提高企业运营效率及为企业创造价值为判断标准。如图10.1、表10.1所示，格力公司的组织架构是一种典型的事业部职能制组织架构，下级行政负责人除了接受上级行政主管人员指挥外，还必须接受上级各职能机构的领导。

第10章 格力公司组合创新能力评价案例分析

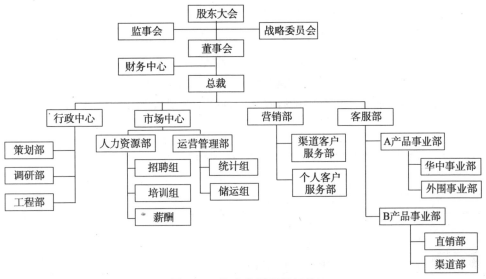

图 10.1 格力公司组织架构

表 10.1 格力公司组织架构特征

特　征	架构特征	具体表现
特征 1	地区分布明显	在国内外有超过 10 个生产基地
特征 2	分工形式明确	事业部职能制（权力分散）
特征 3	关键职能清晰	质量管理产品开发
特征 4	企业制度较完善	生产、营销等各项事务程序化较强
特征 5	员工职业结构分级明显	员工多为生产部的工人（86%）

这种组织结构实际上建立了一个面向绩效的系统，该系统不仅关注和评估每个部门的运营绩效，还鼓励每个部门经理积极进取，既为高层管理者减轻了日常管理的负担，又使管理层能够专注企业未来健康、可持续发展的战略规划与战略决策。但是，这种组织架构也在一定程度上暴露了其缺陷。第一，部门自成体系，使营销、财务等职能被重复分配给各部门，产生不必要的管理费用，直接影响了企业的整体成本；第二，这种结构在一定程度上也阻碍了必要的集中领导和统一指挥，不利于建立和完善各级行政主管和职能部门的问责制度；第三，当上级行政部门和职能机构的命令发生冲突时，容易造成生产管理秩序混乱，甚至会削弱企业创造价值的能力。因为企业价值的创造不仅来自经营成果，更与企业组织架构的完善度、配合度，以及成本结构与价值创造的完美配合有着分不开的关系。

2. 股权结构

自 2019 年 4 月正式对外发布混改意向的提示性公告后，格力公司历时 8 个多月的混改最终落下帷幕,2020年2月,格力公司取得《过户登记确认书》,其股权转让协议正式完成,这标志着格力公司正式进入无控股股东和无实际控制人的状态。如表10.2与表10.3混改后占比10%以上的前两大股东分别为香港中央结算有限公司和珠海明骏投资合伙企业(有限合伙),二者的持股比例相近且均为非国有资本,前十大股东中国有股东的持股比例则从21.21%降为7.61%。

表10.2 格力公司混改前大股东持股比例

2019年12月31日		
序号	股东名称	持股比例/%
1	珠海格力集团有限公司	18.22
2	香港中央结算有限公司	14.88
3	河北京海担保投资有限公司	8.91
4	中国证券金融股份有限公司	2.99
5	中央汇金资产管理有限责任公司	1.40
6	前海人寿保险股份有限公司——海利年年	1.09

表10.3 格力公司混改后大股东持股比例

2020年12月31日		
序号	股东名称	持股比例/%
1	香港中央结算有限公司	18.70
2	珠海明骏投资合伙企业(有限合伙)	15.00
3	京海互联网科技发展有限公司	8.20
4	珠海格力集团有限公司	3.22
5	中国证券金融股份有限公司	2.99
6	中央汇金资产管理有限责任公司	1.40
7	前海人寿保险股份有限公司——海利年年	1.00

在进行此次混改之前,格力公司的第一大股东为珠海格力集团(即珠海国资委),且第二大股东持股比率也是在2019年才大幅提升,可以说混改前的格力公司由国资高度控股。根据官网披露,在2019年前,格力公司持股10%以上的股东仅为珠海格力集团,由此可见混改前格力公司股权结构是"一家独大"。国有资本持股比例达到21.21%,虽然股权集中度不是特别高的水平,但国有资本拥有绝对的话语权,因此内部制衡机制缺失,没有形成最优股权结构,上市公司多元化的要求也尚未达到。

首先,国有资本的比例大幅下降改变了绝对控股和"一言堂"的现状,优化了股权结构，形成了内部制衡机制，多元化的目标也得以实现。其次，混改后格力公司前十大股东合计持股比例从 50.15% 上升到 52.78%，股权集中度有所上升，且前三大股东持股比例超过 40%，大股东股权集中度明显提升，社会资本的参与度大幅提升。因此混改后的格力公司实现了股权的制衡度、集中度、多元化程度三者的统一。

3. 治理架构

首先，如图 10.2 所示，格力公司 2017—2020 年的董事总人数呈现先升后降的趋势，变化幅度较小，且除了独立董事外，混改前后的格力公司其余董事基本来自格力集团，这说明格力公司在混改前后其董事会人数来源并没有发生较大的波动，这与高瓴资本入股格力不谋求控制权的承诺有关，高瓴资本虽大手笔入股格力但在当下并没有安排人员进驻董事会。其次，独立董事人员一直稳定在 3 名，从这方面来看，独立董事的话语权并没有得到加强。从董事会配置来看，混改后格力公司配置得以优化。

董事会配置是指董事会中不同类型董事所占的比例。我国国有企业的董事会存在"行政型"董事和"经济型"董事。这两类董事的来源、职责和所代表的权益不同："行政型"董事一般来自国有企业的党组成员或上级国资委从其他政府部门调任，需要贯彻国家意志，因此可能会更多地关注能为自身带来政绩的业务；"经济型"董事一般由具备扎实的专业知识和丰富管理经验的管理人员担任，他们与股东的利益一致，以最大化企业价值为目标。因此，如何降低"行政型"董事对格力公司的负面影响，发挥好"行政型"董事的监督职能，是格力公司混改模式的要点之一。

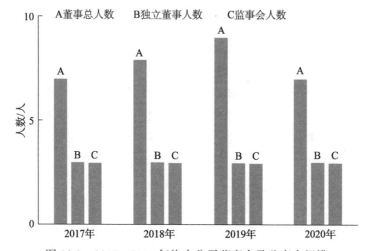

图 10.2 2017—2020 年格力公司董事会及监事会规模

如图10.3所示,在本次混改前,格力集团可向格力公司提名4位"行政型"董事,格力公司董事配置中的"行政型"董事与"经济型"董事的名义配置比例为4∶5,"行政型"董事数量未占到整个董事会规模的二分之一,因而混改前格力公司董事会的协调成本较高,不利于格力公司的进一步发展。通过混改,格力公司的"行政型"董事数量减少为1名,"经济型"董事变为8名,企业所需要承担的政策负担得以减少,董事会的协调成本也得以降低,有利于格力公司的长期发展。董事会改革可能有效缓解所有者和经营者之间的利益冲突。

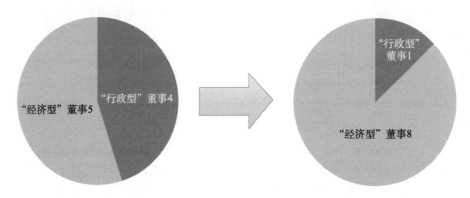

图10.3　混改前后格力公司董事会配置图

监督职能是董事会首要职能,其目的在于监督和制约经营者行为,并有效降低代理成本。董事会监督职能受到董事会结构的影响,董事会结构又包括董事会成员规模和董事会中独立董事人数与配置等内容。一般而言,如果管理层越容易利用职位之便牟取私利,就说明股东自身的监督能力越弱,就越需要依赖董事会发挥监督职能,董事会规模就会越大。此外,独立董事相比非独立董事在发挥监督职能的作用上更为客观,因此合理的独立董事比例也会对董事会监督职能的发挥造成影响。

在格力公司混改中,格力集团提名的董事由4名变为了1名,约占非独立董事总数二分之一的董事由具备丰富投资经验的高瓴资本提名,董事会的平均受教育水平得以提高,董事会的人文结构得以改善,董事会监督职能的发挥也得以保障。

再如图10.4所示,格力公司2017—2020年除了监事会会议次数在2019年有明显提升外,其余年份均相对稳定,这一现象的发生是由于在2019年随着混改的推进,带来监事会会议次数的增加,总体上这三类会议次数在混改前后变化幅度较小,这从侧面说明了格力公司拥有稳定的领导系统,公司治理情况相对稳定。

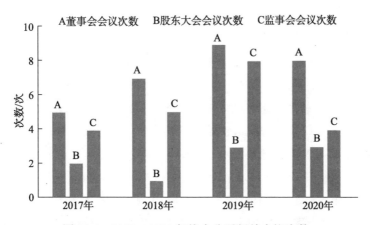

图 10.4　2017—2020 年格力公司相关会议次数

4. 管理制度

近年来格力公司为进一步完善内部控制制度,确保公司董事会等内部控制人员有效执行自身职责,在遵守相关法律法规并结合公司实际的情况下进一步修订完善了内部控制制度,并发布了新的内部控制条例。根据新条例:公司首先承诺将进一步完善治理结构,确保相关机构运作合法及决策科学,创造良好的环境供全体员工履行职责;其次公司将由企业管理部确定相应部门的职责及权限,设立控制架构并不断完善,保证高级管理人员能够合规运作;最后公司还将建立制衡和监督机制,由审计部门负责相关事项。这一系列举措都表明格力公司在混改后将不断加强并完善企业管理制度,最终提升内部控制水平。

为了提升管理能力、激发员工潜能,格力公司推出核心员工持股计划,2020—2021年实施过多次股票回购,关于回购股份的目的官方解释为用于实施核心员工持股的股权激励计划。2021 年 6 月,格力公司第一期核心员工持股计划正式落地,格力公司以 27.68 元每股的价格将回购的部分股票转让给有持股意愿的员工,这一价格为当周格力公司收盘价的 50%,可谓是诚意满满。当然实施该持股计划同时也提出了两年的业绩考核期,分别设立了公司和个人业绩考核指标,该举措被认为是提升公司团队凝聚力、建立健全更加有效的激励机制及提升公司治理水平的有力手段,为公司的持续健康发展注入了新的动力。

由此可见,格力公司实施了一系列积极的措施,提升了公司的管理能力,加强了企业内部管理,使内部约束更加有力,确保了企业管理相关决策的科学化与合规化。同时,员工持股计划的顺利实施有助于激发员工工作潜能,使公司长期、健康、稳定地发展。

10.2.3　R&D 能力

在 R&D 能力方面，格力公司坚持打造核心科技，提出研发经费"按需投入、不设上限"的理念，给予研发项目充足的资金支持。2011 年至今，格力公司的空调产品不断革新技术，其创新科技项目多次被鉴定为"国际领先"。格力空调品类齐全，在具备常规功能和质量领先的基础上公司已研发出智能空调，集网络、大数据、物联网和人工智能等技术于一体，自动感知温度变化和空气质量情况，方便人们使用，提升了居住环境的舒适度。在人才储备方面，经过 20 多年发展，格力公司人才储备充足，现有 9 万多名员工，3 万多名技术工人，其中研发人员从 2013 年的 5729 人上涨为 2020 年的 14458 人，连续 7 年持续上涨，从目前企业战略来看，这一数字还将继续增加。公司自主研发能力强，在产品设计、产品研发、产品生产方面具有优势。同时，十分重视员工培养，建立了系统的培训机制、技能评定体系、职业发展通道，持续进行人才队伍的建设。

格力在近几年的专利授权数排名全国第六，是国内唯一一家连续 5 年入驻前十大发明专利数量排名的公司。截至 2020 年年底，公司累计申请专利 79014 项，其中发明专利 40195 项，累计获得 46 项中国专利奖。强大的科研实力长期保障了格力公司产品在质量、环保和品质方面的领先地位，也为未来定制化生产、体验式消费提供了技术保障。公司已经向世界第三大风机企业德国 EBM（依必安派特）授予了电机整流罩的发明专利，这是格力公司在 2019 年授予丹麦格兰富专利之后第二次将创新的影响力展现至世界各地。近几年格力专利研发情况见图 10.5。

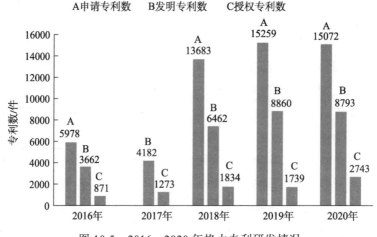

图 10.5　2016—2020 年格力专利研发情况

在自主创新发展的同时，格力一直秉承"聚焦公司发展战略，坚持自主培养人才"的经营思想，立足于公司发展的历史和深厚的文化传统逐步形成自主人才培养渠道、自主培养和发展机制、全方位激励保障机制，使员工与公司同进步、共发展。经过多年的发展，格力的人才队伍得到了长足的发展，人才结构也在不断地提升。公司建立了自己的培训系统，通过建立多元化的人才培养机制强化创新型人才的培育。在2020年，公司继续加强自主创新人才的培养、加强核心业务支撑、建立智能学习机构、构建人才培养体系，加快创新成果的转化，促进企业的高质量发展。以技术训练为重点，不断深化技术人员的培养，把员工培养成高、精、尖领域的专门人才；坚持不断培育创新型人才，推进自主创新，努力把格力建成全球制造业的研发中心。公司将建设全国高技术人才培养基地，搭建高技术人才培养平台，加强高技术人才的培育，加强后备、培育、造就年轻化的管理人员，为自身发展增添人才力量。格力在经历了几年的发展之后，拥有了一支日益强大的人才队伍，如图10.6所示。

图 10.6　2015—2020 年格力公司科研人员数量

格力公司秉承"科技改变生活，科技创造生活"的理念，以"自主创新"为经营宗旨，以"拥有核心技术"为己任，认为只有掌握了核心技术，才能把握并实现公司的未来，独立自主发展公司。与此同时，格力公司确立了"以企业为本、市场导向、产学研结合"的技术创新体制，以创新驱动为核心，培养创新人才队伍，实施管理战略，并不断扩大在世界空调领域的领先地位。公司提出，研发经费应"随需而无上限"。仅2018年，公司就投入了72.68亿元用于研究和开发，4年研发总投入达到240亿元。格力公司在各业务领域一直秉承"自主创造、自主研发、掌握核心科技"的理念，这促进了公司专利技术的不断增长，如图10.7所示。

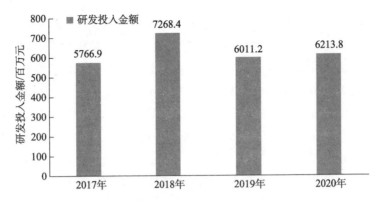

图 10.7　2017—2020 年格力公司研发投入资金情况

格力公司立足"核心科技创新，以人为本"的理念，生产高品质产品，在技术研发创新方面带动了整个行业的发展。2019 年度国家科学技术奖在人民大会堂颁布，格力大容量高效离心式空调设备关键技术获得国家技术发明奖二等奖。2019 年 8 月，公司启动了"全自主可控的变频空调专用驱动控制芯片和智能功率模块的研发及产业化"项目，2020 年 3 月，在广东省科技创新大会上，格力公司"光储空调直流化关键技术研究及应用"获得技术发明奖一等奖。以上种种荣誉及资金实力证明格力公司研发能力较强，也证明产品的创新能力是 21 世纪制造业的核心竞争力。

10.2.4　市场营销能力

企业的发展与扩张离不开市场营销能力，且企业的生产成本也会随市场营销能力的提升而下降，此时就产生了产品的规模经济效益。以下将对格力 2010—2020 年的分产品营业收入情况进行分析，具体情况如图 10.8 所示。

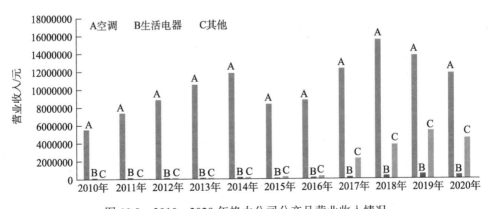

图 10.8　2010—2020 年格力公司分产品营业收入情况

从图 10.8 可以看出，格力公司以空调作为自身核心业务，并且企业的总销售收入基本都是由空调业务贡献而来。然而从 2015 年开始，格力公司正式宣布进入多元化经营模式，响应国家的政策，并顺应着经济发展的大趋势扩张业务，以此来减弱空调行业的市场饱和给企业带来的销售限制。

2010—2020 年格力公司分产品营业收入情况如表 10.4 所示，其变化趋势如图 10.9 所示。

表 10.4 2010—2020 年格力公司分产品营业收入情况

年份	空调/%	生活电器/%	其他/%
2010	97.7	1.4	0.9
2011	97.4	1.8	0.8
2012	97.4	1.5	1.1
2013	97.6	1.5	0.9
2014	96.7	1.4	1.9
2015	95.2	1.7	3.1
2016	94.5	1.8	3.7
2017	83.2	1.5	15.3
2018	78.5	1.9	19.8
2019	69.9	2.8	27.3
2020	70.0	2.6	27.4

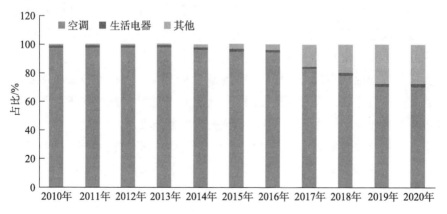

图 10.9 2010—2020 年格力公司分产品营业收入比变化

就目前来看，格力公司市场营销的主力产品仍为空调，其他业务虽然占比逐年上升，但仍旧无法撼动空调业务的主导地位。

顺势而变以完善市场营销能力是格力公司能够迅速占领市场的关键。公司第一次市场营销变革是在 1994 年，市场扩张迅速，公司整改渠道结构，形成经销商大客户模式。1996 年，面对经销商之间的恶意竞争，格力与多家经销商一起成立了格力专门的区域股份制销售公司。考虑到终端零售的自主性较强，经常不受价格秩序约束，于是公司开始建立自己的专卖店，并转让给由经销商成立的公司 10%的股份。至此，格力线下销售渠道基本成形，如图 10.10 所示。

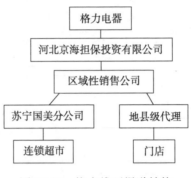

图 10.10　格力线下渠道结构

在早期为格力市场布局做出贡献的经销商渠道体系由于对线下依赖性较强、层级较多，已成为现今格力公司线上渠道发展的阻碍。随着电商业务的迅速崛起，线下由于中间环节多，成本高，导致产品价格与线上产品不具有优势。尤其是 2020 年新冠疫情使线下业绩严重下滑，格力必须进行新一轮的渠道变革，开始在全国范围推行新零售模式。高瓴资本凭借之前在互联网大企业的投资让格力顺利进入电商平台，成为电商平台的主要宣传对象，帮助格力打通电商渠道，并对格力线下门店进行了数字化升级。

委托代理理论认为，公司所有权与经营权的分离及所有者和管理者之间的信息偏差是造成企业代理成本的重要因素，因此认为通过实施股权激励可以有效地缓解股东与管理者之间的矛盾，从而达到公司的最佳收益。

于是，在股权激励和市场环境压力下，格力公司管理层也开始进行大动作。格力电子商务有限公司于 2019 年 11 月 5 日成立，法定代表人为董明珠，她对销售模式进行变革，将线下的门店改造成精品体验馆、格力生活馆等，为顾客提供了一体化智能家居解决方案，让顾客享受舒适的、如家的体验，并建立用户数据库，拓宽线上销售渠道和直播带货，通过分销店铺实现扩张，进一步优化库存结构、加快销售，并借助云端平台对库存商品、用户数据库、数字化运营进行大数据分析，通过观察这些动态信息及数据发现市场趋势和问题，及时调整销售的战略部署。2019年11月9日,为了在淘宝"双十一"取得好成绩,董明珠带头制订营销让利计划,让利共约30亿元,通过降价措施让格力成为2019年"双十一"的"赢家",初尝线上销售"甜头"。2020年,管理层带头进入直播平台,2020年4月起,董明珠通过抖音、快手等平台与大主播联合直播带货,最终5场直播成交额共超百亿元,占该年上半年销售额的25%。而2020年,董明珠的直播销售额有476亿元。到2021年,众多企业家开始效仿董明珠直播带货。

格力公司通过先进的大数据和人工智能技术对家电生产、流通、销售流程进行了优化,实现了线上服务、线下体验、储配、售后服务的深度融合。在网上商店的发展中,公司也在不断地建设数字化店铺。随着电子导购屏、云货架、电子价签等数码产品的引进,店内的品牌形象提升使线下门店不仅具有线上销售的功能,更成为体验、接待客户的场景空间。格力的产品将为消费者提供便利的科技、健康和舒适的生活。在未来,格力的新零售商店将会在"万家"的基础上建立一种全新的全渠道零售模式,在格力董明珠旗舰店的大力支持下,在线下开设3万家线下门店,进一步加强顾客与品牌的交流,提高服务的效率和品质。格力家电公司在全国范围内进行了8场直播,展现了当地的经济、文化、生活质量。利用格力的新零售模式:消费者不但可以在线上充分感受到商品,而且可以降低成本;而商家拥有全渠道销售,更能适应市场的变化,为顾客服务;厂商则有更多的机会与顾客接触,根据顾客喜好优化产品设计,持续提供更高品质的产品,如图10.11所示。

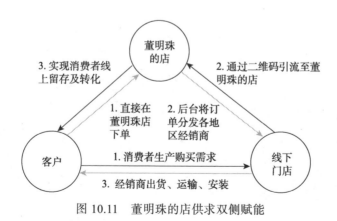

图10.11 董明珠的店供求双侧赋能

格力公司产品以诚信经营为根本,秉承质量为先的理念,始终将客户的需求作为产品设计的方向,严格要求生产质量,努力实现"零缺陷、零售后"的目标追求。格力以其高质量的产品,以人为本的服务在 2011—2019 年顾客的满意度调查及顾客的忠诚度调查中连续 8 年保持行业水平第一。格力品牌空调在国内和国外都具有知名度,在国内市场份额排名第一,在全球范围市场份额达到五分之一。良好的知名度不但可以维系老客户的忠诚度,而且可以吸引新客户的关注,对于产品的销售有正向影响作用。

10.2.5 资金投入能力

盈利能力是企业最关注的指标之一,这一指标反映了企业的获利能力,是企业资金投入能力的基本保障。一家成熟的企业必须有稳定的盈利能力支撑才能持续、健康地发展。为详细分析格力公司盈利能力,作者选取的分别是总资产净利润率(ROA)、净资产收益率(ROE)、营业毛利率及营业净利率等指标,以此进行分析。

如图 10.12 与表 10.5 所示:首先格力公司的总资产净利润率和营业净利率总体上处于相对稳定的水平,其中总资产净利润率处于上升阶段,格力公司的净资产收益率呈先降后大幅上升的趋势,这是由 2015—2017 年房地产销售火爆,市场对家电行业的需求也大幅上升所致;随着后续市场的稳定及新冠疫情带来的全球经济低迷,这一比率下滑趋势难以扭转;最后营业毛利率则一直处于下滑状态,这和行业竞争不断加剧及市场经济下滑是紧密相关的。本书认为从纵向来看:一方面,格力公司行业竞争的加剧及市场的饱和程度较高;另一方面,疫情带来的全球经济低迷导致格力公司的盈利能力并没有得到明显改善。

图 10.12　2014—2020 年格力公司盈利能力变动趋势

表 10.5　2014—2020 年格力公司盈利能力指标（%）

年　份	总资产净利润率	净资产收益率	营业毛利率	营业净利率
2014	9.83	32.06	36.10	10.35
2015	7.94	26.37	32.46	12.91
2016	9.02	28.63	32.70	14.33
2017	11.33	34.15	32.86	15.18
2018	11.32	28.69	30.23	13.31
2019	9.30	22.42	27.58	12.53
2020	7.93	19.25	26.14	13.25

由表 10.6 可知，2014—2020 年，格力公司流动资产占比在 77% 上下波动，这充分反映出格力集团轻资产运营模式的特点。格力公司在企业价值最大化这一目标的引领下进行了轻资产运营模式的战略转型，将更多的资源集中于技术创新、客户渠道、品牌形象方面，通过对企业资源的系统规划，避重就轻，加大在研发、营销上的投入力度，牢牢把握住了利润最高点，而安全、持续的现金流为轻资产运营模式的实施提供了保障。

表 10.6　2014—2020 年格力公司流动资产规模　　　　单位：亿元

年　份	流动资产	总资产	流动资产占总资产的比重/%
2014	1201.43	1562.30	0.77
2015	1209.49	1616.98	0.75
2016	1429.11	1823.69	0.78
2017	1715.34	2149.68	0.80
2018	1997.11	2512.34	0.79
2019	2133.64	2829.72	0.75
2020	2136.32	2792.17	0.77

另外，也可以分析格力公司流动资产周转率了解其资金投入能力情况。一般来说，企业的流动资产周转率应当不低于 2。该指标越高，表明企业能充分利用流动资产，盈利能力越强；该指标越低，表明企业账上有大量资金可灵活使用，但未能充分发挥这部分资产的价值，会降低企业的盈利能力。由表 10.7 可以看出，格力公司 2014—2020 年的流动资产周转率总体偏低，年均值不到 1，这就说明格力公司营运资金使用效率不高，大量的流动资产闲置，无法为企业带来收益。格力公司应当更加关注流动资产，通过短期投资等方式进一步提高资金的综合利用效率。

表 10.7　2014—2020 年格力公司流动资产周转率　　　　单位：亿元

年　份	营业收入	年初流动资产	年末流动资产	平均余额	格力流动资产周转率/%
2014	1377.5	1037.49	1201.43	1119.46	1.23
2015	977.45	1201.43	1209.49	1205.46	0.81
2016	1083.02	1209.49	1429.1	1319.3	0.82
2017	1482.86	1429.15	1715.34	1572.25	0.94
2018	1981.23	1565.9	1997.1	1781.5	1.11
2019	1981.53	1995.25	2133.64	2064.45	0.96
2020	1681.99	2133.64	2136.32	2134.98	0.79

从表 10.8 可以看出，2014—2020 年，格力公司的流动负债增长较为缓慢，年均增长 7.7%。但流动负债在总负债中的占比一直居高不下，维持在 99% 左右。这说明格力融资方式较为单一，主要靠流动负债解决资金短缺问题。对企业来说，流动负债的筹资方式灵活性高，且成本低。但是，流动负债还款期限短，到期还款资金压力会比较大。

表 10.8　2014—2020 年格力公司流动负债规模　　　　单位：亿元

年　份	流动负债	总负债	流动负债占总负债的比重/%
2014	1083.88	1110.99	0.98
2015	1126.25	1131.31	1.00
2016	1268.76	1274.46	1.00
2017	1474.90	1481.33	1.00
2018	1576.86	1585.19	0.99
2019	1695.68	1709.24	0.99
2020	1584.78	1623.37	0.98

通过计算权益乘数与产权比例这两个财务指标分析格力偿债能力可以发现：①权益乘数分析由表 10.9 可知，格力公司近 7 年的权益乘数平均为 2.99，处于较高水平，总体来说财务杠杆比较大。然而，可以观察到，权益乘数处于逐年下降的趋势，说明格力最近几年在努力改善偿债能力。②产权比率分析，产权比率代表了负债筹资和权益筹资这两种不同渠道所筹集资金的相对关系。通常来讲，产权比率在 1∶1 比较合理，股东权益足以偿还所有债务，企业基本没有偿债风险。观察表 10.9 可以看到，格力公司的产权比率逐年下降，2020 年为 1.39，说明格力公司优化了筹资结构，长期偿债能力逐渐改善。

表 10.9　2014—2020 年格力公司偿债能力相关指标

年份	2014	2015	2016	2017	2018	2019	2020
产权比率/%	2.46	2.33	2.32	2.22	1.71	1.53	1.39
权益乘数/%	3.46	3.33	3.32	3.22	2.71	2.53	2.39
流动比率/%	1.11	1.07	1.13	1.16	1.27	1.26	1.35

由表 10.10 可以发现，除了 2015 年外，格力公司营运资金规模持续增加，从 2015 年的 83.24 亿元到 2020 年的 551.54 亿元，5 年的年均增长率高达 85%，说明格力公司的短期偿债能力越来越强。目前，格力公司的流动资产与流动负债均呈增长趋势，这意味着格力公司营运资金的增长是借助流动资产、流动负债的协同增长实现的。研读格力公司近几年年报可以发现，格力公司流动资产中货币资金占比很高，即使偿债压力有所缓解，企业资金利用率仍有待提高。格力公司需要进一步加强对流动资产和流动负债的管理。

表 10.10　格力公司营运资金规模　　　　单位：亿元

年份	流动资产	流动负债	营运资金
2014	1201.43	1083.88	117.55
2015	1209.49	1126.25	83.24
2016	1429.11	1268.76	160.35
2017	1715.34	1474.9	240.44
2018	1997.11	1576.86	420.25
2019	2133.64	1695.68	437.96
2020	2136.32	1584.78	551.54

由上述分析可以看出，格力公司资金投入能力非常好，公司账面上保持了充裕的现金，自 2017 年开始账面现金资产突破千亿规模，有效地应对了自 2020 年以来的新冠疫情冲击，也很好地支持了公司并购银隆新能源、盾安环境，投资闻泰科技、三安光电等产业链整合或多元化发展项目。2020 年以来公司实施的三轮员工持股激励计划、股份回购共支出现金超过 260 亿元，很好地提升了公司治理水平。

10.3　评价结果

利用本书构建组合创新能力评价体系，融合格力公司的五个创新能力构成要素的实际状况进行逐一分析，依然以 5 分为标准，5 分代表实力强盛，4 分代表实力较强，3分代表实力普通，2分代表实力较差，1分代表实力差。评估结果表明：格力公司制造能力得分为4.5分，表现强盛；研发能力得分为4.0分，表现较强；组织能力得分为3.0分，表现普通；市场营销能力得分为4.0分，表现较强；资金投入能力为4.0分，表现较强。其组合创新能力评价结果如图10.13所示。

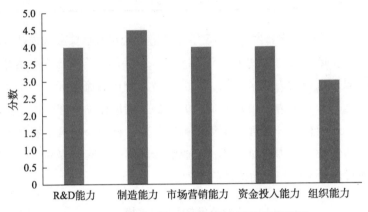

图 10.13　格力公司组合创新能力要素评价结果

从图10.13的格力公司组合创新能力要素评价结果来看，该公司制造能力得分最高，处于强盛水平，这得益于格力公司在全国乃至世界范围内生产基地的布局，能有效满足格力公司自身生产、制造需求，并且已涉及再生资源基地，其制造能力能延迟至产业链尾端。同时格力精益制造体系、智能生产的有效实施也进一步增强了公司的制造能力。组织能力评价为一般，主要是由于格力公司混改后治理结构并未发生较大变化，其组织能力与混改前相比并未得到有效提升。R&D能力评价为较强，这是由于格力公司坚持打造核心科技，并成为业内首家研发经费不设上限的企业，研发经费充足，研究人员配置多，研发能力较强。市场营销能力评价为较强，格力公司通过线上服务、线下体验、储配、售后服务的深度融合，实现了新零售模式。资金投入能力评价为较强，虽然存在资金使用效率不高等问题，但其账面现金资产已突破千亿规模。综上所述，格力公司制造能力得分最高，并且资金充裕，适合采用以工艺创新为主导的组合创新模式，同时R&D能力的较强，也有助于反哺其智能生产的实施，从而凸显其优点，进一步优化生产工艺，提升自身产品竞争力。

第 11 章

华为公司组合创新能力评价案例分析

11.1 华为公司概况

华为是全球领先的 ICT（信息和通信技术）基础设施和智能终端供应商，公司总部设在广东省深圳市龙岗区。华为成立于 1987 年，当时只有 6 名员工，注册资本为 2 万元人民币。短短 30 余年间，华为从一家基础技术供应商成长为世界一流的通信技术行业"领头羊"。2010 年，华为首次进入世界 500 强，市场份额占比赶超西门子和诺基亚。2012 年，华为公司市场份额超过了爱立信，成为当今世界上最大的通信设备供应商。2019 年，由于一些西方国家的无理打压，华为面临巨大挑战，但这并没有阻挡华为发展的脚步，2019 年，华为公司位列《财富》全球 500 强第 61 位。现在华为拥有 197000 名员工，业务覆盖全世界 170 多个国家和地区，为 30 多亿人口提供服务。华为发布的 2022 年度报告显示，2022 年全年实现全球销售收入 6423 亿元人民币，净利润 356 亿元人民币。

在成立初期，华为通过代理交换机业务积累下"第一桶金"。为了进一步扩大市场规模、争取市场份额，华为通过"低价竞争"和"农村包围城市"的方针成功地实现了快速发展。为了更好地满足客户需求，华为在已有技术的基础上进行差异化生产，产品受众度高，逐渐打开了"城市"市场。经过两个时期的积累，华为一步步向海外市场进军，在 5G、光网络等技术领域持续进行技术研发和创新。华为对外依靠合作伙伴和用户，围绕客户需求进行技术改进和科技研发；对内依靠强大的研发团队、持续加大创新投入、促进技术创新能力持续提升；积极搭建开发者平台，构建用户、合作伙伴、高校及科研院所共赢的生态圈，实现资源的有效整合和利用。

经过多年发展，华为已经成为世界顶级高新技术企业之一。2020 年，华为在新冠疫情的影响下营业收入高达 8913.68 亿元人民币，比 2019 年增长 300 多亿元人民币，保持增长趋势。在研发创新方面，华为 2021 年投入 1427 亿元人民币，约占全年收入的 22.4%，持续多年保持 10%以上比例的研发费用率。由此，截至 2021 年 12 月 31 日，华为已经连续 5 年成为世界知识产权组织专利申请数量最多的企业，在全球共持有有效授权专利超过 11 万件，充分显示了高新技术企业中龙头企业应有的研发创新能力。2022 年，华为持续加大研发投入，全年研发投入达到 1615 亿元人民币，占全年收入的 25.1%。近十年华为累计投入的研发费用已超过 9773 亿元人民币。

华为公司的主营业务主要分为三个板块，分别是运营商业务、企业业务及消费者业务，2020 年公司新增了云与人工智能业务。运营商业务主要是为全球电信运营商客户提供系列产品、服务和商业解决方案，包括无线网络与云核心网、固定网络、云与数据中心、服务与软件等；企业业务主要是利用 AI、云、大数据、物联网、视频、数据通信等技术打造支撑数字化的 ICT 基础设施，为政府及公共事业、金融、能源、交通、汽车等各行业客户提供数字化转型相关的产品及服务；消费者业务主要是为消费者和商业机构提供智能手机、平板电脑、计算机终端、可穿戴设备、家庭融合终端智能设备及针对这些设备的应用与服务；云与人工智能业务主要是借助 5G、大数据及人工智能等方式实现行业之间的突破，做好真正和用户之间的互动。

在我国，成千上万家企业中能成功走出国门的只占一小部分，华为是其中具有代表性的。华为注重技术与研发，早早开始布局研发国际化，从早期的技术追赶到如今的技术引领行业，全都是华为不断提升自身创新水平得到的成果。在 2020 年《财富》杂志公布的"世界 500 强"榜单中，华为排在第 49 位。

11.2　华为公司创新能力分析

11.2.1　制造能力

华为公司在制造生产方面坚持自制与外包并重原则，与多家电子制造服务商（EMS）建立了长期战略伙伴关系，形成了华为和 EMS、各 EMS 之间可相互备份单板制造供应的能力；在全球建立了深圳供应中心、欧洲供应中心、拉美供应中心和迪拜供应中心，4 个供应中心之间均可相互备份整机制造供应能力。东莞松山湖生产基地是华为最大的生产基地，占地 1900 亩（1 亩≈666.67 m²），总建筑面积约 126.7 万 m²，总投资 100 亿元人民币。该项目于 2014 年 9 月动工，建成后将有 3 万余名生产研发人员聚集于此，年产能达 800 亿元人民币。2022 年华为开始东莞松山湖生产基地团泊洼终端智能制造园区的建设，按照"三个流、一朵云"的智能制造架构建设团泊洼智能制造园区，5G网络规模覆盖，构建大数据质量预警、设备预测性维护、数字化工位、5G边缘AI质检、5G边缘AI行为分析、物流机器人（AGV）集群智能调度等5GtoB应用和园区安全数字化管理，实现"从生产线→车间→工厂→园区"的智能制造。建成后团泊洼智能制造园预计年产1.2亿台手机及其他终端消费产品、精密器件、部件，支撑华为终端产品未来销售。同时，行业内也有比亚迪、富士康、中兴、伟创力等公司为华为相关产品配件代工。华为在制造备件储备方面实施全生命周期备件储备。在产品停产之前，公司按照市场需求与历史用量滚动进行备件储备；在产品停产之后，公司按全生命周期预测一次性做足备件储备，确保客户现网设备运行的连续性。

质量是华为生存之本和制胜法宝，越是面临严峻的挑战，华为越重视质量，对质量提出更高的要求，实施更严格的管理。华为坚定追求"让HUAWEI成为ICT行业高质量的代名词"的质量目标，深化建设基于ISO 9000质量管理体系的全面质量管理，对准客户需求，以战略为牵引，在公司范围内推行并持续落实质量管理体系要求，不断强化以客户为中心、基于价值创造流的管理体系建设，构建数据驱动的质量感知和度量平台，实施全员、全过程、全价值链的质量管理，以提升全员质量意识和能力，支撑实现"以质取胜"。华为持续开展管理者质量赋能、质量大会，发展质量领导力，并通过华为质量奖和质量之星评选的牵引、内外部审核评估的驱动营造质量文化氛围，激发全员质量责任感和荣誉感。同时，公司通过发挥全球员工潜能，鼓励开展各种持续改进活动的运作，提升组织在六西格玛、精益、田口方法等方面的质量工程能力。

同时，华为将质量要求构筑在业务流程中，实现全过程的质量管理：通过运营流程、职能流程和支撑流程三层结构的完整流程体系建设，确保合规、可信、质量、内控、网络安全和隐私保护、信息安全、业务连续性、企业社会责任和可持续发展等要求，融入市场、研发、交付和服务、供应链、采购、制造等各领域业务中，并实现全流程端到端贯通，从而不断提升质量竞争力，防范重大质量风险。公司将质量管理从产品、工程为中心扩展到各业务领域，并向产业链各环节延伸；坚持合规运营，夯实质量基石，并将网络安全和隐私保护作为最高纲领；打造数字化运营平台，让业务更简单、更及时、更准确，全面提升工作质量和结果质量。通过多种渠道听取客户声音，华为梳理和识别关键问题并进行改进，持续提高客户满意度，持续向产业链传递客户要求与期望，对齐质量战略、协同发展，并推动供应商建设业务连续性体系，带动产业链共同追求高质量目标。

由于信息通信行业一直是美国的核心竞争力，华为公司的崛起严重威胁到美国信息通信行业的地位，因此出于保护主义与霸权主义考虑，美国政府从2019年开始对华为进行无耻制裁，以所谓"国家安全"为由将华为公司及其 70 家附属公司列入出口管制"实体名单"，对华为芯片业务进行封锁，华为最大的合作伙伴台积电也在助其完成 5 nm 芯片代工后就暂停了先进制程方面的合作，华为旗下海思公司的半导体芯片业务受到沉重打击，整个公司陷入"无芯可用"的境地，消费者业务几近腰斩。从 2019 年 5 月开始美国对华为先后进行了几轮制裁，长达 3 年多的封锁和打压已经让华为营收大幅下滑，由 2020 年的最高峰 8913.68 亿元缩减至 2021 年的 6368.07 亿元，下跌幅度达 28.56%，这也让华为由世界 500 强第 44 名下降为第 96 名。华为意识到只做芯片设计业务的弊端，开始在半导体制造行业布局，2021 年华为成立半导体制造公司——华为精密制造有限公司，目前已经通过部件级的自研保证了业务连续性管理，包括鲲鹏处理器、昇腾 AI 芯片、智能管理芯片、智能网卡芯片，固态驱动器控制器芯片，以及全自研存储操作系统、全自研存储系统架构和全自研生态接口的自给。

11.2.2 组织管理能力

良好的治理是公司稳健发展的坚实基础，也是公司进行外部业务拓展的内部支撑。华为拥有完整的公司治理架构，并不断完善相关治理组织和角色的设计，维系公司治理体系的顺利运作。

华为目前的组织结构主要分为两大部分：一是集团职能平台即维系集团整体运行的所有职能部门集合；二是核心业务管理委员会。集团职能平台由人力资源、财经、公司战略等部门组成，其中，2012 实验室、供应体系、华为大学和华为内部服务属于华为特殊部门，如图 11.1 所示。普通职能部门负责华为内部日常的组织运营，而特殊职能部门则基于华为的发展战略形成，为华为的长期发展服务。

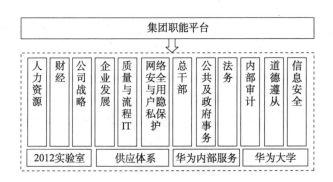

图 11.1 华为集团职能平台结构图

成立 30 多年来，华为的组织结构围绕企业整体发展规划进行了多次变革。公司针对核心业务成立了专属管理委员会，将核心业务组织管理拆解，如图 11.2 所示。2019 年华为成立了 ICT 基础设施业务管理委员会，负责从业务战略部署、项目运营和客户满意度管理等方面入手，致力于加强公司对 ICT 基础设施业务端到端的经营管理。2020 年华为成立了消费者业务管理委员会，将消费者业务进行专门的划分与管理，保证重要营收来源的稳定性。华为目前处于以项目为中心的运作阶段，为了更好地将权力释放到核心业务部门，公司在组织结构上不断调整，与公司整体层面的战略制定和信息发布保持一致，但是在小的策略选择及实施上分散权利、提高独立性；公司内部明确了以项目为核心的预算及业绩考核制度，通过项目进行内部资源的合理调配，实现内部资源的高效利用。

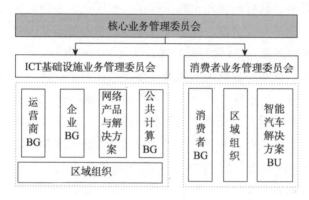

图 11.2 华为核心业务组织结构图

华为公司的发展离不开高效的组织管理体系，在发展前期，内部的管理相对国内的企业来说尚有优势，但是与国际上的知名公司相比还存在不小的差距。

任正非曾明确表示华为的管理缺乏规范化、职业化，造成了大量的重复劳动，工作效率低下，严重限制了企业的飞速发展。如华为发展的前期，虽然每年公司将大量的资金投入研发，但存在较大的浪费问题，曾经的统计数据表明其研发费用的浪费比例最高时甚至是行业最好水平的 2 倍。这就解释了为什么华为公司销售额每年都在持续上涨，可是企业的毛利率却持续降低，导致当时华为员工的人均效益只有行业内知名公司（如 IBM、思科等公司）的六分之一到三分之一。

因此，华为公司意识到要实现世界级领先企业的远大目标，首先要改造自己的管理制度。意识到自身的管理欠缺后，1997 年开始，华为就着手改革相应的管理制度，首先是取经于世界知名的管理顾问公司，大刀阔斧地进行人力资源管理制度的改革。之后华为公司开始变革业务管理的流程。1999 年，为了进一步提升产品开发质量、降低成本及提高服务质量，在 IBM 公司的指导下华为逐渐开启了围绕集成产品开发（IPD）与集成供应链（ISC）相关领域的业务流程变革。2003年之后，华为公司开始实施一系列针对管理体系的变革，如将集权化的组织机构转变为产品线或准事业部制类型。华为公司组织管理体制的变革使企业管理机制变得国际化，公司的组织机构更加灵活，更能适应市场的变化，对市场变化的响应也更加迅速和有效。

  2018年，华为公司在管理变革方面以"多打粮食，增加土地肥力"为管理变革目标，推进基于市场创新的主业务流变革（IPD+）、面向客户的业务流变革（CRM+）、数字化主动型的集成供应链变革（ISC+）、以消费者为中心的消费者业务变革等组织管理变革。随着网络的迅速发展，各种业务和产品的数字化和云端化也成为一种趋势，软件的应用也越来越深入和广泛，伴随而来的是各种网络攻击和威胁，因此产品的安全性、可信度成为客户考量的重要因素。因此华为公司开始计划用5年时间投入20亿美元开展系统软件工程能力变革，该变革系统提升了软件工程能力，这些工程能力的提升体现在产品初始设计、完整构建、产品生命周期管理等方面，这些软件被应用到华为ICT基础设施的所有产品，为华为生产被用户信任的高质量产品提供了支撑和保障。华为希望通过此次变革从文化和意识、政策、组织、流程、考核、技术和规范等方面实现全面的软件工程能力提升，让华为产品和解决方案成为可信、高质量的代名词，让华为成为ICT产业最值得信赖的供应商和合作伙伴。此外，华为还基于公司的组织架构和运作模式利用COSO模型设计实施了涵盖控制活动、风险评估、控制环境、监督、信息与沟通五大部分的内部控制体系，这些内部控制体系的实施为高效的管理提供了保证。

  在组织活力方面：华为简化管理流程，针对不同的人群及业务实施差异化管理，不断激发组织活力，构建信任、协作、奋斗的组织氛围。①优化公司组织运营管理体系，进一步精简职能机关组织，加大对区域、研发及各一线组织的调整、干部任用的授权，激发一线组织的创造活力。②以责任结果为导向，实施"蒙哥马利计划""考军长"机制等，在成功实践中选拔与发展干部，不断优化完善干部流动机制，保持干部队伍的活力。③通过市场与计划机制的结合优化内部人才市场运营，促进新老业务之间人才流动，优化个人绩效管理，"多打粮食、增加土地肥力"，聚焦为客户创造价值，促进相互协作，任命及晋升各类专业"单板王"，树立专业标杆，提升队伍专业能力。④优化分配机制，根据产业、发展阶段和人群的差异设计不同的激励方案。⑤深入解读和广泛传播公司新愿景，用公司愿景激发员工的使命感，激活员工的持续创新能力，用荣誉感激发更大的责任感，激活员工持续奋斗的内驱力。

  现阶段科技发展迅速，市场竞争日益激烈，华为的自主创新战略持续推进，公司不断发展壮大也使企业的组织架构越来越复杂，这都对公司的组织管理能力提出了更高的要求。因此，华为公司需要不断学习和吸收世界上优秀的管理理念，根据企业实际情况进行管理创新，不断优化组织管理流程适应时代和发展的要求。

11.2.3　R&D 能力

1. 研究机构与研发人员众多，研究经费充足

华为公司在全球拥有 16 个研究所、36 个联合创新中心、45 个培训中心。根据公司 2020 年年度报告数据，2020 年华为共有 10.5 万名员工从事研究与开发工作，从事科研工作的员工约占公司总数的 53.4%。华为公司已在国内及德国、美国、印度、日本、加拿大等地设立了 16 个研究所，每个研究所的主要研究方向不同，但是都与全球最新的研发成果同步，采用高薪聘请最优秀的人才，不吝啬资金投入，使公司上市的产品与同类竞争产品同步或超越同类产品。从 2018 年开始，华为发布百万年薪的"天才少年"计划，吸引更多优秀的研发人才，让公司可以有十足的信心解决来自外界的断供压力。为了获得更多的研发人才，华为一直与世界各大高校进行校企合作培养研发人才。2019 年公司与太原市政府合作，共同建立了华为软件学院，每年培养数十万软件研发人才，同时还孵化出 1000 家企业，弥补国内软件研发人才的巨大缺口。2021 年 7 月 8 日，华为对外发表的报告显示，华为设立"未来种子 2.0"的培养计划，投入高达 1.5 亿美元，进行数字化产业方向的人才培养。2022 年该计划已帮助全球 150 多个国家和地区培养了 243 万数字人才。优秀的研发人才和开发端口是企业研发投入成功的重要条件。华为一直以来重视人力资本的投入，推动研发人数比例直线上升。由表 11.1 可以看出，2012—2018 年研发人员占全体员工的比重高达 45%，2019 年研发人员占比 49%，2020 年研发人员占比高达 53.4%，为 10 年来最高值。

表 11.1　2011—2020 年华为公司的员工及研发人员数量

年份	2011	2012	2013	2014	2015	2016	2017	2018	2019	2020
企业员工数量/万人	14.1	15	15	16.8	17	18	18	18.8	19.4	19.7
研发人员数量/万人	6.2	7	7	7.6	7.9	8	8	8.4	9.6	10.5
研发人员占比/%	44	45	45	45	45	45	45	45	49	53.4

可见华为不断加强对研发人力资源的投入，大力培养研发人才。只有研发人力资源的持续投入才能让企业的各种研发项目得到落地和实现，正是对研发人才的高度重视和培养造就了华为研发能力的持续提升和源源不断的研发创造，在美国恶意"断供"的危机中支撑企业发展。

华为公司的联合创新中心主要工作表现在技术研发与提供解决方案方面，其技术研发更多表现在与国外政府部门的合作。例如，2016 年 1 月，华为公司与波兰波兹南超算中心（PSNC）合作，成立 PSNC-Huawei 联合创新中心，主要联合研究高性能计算（HPC）、云存储等方面技术，其联合研发的代号"老鹰"的高性能计算集群已成为波兰第二大超算中心。2016 年 3 月，华为公司与马耳他政府合作，建立研发"安全城市"的联合创新中心，通过优化视频监控、报警系统、数字交通等方面的功能，帮助马耳他政府管理部门应对安全威胁。

2020 年，华为用于研发领域的费用支出共计 1418.93 亿元人民币，占总营收比例超过 10%，如图 11.3 所示。2022 年，华为持续加大研发投入，全年研发投入达到 1615 亿元人民币，占全年收入的 25.1%。近十年累计投入的研发费用超过 9773 亿元人民币。正是因为有长期的研发人员与研发经费投入才使得华为在多项技术领域上都保持行业领先水平，才能在外界多方的压力下获得客户的信任与支持。

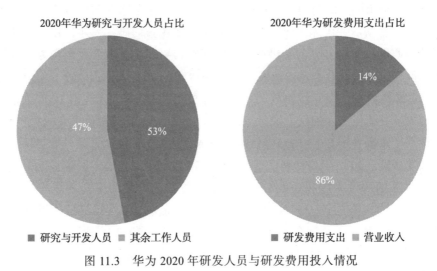

图 11.3　华为 2020 年研发人员与研发费用投入情况

2. 研发领域广泛，研究成果显著

华为始终坚持"开放式创新、包容式发展"的思想理念，坚信理论的突破和降低技术发明的不确定性在封闭式创新模式下很难实现，因此将华为大学研究机构和工业学术融合到创新 2.0 思想理念中，推动全球合作创新。目前，华为通过与全球 900 多家研究机构和企业、300 多所高校的合作创新，召集全球的专业技术人员共同分享整合创新研发理念，充分利用全球资源开展创新研发工作。全球 30 多个国家和地区与华为 HIRP（创新研究计划）开展了创新研发合作，包含 900 多家企业及 400 多所大学、研究机构。在欧洲，华为 HIRP 累计投入 1 亿美元，与欧洲

140所高校、研究咨询机构建立了广泛深入合作，与超过230位欧洲学者专家、150多个学术机构展开技术合作。公司成立了战略研究院，加大面向未来5~10年的研究，从愿景假设和技术洞察两个维度，提出前沿性问题和解决方案构想，捕捉未来的技术方向和商业机会，孵化新技术、新产品形态、新商业模式、新产业机会，做到"不迷失方向，不错失机会"。公司成立了可信实验室，聚焦可信理论创新与关键技术突破，提升软件工程能力，支撑产品与服务的过程可信与结果可信。同时，公司加大与全球伙伴在AI、云、计算、5G等领域的联合创新，已与超过1200个伙伴联合发布解决方案，覆盖公共事业、电力、制造等16个重点行业及鲲鹏、昇腾等10个技术方向。公司在欧洲与超过1000家伙伴密切合作，共同开发创新解决方案，在慕尼黑和巴黎建设开放实验室，通过开放实验室开放ICT能力，通过5G无线工厂、工业互联网、边缘计算和大数据分析助力制造、交通、智慧城市、智慧园区等行业实现数字化应用和多元化发展。

华为公司是全球领先的信息与通信技术解决方案供应商，凡是数据流经过的领域基本都有华为公司的业务。目前，华为公司的三大业务模块初步形成，消费者业务服务亿万名消费者，致力于信息的分布和呈现，包括智能手机、穿戴终端等。华为运营商业务服务全球运营商，致力于成为客户的战略合作伙伴，主要表现在信息传送：网络建设、电信软件、机器与机器连接管理平台等。华为企业业务聚焦价值行业，致力于成为企业信息化最佳创新合作伙伴，主要表现在信息存储：云服务、大数据等。

专利数量方面，根据世界知识产权组织2020年公布的数据，华为专利申请数量在全球ICT行业企业中排名第一，并已经连续4年保持这一排名。截至2020年年底，华为在全球共持有有效授权专利超过10万件，其中90%以上专利均为发明专利，如表11.2所示。

表11.2　2020年全球PCT专利申请数量前十名的公司　　单位：件

排名	企　业　名　称	较上年排名变动	所属国家	2020年
1	华为技术有限公司	0	中国	5464
2	三星电子有限公司	1	韩国	3093
3	三菱电机公司	−1	日本	2810
4	LG电子公司	6	韩国	2759
5	高通公司	−1	美国	2173
6	爱立信公司	1	瑞典	1989
7	京东方科技集团有限公司	−1	中国	1892
8	OPPO广东移动通信有限公司	−3	中国	1801
9	索尼公司	4	日本	1793
10	松下知识产权管理有限公司	2	日本	1611

国际知名专利数据公司 IPLytics 27 的报告显示，截至 2020 年 10 月，全球范围内已有 17179 项 5G 专利获得批准，华为以 6372 件位居榜首，其中，5G 标准必要专利数量排名中，华为以 2993 件 5G 标准必要专利的数量再次居于首位。

3. 注重知识产权保护

华为公司在全球化发展过程中走出了一条可以整合企业内部和全社会技术创新资源，并且可以利用国际科技资源为企业服务的技术创新之路。随着国际化程度的加深，公司更加重视通过自主创新获取企业核心竞争力，同时更加注重对知识产权的保护。公司成立了知识产权部，制定并实施公司的技术领先战略。为了使知识产权最大程度地发挥效益，华为公司注重专利保护，采取重点突破的方法将创新资源重点集中于核心技术的研发。例如，在手机领域，华为成功研发出自己的核心芯片，使之成为获取利润的主要来源。

注重知识产权保护最突出的表现是专利申请与保护策略。核心技术的研发使华为公司获得了较多专利，经济效益显著，成为我国企业自主创新的典范。2016 年，欧洲专利局数据显示，华为公司向欧洲专利局申请 1953 项专利，专利申请量排名第二。得益于大量的研发资金和人力投入，截至 2016 年 6 月，华为公司官方公布的专利数量是 50377 件。华为公司在消费者业务领域的竞争对手苹果公司开始向华为公司支付专利费用，至此，华为公司的专利变现之路正式开启。

4. 参与定义、制定标准制度

华为通过长期的大规模研发积累了先进的理论基础，秉承"ICT 助力行业数字化转型、共创万物互联"的产业理念加强与国际标准化组织的合作，利用技术升级促进产业孵化，其基础研究理论效果为行业发展做出了积极贡献。

（1）公司积极参与制定 ICT 基础设施及智能终端领域标准的规范，在超过 200 个标准组织中，累计提交超过 6 万篇标准提案。

（2）第三代合作伙伴计划（3GPP）是一个成立于 1998 年的标准化组织，目前其成员包含了欧洲、日本、中国、韩国、北美、印度的通信及电信标准协会。作为 5G 领域的技术代表，华为与 3GPP 组织中的其他成员伙伴共同维护全球 5G 统一标准，任何一项方案想要纳入 5G 标准都需要通过该组织内成员的表决通过。

（3）国际电信联盟（ITU）是联合国主管信息通信技术的专门机构，负责分配和管理全球无线电频谱、制定全球电信标准。华为积极配合、参与 ITU 完善 5G 承载和光传送网络标准，促进 IP 网络技术和产业的可持续发展，帮助国际移动通信业务合理分配频谱。

（4）电气与电子工程师协会（IEEE）是一个极具影响力的国际学术组织，致力于计算机工程、电子、电气和相关科技领域的研究开发，并在相关领域制定了1300多个行业标准。华为参与IEEE组织的活动与产业界积极合作，完善智慧城市和电力物联网标准，促进垂直行业数字化转型。

11.2.4 市场营销能力

1. 市场销售收入

销售收入是企业实现财务成果的基础，是评价企业市场营销能力最直观、最基础的指标。

从图11.4可以看出，2015—2019年，华为销售收入逐年稳步增长，5年时间从395亿元的销售收入增长到858亿元，2015年和2016年的销售收入增长率高达37.06%和32.04%，虽然2017年销售收入增长率降低到15.73%，但是在2018—2019年都保持了19%以上的增长水平。

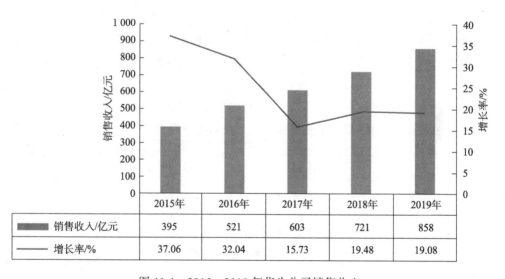

图11.4　2015—2019年华为公司销售收入

华为的销售收入分为运营商业务、企业业务、消费者业务和其他业务类型，从表11.3可以看出，前三类业务是公司销售收入的主要构成部分。2015年，华为销售收入为395亿元，其中，运营商业务的销售收入为232亿元，占全年销售收入的58.81%，企业业务和消费者业务销售收入占全年的比例分别为6.99%和32.69%。2018年，华为销售收入为721亿元，消费者业务占48.37%，超过了运营商业务的40.77%，成为公司最大的业务板块。2019年华为的销售收入增长到858亿元，其中，消费者业务销售收入占比高达54.41%，运营商业务销售收入占比持续下降到34.55%，企业业务销售收入占比10.45%，基本稳定。

表11.3 2015—2019年华为公司销售收入构成　　　　单位：亿元

业务类别	2015年	2016年	2017年	2018年	2019年
运营商业务	232.307	290 561	297.838	294.012	296 689
企业业务	27.609	40.666	54.948	74 409	89 710
消费者业务	129.128	179.808	237.249	348.852	467 304
其他	5.965	10.539	13.586	3 929	5.130
合计	395.009	521.574	603.621	721.202	858 833

华为的三大收入板块（运营商业务、企业业务、消费者业务）的销售收入自2015—2019年总体呈现增长趋势。如图11.5所示，运营商业务销售收入增长率在2016年达到25.08%后，开始逐年下降，2018年销售收入增长率为−1.28%，到2019年，运营商业务销售收入增长率为0.91%，相比2015年下降了20%。企业业务销售收入增长率变化趋势与运营商业务相似，2016年上升到47.29%，自2015—2019年，从2017年开始下降，到2019年，销售收入增长率为20.56%，比2015年下降了21%左右。2015年，消费者业务销售收入增长率为71.94%，远远高于运营商业务和企业业务的销售收入增长率，2016年其他两大业务销售收入增长率有小幅度的提高，但是消费者业务的销售收入增长率下降到39.25%，下降幅度大约为32%，经历了2017年的再一次降低以后，在2018年增长率达到47.04%，再次超过运营商业务和企业业务的增长率，虽然2019年又有所下降，但在2018—2019年连续两年的销售收入增长率都高于其他两大业务。

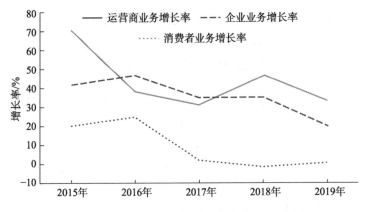

图11.5　2015—2019年华为公司三大业务销售收入增长率

第 11 章　华为公司组合创新能力评价案例分析

2015—2019 年，华为销售收入增长额除 2017 年有所降低外，其余几年都处于较高的增长水平，均保持在 100 亿元以上，但是各大业务对销售收入增长的贡献程度及变动趋势却各不相同。

2015 年华为销售收入增长 106 亿元，其中，37.67%来自运营商业务（增长 40 亿元），7.69%来自企业业务（增长 8 亿元），50.58%来自消费者业务（增长 54 亿元），4.06%来自其他业务（增长 4 亿元）。2017 年，华为全年销售收入增长额为 82 亿元，相对 2016 年减少了 44 亿元，与此同时，运营商业务销售收入增长额从 58 亿元减少到 7 亿元，对全年销售收入增长的贡献度仅为 8.87%，而消费者业务在 2017 年的销售收入增长额较上年增加了 6 亿元，对全年销售收入增长的贡献度为 70.01%。2019 年，华为销售收入增长额 137 亿元，其中高达 86%的贡献度来源于消费者业务，其次是企业业务，而运营商业务对全年销售收入增长的贡献仅为 1.95%，仅略高于三大业务板块外的其他业务 0.87%。

华为在销售收入方面取得的业绩成就与其创新研发效果有着密切的关系，华为致力于在 ICT（信息与通信）基础设施和智能终端持续投入，坚持以创新技术提升消费者的体验，为客户创造价值。下面将从三大业务板块进行分析。

1）运营商业务

华为推出的新一代 5G 有源天线处理单元 AAU 能够帮助运营商实现 5G 的极简部署，该方案已经在我国及瑞士、意大利、德国、韩国、沙特等国家广泛应用。在网络体验方面，2019 年，全球 28 个国家和地区近 40 家运营商已经实现了华为 5G 基站的商业部署。

在 IP 领域，华为的智简 5G 承载网已在浙江移动、北京联通、四川电信等运营商处规模化商用，IHSMarkit 的调查数据显示，华为的路由器 2019 年继续保持运营商市场份额第一。在光传输领域，华为推出的业界首款光交叉连接设备目前已在 30 多家运营商处部署，在 150 多家运营商处获得商用，IHSMarkit 数据显示，2019 年，华为 200G 端口发货量全球领先。

在 5G 核心网领域：华为的极简话音网络（single voice core）解决方案，正在被 6 亿多用户使用；华为打造的 5G 精品网服务于全球 35 家运营商。在站点能源领域，华为的 5G Power 已经在全球的 84 个运营商处实现规模部署。在运营商 IT 基础设施领域，华为的全球合作伙伴超过 200 家运营商。此外，华为推出的全栈混合云方案已经和全球 100 多家运营商达成了深入合作关系。

2）企业业务

截至 2019 年，全球有超过 300 万家企业使用华为云进行云端开发，其中包含 228 家"世界 500 强"企业。华为云已经分别推出了约 200 个云服务和解决方案，为全球的企业客户提供多样化的选择。在国内，华为云的客户包含国家级部委、企业、政府和事业单位等，服务涉及政府、金融、互联网、汽车制造等多个行业；在海外，华为云在全球 23 个地理区域实现了 45 个商用区。在数据中心网络交换机领域，华为发布的 Cloud Engine 16800 是行业首款面向 AI 时代的交换机，全球发货超过 1600 台，已在全球上百家企业成功商用。

在光通信领域，华为"三束光"产品（光传输、光接入、光终端）已被应用于全球 158 个国家和地区的 3800 多家企业。在光伏领域，华为智能光伏发货量连续 4 年全球第一。

3）消费者业务

在智能手机领域，2019 年，华为智能手机的发货量超过两亿台，同比增长超过 16%，其中 5G 手机发货量接近 700 万台。华为 Mate 和 P 系列旗舰手机发货量同比增长 53%，其中，P30 系列依靠潜望式超级变焦镜头和超感光传感器赢得了消费者的青睐，上市仅 8 个月就突破了 2000 万台的发货量。在 PC 领域，以华为 MateBook X Pro 为代表的 PC 产品在 2019 年发货量同比增长超过 200%。在终端云服务领域，截至 2019 年年底，华为在全球设立了 15 个数据中心，业务涉及 170 多个国家和地区，月活跃用户数已经超过 4 亿。在应用生态领域，华为的终端移动应用服务已经触达全球 6 亿用户，其中，物联网连接设备总出货量超过 1.5 亿台，全球集成华为移动服务核心的应用数量已超过 5.5 万款，华为智能家居生态系统平台已经积累了 5000 多万用户，并且与松下、格力、博世、西门子、飞利浦等 600 多家企业建立了合作关系。

2. 销售毛利率

销售毛利率是毛利与销售收入的百分比，反映的是产品经过生产加工以后增值的部分。

图 11.6 的数据显示，2015—2019 年华为公司销售毛利率虽有下降，但是一直保持在 37% 以上。华为致力于研究开发高技术高品质的产品，其产品的质量、性能、技术相对市场上的其他同类产品都有较为明显的竞争优势，所以即使产品的价格高于其他同类产品，仍然会有大部分的市场消费者愿意"埋单"。

华为每年都在新技术研发上投入大量的人力和财力，为获取新的创新技术创造了条件，从而能够持续地生产、推出具有新兴功能的产品以适应市场瞬息万变的更新换代速度，甚至能够成为一个新产品领域的开拓者和引领者，最终稳定其产品在市场中的占有率，为公司带来持续的高收益。华为每年高研发投入下取得的高数量、高质量的专利是运用到新产品中使产品价值增值的直接因素，这证明了创新研发对公司业绩的重要作用。此外，申请专利技术受到的专利保护增强了产品核心技术的保密性，使产品在成本和新技术功能上可以有很强的市场竞争力

第 11 章 华为公司组合创新能力评价案例分析

图 11.6　2015—2019 年华为公司销售毛利率

和优势,最终带来较高的产品销售毛利。

另一个重要的原因就是华为从管理层到公司的战略部署,对技术创新的重视有目共睹,它是一家国内制造型企业,同时也是一家全球知名的科技公司,艾普索斯报告显示,2019 年华为在全球的品牌知名度为 93%,较上年增长了 4%。公司的知名度赋予了其生产的产品高技术、高质量的标签,公司创新能力强、生产技术成熟提高了产品的市场认可度。核心技术是华为的核心竞争力,同时也为公司的产品带来了品牌效应。

11.2.5　资金投入能力

1. 应收账款周转率

应收账款周转率体现了一家企业资金流动情况,流动性强说明资金链稳定,偿债能力优秀,经营风险低。作者的分析如表 11.4 所示,在应收账款的周转率方面,2013 年华为应收账款周转率为 3.3%,之后华为开始实施员工持股,周转率稳健上升到了 7.21%,这表明华为公司资金回收快,营业收入稳定,偿债能力强,经营效率高。

表 11.4　2013—2020 年华为公司应收账款周转率

财务指标	2013 年	2014 年	2015 年	2016 年	2017 年	2018 年	2019 年	2020 年
主营业务收入/亿元	2400	2882	3950	5216	6036	7212	8588	8914
应收账款/亿元	5988	7584	9242	10886	10632	9105	8529	7582
应收账款周转天数/天	90	95	84	75	63	70	58	64
应收账款周转率/%	3.30	3.79	4.29	4.8	5.71	6.65	6.84	7.21

除了资金流动状况外,公司的经营风险还会受到盈利能力及生产状况的影响。公司收入稳定、生产资料充足,那么经营的风险也会随之减少。观察如表 11.5 所

示华为历年的营业收入和净利润不难发现,华为近 8 年来的收入涨幅十分明显,对比 2013 年和 2020 年,短短不到 10 年时间营业收入就增长了 4 倍多,净利润也同幅度高涨。同时,净利润随着主营业务一同增加,说明华为主要收入来源是主营业务收入,其他业务是次要的,这表明华为公司的盈利能力十分稳定,不会出现资金断流的情况,经营风险较低。

表 11.5 华为公司重要财务数据表   单位:百万元

财务指标	2013 年	2014 年	2015 年	2016 年	2017 年	2018 年	2019 年	2020 年
销售收入	239025	288197	395009	521574	603921	721202	858833	891368
营业利润	29128	34205	45786	47515	56384	73287	77835	72501
营业利润率/%	12.20	11.90	11.60	9.10	9.30	10.20	9.10	8.10
净利润	21003	27866	36910	37052	47455	59345	62656	64649
所有者权益	86266	99985	119069	140133	175616	233065	295537	330415
资产总额	231532	309773	372155	443634	505225	665792	858661	876854
资产负债率/%	64.7	67.7	68.0	68.4	65.2	65.0	65.6	62.3

2. 成本费用分析

延续前面的分析思路可以得出,员工持股对公司的影响不仅体现在代理成本上,更多的是对公司销售费用、财务费用、管理费用的影响。根据表 11.5 所示可知,华为员工持股加强了对企业管理方面的控制,促使产业链结构优化、降低费用。分析如表 11.6 所示,华为的成本费用率历年都稳定保持在 10% 左右,在 2013 年的"时间单位计划"改革后,成本费用率从 14% 稳步下降到 10% 左右,这表明华为的成本费用得到了控制,生产效率提高了,资源浪费减少了,合理有效地控制了开支。

表 11.6 2013—2020 年华为公司成本费用率

财务指标	2013 年	2014 年	2015 年	2016 年	2017 年	2018 年	2019 年	2020 年
成本费用率/%	14.1	13.6	13.2	10.0	10.8	11.9	12.5	9.2

3. 总资产周转率

通过图 11.7 分析华为 2013—2020 年的资产周转率可以发现,华为的总资产周转率近年来变化幅度较小。2013 年为 1.03,2014 年为 0.93,尽管有所下降,但幅度很小,几乎可以被忽略。近 8 年周转率都在 1.0 左右说明公司管理风格在过去 8 年间没有大的变化,总体保持稳定、各项管理制度健全,也说明了资金利用效率提高了,代理成本相应降低,公司整体资金流通运营情况良好。

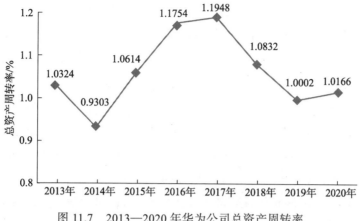

图 11.7 2013—2020 年华为公司总资产周转率

4. 资产收益率分析

作为盈利指标,总资产收益率与企业风险关联密切,综合反映了企业的市场竞争能力。总的来说资产收益率一般与企业盈利能力成正比,同时也体现了企业抗风险能力的强弱。通过表 11.7 可以发现华为自 2013 年以来的总资产收益率总体呈上升趋势,仅在 2019 年和 2020 年有小幅下降,虽然其数值相对同行业其他企业而言并不算很高,但是却非常稳定,净资产收益率虽然处于下降趋势,但总体上也是处于稳定状况,并没有出现陡增或陡降的情况,表明华为的公司整体投资收益十分稳定,财政政策稳健,盈利能力优秀。

表 11.7 2013—2020 年华为公司资产收益率(%)

财务指标	2013 年	2014 年	2015 年	2016 年	2017 年	2018 年	2019 年	2020 年
总资产收益率	8.12	9.35	10.83	9.08	10.00	10.14	8.22	8.06
净资产收益率	33.45	32.86	31.00	26.44	27.02	25.46	21.20	20.18

5. 资产负债率

查询华为公司各个年份的财务年报可以选出资产负债率这一数据指标,根据其 2013—2020 年财务报告数据,整理如表 11.8 所示。

表 11.8 2013—2020 年华为公司资产负债情况　　　　单位:百万元

财务指标	2013 年	2014 年	2015 年	2016 年	2017 年	2018 年	2019 年	2020 年
总资产	231532	309773	372155	443634	505225	665792	858661	891368
总负债	145266	209788	253086	303501	329609	432727	563124	546446

通过表 11.8 可知，2013 年华为总资产 2315 亿元，到 2020 年，总资产达到 8913 亿元，增长了 4 倍多，且每年增长幅度都很大。

6. 销售净利率分析

2013—2018 年，华为的净销售利润率一直高于行业平均水平。如图 11.8 所示，2013 年华为销售净利率为 8.79%，之后每年都只有 1%左右的波动程度。2016 年 7.1%的销售净利率比前几年有一定程度的下降是因为华为近年来研发投入要求提高，公司将更多的资金投入到创新中，净利润自然会下降。分析 2020 年情况可知，销售净利率为 7.25%，比前几年都要低，但销售收入是近几年最高的。因此，这两年净利润率的下降可能和华为遭到美国与西方部分国家制裁有关，尽管如此，华为销售净利率仍处于较高水准。

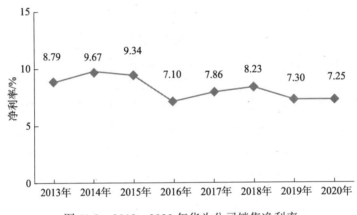

图 11.8　2013—2020 年华为公司销售净利率

通过上述财务指标分析可以看出，华为公司各项指标均较好，说明华为在资金管理方面做得非常出色。同时由于公司优秀的市场竞争力，虽未上市，但是融资能力强，近几年华为还增加了发债融资的筹资途径，而且相对融资成本也比较低，一般都在年化利率 4%以下。华为优异的表现促使银行和投资者的踊跃认购。2022 年华为公司投入研发资金 1386.05 亿元人民币，由此可以看出华为资金投入能力强。

11.3　评价结果

利用本书所构建的组合创新能力评价体系，融合华为公司的五个创新能力构成要素的实际状况进行逐一分析，依然以 5 分为标准，5 分代表实力强盛，4 分代表实力较强，3分代表实力普通，2分代表实力较差，1分代表实力差。评估结果表明：华为公司制造能力得分为3分，表现普通；研发能力得分为5分，表现强盛；组织能力得分为4分，表现较强；市场营销能力得分为4分，表现较强；资金投入能力得分为4分，表现较强。其组合创新能力如图11.9所示。

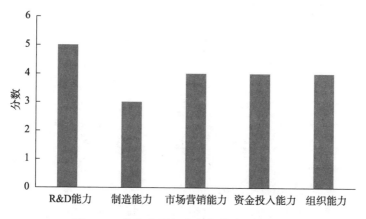

图11.9　华为公司组合创新能力要素情况

从图11.9可以看出，华为公司组合创新能力要素中R&D能力得分为5分，这得益于华为企业强悍的研发能力，该公司常年获得中国企业研发榜第一，其研发强度达22.62%，在《欧盟工业研发投资记分牌2022》中，华为研发投入跻身全球前五，超越苹果、三星等诸多企业，其组织能力、资金投入能力均处于较强水平。然而，华为制造能力则表现为普通，这主要是由于当前芯片制造尚未攻克，美国制裁大大限制了华为相应产品的制造生产。以工艺创新为主导的组合创新模式对制造能力及资金投入要求高，对市场营销能力及R&D能力则相对较低，虽然华为公司资金投入能力较强，但其制造能力在未打破芯片制造生产难题的前提下是明显短板，当前华为公司制造能力表现仅为3分，较为普通，芯片问题在很大程度上限制了其制造能力的提升，使其不适合采用以工艺创新为主导的组合创新模式。

以产品创新为主导的组合创新模式对企业R&D能力、组织能力及市场营销能力要求较高，对华为公司当前制造能力的短板则要求较为普通。作为国内乃至世界范围内首屈一指的信息通信企业，华为公司具有强大的R&D能力，同时其组织能力、市场营销能力也较强，可以充分满足以产品创新为主导的组合创新模式。采用以产品创新为主导的组合创新模式可以充分发挥华为公司强盛的R&D能力，并在一定程度上弥补其制造能力的不足，有助于该公司在芯片受限的情况下继续维持企业的持续发展，维持自身在通信信息行业的领先地位。

第 12 章

结论与展望

12.1 结　　论

本书的研究主要得出以下结论。

（1）作者通过研究发现，根据制造型企业创新资源优势可以将组合创新分为以产品创新为主导的组合创新方法、以工艺创新为主导的组合创新方法、以组织创新为主导的组合创新方法、以营销创新为主导的组合创新方法等。企业实施组合创新时要注重内外各项资源的协调匹配，以便使组合创新顺利实现。

（2）影响制造型企业组合创新的因素主要分为两大类，即企业创新资源和企业家创新能力，其中，企业创新资源包括企业的 R&D 能力、制造能力、市场营销能力、资金投入能力、组织能力；企业家创新能力涉及战略眼光、冒险精神、创新资源整合能力、决策能力。考虑到企业家创新能力要素存在主观性和个体差异性，结合本书针对企业的群体研究，为确保研究结构的全面性、客观性与科学性，作者对企业进行组合创新能力分析时把企业创新资源要素作为企业组合创新的主要影响因素，以此分析评估企业适合哪种组合创新模式。

（3）作者依据选用的制造型企业组合创新的影响因素，以 R&D 能力、制造能力、市场营销能力、资金投入能力、组织能力对企业组合创新能力要素进行分析，并对各要素进行指标细化，初步构建企业组合创新能力评价体系，再剔除一些非决定性因素，得到优化后的企业组合创新实力评价标准体系，使用专业人士评分法获得各关键要求的权重值，采用问卷调查法对组合创新方法与企业创新要素的匹配关系进行明确，得到：以工艺创新作为主导的组合式创新模式，其对制造能力有着较高的要求，而对 R&D 能力的要求则相对较低，同时，对资金的投入有较高的要求，对市场营销能力的要求则不高；以产品创新作为主导的组合式创新模式对 R&D 能力有着极高的要求，同时，对组织能力和市场营销能力都有着较高的要求，而对资金投入能力和生产制造能力的要求则相对较低。

（4）组合创新能力决定了制造型企业组合创新方法的选择。本书通过对中诚国联公司 R&D 能力、制造能力、市场营销能力、资金投入能力、组织能力各项创新能力要素的分析和评估发现，中诚国联公司的制造能力最强，R&D 能力次之，资金投入能力一般，且资金无法充分满足企业组合创新的需求，组织能力一般，但是随着该企业在 R&D 能力上的不断加强，尤其是"两站"的建成，未来企业的 R&D 能力势必会超越制造能力，因此中诚国联公司现阶段适合采用以工艺创新作为主导的组合创新模式，随后渐渐转换为以产品创新为主导的创新模式；经过对中兴公司的 R&D 能力、制造能力、资金投入能力、市场营销能力、组织能力创新要素的分析与评价可以发现，中兴公司 R&D 能力很强，组织能力、市场营销能力较强，制造能力一般，适合采用产品创新为主导的组合创新模式；经过对宁德时代公司的 R&D 能力、制造能力、资金投入能力、市场营销能力、组织能力创新要素的分析与评价可以发现，宁德时代公司 R&D 能力强盛，组织能力、市场营销能力、制造能力、资金投入能力均为较强，为了进一步巩固发展公司在行业中的领先地位、充分发挥其 R&D 能力优势，应采用产品创新为主导的组合创新模式；经过对比亚迪公司的 R&D 能力、制造能力、资金投入能力、市场营销能力、组织能力创新要素的分析与评价发现，比亚迪公司 R&D 能力、市场营销能力强盛，资金投入能力、组织能力较强，制造能力由于产能受限评价为普通，适合采用以产品创新为主导的组合创新模式，以继续维持市场领先地位；经过对格力公司的 R&D 能力、制造能力、资金投入能力、市场营销能力、组织能力创新要素的分析与评价可以发现，格力公司制造能力强盛，R&D 能力、资金投入能力、市场营销能力较强，组织能力表现为普通，这主要是由于混改后，格力公司组织能力与混改前相比并未得到有效提升，故适合采用工艺创新为主导的组合创新模式以凸显其优点，优化生产工艺，提升自身产品竞争力；经过对华为公司的 R&D 能力、制造能力、资金投入能力、市场营销能力、组织能力创新要素的分析与评价可以发现，华为公司 R&D 能力强盛，资金投入能力、组织能力、市场营销能力较强，制造能力表现为普通，这主要是由于其受制于美国制裁，导致芯片受限，产能得不到关键零部件支持，产能受限，适合采用以产品创新为主导的组合创新模式，可以充分发挥该公司强盛的 R&D 能力，并在一定程度上以 R&D 能力弥补制造能力的不足，有助于在芯片受限的情况下继续维持企业的持续发展，维持自身在通信信息行业的领先地位。

12.2　研究创新点

当前研究领域对企业组合创新的研究较少，对影响制造型企业组合创新的因素研究更为欠缺，因此难以对企业组合创新模式的选择进行科学、合理的指导。本书针对企业组合创新模式进行深入研究，研究创新点如下。

（1）我国对制造型企业组合创新的研究比较单一化、碎片化和片面化，缺少系统化和整体化的研究。本文以企业组合创新为着手点进行系统的分析和探索，系统地阐述了组合创新的理论构成框架，明确了影响企业组合创新的要素和实现组合创新的条件，并提出了组合创新的方法，丰富了我国企业组合创新的研究内容。

（2）为了分析影响制造型企业组合创新的因素，本文结合企业创新能力资源情况，对 R&D 能力、制造能力、组织能力、资金投入能力、市场营销能力等各方面资源对组合创新的影响进行分析，明确各个因素对企业组合创新的影响，有助于企业根据自身资源情况选择合适的创新主导方向。

（3）本文基于制造型企业创新资源能力要素的基础构建了企业组合创新能力评价体系，为企业组合创新评估方法的选择提供了一种具有现实意义的参考，有助于企业依据自身创新资源选择合适的组合创新模式。

12.3　不足与展望

组合创新研究是重要的，也是复杂的，具有多重性，它包括四个方面：渐进与重大项目的组合创新；产品与工艺的组合创新；隐形创新效益与显性创新效益的组合创新；独立创新与合作创新的组合创新。本书只是在产品与工艺组合创新模式这个领域做了一定的尝试性研究工作，并且紧紧围绕企业内部客观存在的创新能力资源进行深度剖析，通过评判企业创新资源能力的五个要素确定企业可选择的组合创新模式，关注的重点仅限于可见的创新资源，而忽视了非可见的企业家个人意志及政府影响等无形创新资源，导致评判企业选择组合的创新方式稍显单一，科学性不足。

本书针对制造型企业完成组合创新的实现条件及这些条件发挥的作用进行了陈述，但是对达成这些条件需要做的准备工作则没有提及。在后续的研究中，应该围绕这一部分工作重点开展，尤其是企业组合创新实现条件的准备工作，进一步丰富我国企业组合创新的理论体系。

整体来看，本书对制造型企业组合创新的研究所得的理论正确与否尚有待进一步实践验证，希望各方面的专家和学者批评指正，在今后的研究工作中给予大力支持。

附件A：组合创新能力评价体系调查问卷

附件B：技术创新能力评价指标体系权重调查表

参 考 文 献

[1] AAKER D A, TYEBJEE T T. A model for the selection of interdependent R&D projects[J]. IEEE Transactions on Engineering Management, 1978 (2): 30-36.

[2] ABEND C J. Innovation management: the missing link in productivity[J]. Management Review, 1979(25): 25-29.

[3] BOONE J. Competitive pressure: the effects on investments in product and process innovation[J]. The RAND Journal of Economics, 2000: 549-569.

[4] BORYS B, JEMISON D B. Hybrid arrangements as strategic alliances: theoretical issues in organizational combinations[J]. Academy of Management Review, 1989(14): 234-249.

[5] CESARATTO S, MANGANO S, SIRILLI G. The innovative behaviour of Italian firms: a survey on technological innovation and R&D[J]. Scientometrics, 1991(21): 115-141.

[6] FUSFELD H I, HAKLISCH C S. Cooperative R&D for competitors[J]. Harvard Business Review, 1985(6): 60-76.

[7] HUBER G. Synergies between organizational learning and creativity & innovation[J]. Creativity and Innovation Management, 1998(7): 3-8.

[8] JENSEN M C, MECKLING W H. Theory of the firm: managerial behavior, agency costs, and ownership structure[J]. Economic Analysis of the Law: Selected Readings, 2008: 162.

[9] JOHNSTONE C, PAIRAUDEAU G, PETTERSSON J A. Creativity, innovation and lean sigma: a controversial combination?[J]. Drug Discovery Today, 2011(1-2): 50-57.

[10] SHIN J, JALAJAS D. Technological relatedness, boundary-spanning combination of knowledge and the impact of innovation: evidence of an inverted-U relationship[J]. The Journal of High Technology Management Research, 2010(21): 87-96.

[11] KANTER R M. Innovation: the classic traps[J]. Harvard Business Review, 2006(11): 72.

[12] KOSCHATZKY K. Networking and knowledge transfer between research and industry in transition countries: empirical evidence from the Slovenian innovation system[J]. The Journal of Technology Transfer, 2002(1): 27-38.

[13] LAMBERTINI L. Process and product R&D by a multiproduct monopolist: a reply to Lin[J]. Oxford Economic Papers, 2004(4): 745-749.

[14] LEE H H, STONE J A. Product and process innovation in the product life cycle: estimates for US manufacturing industries[J]. Southern Economic Journal, 1994: 754-763.

[15] LINK A N. Ideation, entrepreneurship, and innovation[J]. Small Business Economics, 2017(2): 279-285.

[16] LINTON J D, WALSH S T. A theory of innovation for process-based innovations such as nanotechnology[J]. Technological Forecasting and Social Change, 2008(5): 583-594.

[17] MEBRATIE A D, VAN BERGEIJK P A G. Firm heterogeneity and development: A meta-analysis of FDI productivity spillovers[J]. The Journal of International Trade & Economic Development, 2013: (1): 53-74.

[18] BECKER M, TICKNER J A. Driving safer products through collaborative innovation Lessons learned from the Green Chemistry & Commerce Council's collaborative innovation challenge for safe and effective preservatives for consumer products[J]. Sustainable Chemistry and Pharmacy, 2020(18).

[19] XU Q, ZHAO X, WANYAN S, et al, 2000. Competence-based innovation portfolio[C]// Proceedings of the 2000 IEEE International Conference on Management of Innovation and Technology. ICMIT 2000. Management in the 21st Century (Cat. No. 00EX457). IEEE, 2000(1): 134-139.

[20] RAMO S. The international race for technological superiority[J]. Bulletin of the American Academy of Arts and Sciences, 1985(4): 10-28.

[21] MAGNUSSEN S. The power of enthusiasm in collaborative innovation: a case study of the power of individual action in the establishment of a local medical centre in Norway[J]. Nordic Journal of Social Research, 2016(1): 31-45.

[22] TSENG M M, JIAO J, MERCHANT M E. Design for mass customization[J]. CIRP Annals, 1996(1): 153-156.

[23] VROMAN S B. The union-nonunion wage differential and monitoring costs[J]. Economics Letters, 1990, 32(4): 405-409.

[24] WEISS P. Adoption of product and process innovations in differentiated markets: the impact of competition[J]. Review of Industrial Organization, 2003(23): 301-314.

[25] ZIF J, MCCARTHY D J. The R&D cycle: the influence of product and process R&D on short-term ROI[J]. IEEE Transactions on Engineering Management, 1997(2): 114-123.

[26] PORTER M E. The competitive advantage of nations and their firms[M]. New York: Free Press, 1989.

[27] 熊彼特. 经济发展理论[M]. 叶华, 译. 北京: 九州出版社, 2007.

[28] 张敏, 童丽静, 许浩然. 社会网络与企业风险承担: 基于我国上市公司的经验证据[J]. 管理世界, 2015 (11): 161-175.

[29] 张兆国, 韩晓宇. 董事长社会知名度与企业风险承担能力[J]. 中国软科学, 2020 (8): 101-109.

[30] 张振刚, 张小娟. 企业市场创新概念框架及其基本过程[J]. 科技进步与对策, 2014(1): 80-85.

[31] 张治河, 赵刚, 谢忠泉. 创新的前沿与测度框架: 《奥斯陆手册》(第 3 版) 述评[J]. 中国软科学, 2007(3): 153-156.

[32] 赵青. 基于生命周期的企业组合创新范式研究[J]. 科技资讯, 2007(22): 197-198.

[33] 郑刚, 朱凌, 金珺. 全面协同创新: 一个五阶段全面协同过程模型——基于海尔集团的案

例研究[J]. 管理工程学报, 2008(2): 24-30.

[34] 郑士贵. 组合技术创新的理论模式与实证研究[J]. 管理观察, 1997(9): 27.

[35] 卞秀坤, 郑素丽, 胡爽. 从华为看专利组合对创新的影响[J]. 企业管理, 2019(6):105-108.

[36] 阿伦, 多赫提, 韦格尔特, 等. 阿伦&曼斯菲尔德管理经济学[M]. 毛蕴诗, 刘阳春, 译. 北京: 中国人民大学出版社, 2009.

[37] 陈劲, 郑刚. 企业技术创新管理: 国内外研究现状与展望[J].管理学报, 2004(1): 119-124.

[38] 陈珊珊. 企业工艺创新发展的重要性及关注点[J]. 科技创业月刊, 2005(11): 19-20.

[39] 陈新桥, 杨磊. 企业技术创新机制及其整合[J]. 河北理工学院学报(社会科学版), 2002(3): 46-49.

[40] 程会丽. 浅谈信息时代背景下产品营销理论创新[J]. 全国流通经济, 2017(28): 4-5.

[41] 阿特拜克. 把握创新[M]. 高建, 李明, 译. 北京: 清华大学出版社, 2009.

[42] 范德成, 宋志龙. 基于 Gini 准则的客观组合评价方法研究: 以高技术产业技术创新能力评价为例[J]. 运筹与管理, 2019(3): 148-157.

[43] 范徽强. 我国磷铵拓展欧盟市场的绿色营销策略[J].磷肥与复肥, 2020(3): 5.

[44] 冯佳. 新经济环境下企业组织管理创新路径[J].中外企业家, 2019(18): 1.

[45] 付亚玲. 技术知识定位矩阵在技术创新路径组合中的应用[J]. 科研管理, 2005, 26(6): 61-67.

[46] 高建新. 基于客户需求的企业产品协同创新研究[J]. 经济研究导刊, 2014(14): 24-26.

[47] 郜振庭. 企业产品创新的几种思维模式[J]. 河北经贸大学学报, 1996(3): 43-46.

[48] 余东华. 制造业高质量发展的内涵、路径与动力机制[J]. 产业经济评论, 2020 (1): 13-32.

[49] 郭斌, 孙爱英. 企业资源与组合创新的关系研究[J]. 科学学与科学技术管理, 2009, 30(3): 69-72.

[50] 郭斌, 许庆瑞, 陈劲, 等. 企业组合创新研究[J]. 科学学研究, 1997(1): 12-17.

[51] 郭净, 刘兢轶. 要素协同视角下企业创新的内生性发展策略:对河北省科技型中小企业的调研[J]. 经济研究参考, 2015(64): 72-79.

[52] 何乔, 温菁. 管理创新与技术创新匹配性对企业绩效的影响[J]. 华东经济管理, 2018, 32(7): 126-132.

[53] 贺仕杰, 张彦伟.企业家精神与企业家成长[J].决策与信息: 财经观察, 2008(9): 2.

[54] 侯晨力. 生产能力: 企业竞争获胜的法宝[J]. 外国经济与管理, 1985 (8): 12-14.

[55] 胡哲一. 企业技术创新模式分析[J]. 生产力研究, 1993(1): 52-58.

[56] 黄茜, 李国育. 基于内部协同创新的石油工程建设企业高效管理: 以江汉油建武汉项目部为例[J]. 现代商贸工业, 2018(20): 177-178.

[57] 季学军. 施工企业工艺创新及实践[D]. 南京: 东南大学, 2006.

[58] 阚泽彬, 解景珠. 企业技术创新战略选择与优化组合[J]. 工业技术经济, 2000(4): 20-21.

[59] 库兹涅茨, 崔志鹰, 陈威. 亚洲工业化: 有范例吗?[J]. 国外社会科学文摘, 1995(9): 15-17.

[60] 郎丽华, 赵红洁. 基于比较优势的中国加工贸易重新布局研究[J]. 学习与探索, 2014(11): 86-91.

[61] 李洪青. 卓越领导力修炼 (七) 冒险精神[J]. 企业管理, 2009 (11): 14-17.

[62] 李奎. 企业文化与组合创新的关系探讨[J]. 东方企业文化, 2015(24): 27.

[63] 李升泉. 创新与定价的最优组合策略: 以中国天然气为例[J]. 系统工程, 2018, 36(6): 47-54.

[64] 李先江. 高新技术企业市场营销管理存在的问题及对策[J]. 武汉工程大学学报, 2009, 31(10): 49-52.

[65] 李先来, 范佳. 中小企业技术创新与管理创新整合: 机制创新[J]. 企业技术开发, 2006, 25(11): 63-65.

[66] 梁双陆, 张梅. 我国东中西部地区产业创新、技术创新与组织创新协调性研究[J]. 科技进步与对策, 2017, 34(10): 33-38.

[67] 刘建堤. 分众营销组合策略及其创新研究[J]. 科技创业月刊, 2012 (11): 40-42.

[68] 刘建业. 组合、均衡、持续是企业创新活动的最佳模式[J]. 河北企业, 2010 (10): 5.

[69] 刘娟娟. 企业创新项目组合绩效预测的贝叶斯网络模型研究[D]. 合肥: 合肥工业大学, 2017.

[70] 刘利平, 江玉庆, 李金生. 基于组合赋权法的企业技术创新能力评价[J]. 统计与决策, 2017 (13): 176-179.

[71] 刘瑞俊. 产品创新模式研究[D]. 天津: 天津工业大学, 2002.

[72] 刘希宋, 杨东奇, 曹霞. 企业产品创新 (开发) 战略选择的系统研究[M]. 北京: 经济科学出版社, 2001.

[73] 刘训峰, 沈灏, 李垣. 不同创新组合情境下的战略导向和竞争优势研究[J]. 当代经济科学, 2008 (6): 59-65.

[74] 卢福财, 金环. 互联网是否促进了制造业产品升级: 基于技术复杂度的分析[J]. 财贸经济, 2020, 41(5): 99-115.

[75] 吕峰, 梁琬瞳, 张峰. 效率还是效果: 复杂环境下企业创新的权衡[J]. 南开管理评论, 2018, 21(5): 188-199.

[76] 毛维青, 陈劲, 郑文山. 企业产品: 工艺组合技术创新模式探析[J]. 科技管理研究, 2012, 32(12): 168-171.

[77] 毛蕴诗, 郑泳芝, 叶智星. 从 ODM 到 OBM 升级的阶段性选择[J]. 技术经济与管理研究, 2016 (2): 45-51.

[78] 牟彤华, 杜放, 倪赤丹. 基于要素组合的中小企业创新路径研究: 以中小采矿设备制造型企业为例[J]. 开发研究, 2012 (1): 148-151.

[79] 企业技术创新调查研究课题组. 企业技术创新报告[R]. 北京: 科学技术文献出版社, 2002.

[80] 邱建华. 企业技术协同创新的运行机制及绩效研究[D]. 长沙: 中南大学, 2013.

[81] 全毅, 吴德进. 东亚经济市场化改革与经济发展[J]. 东南学术, 2011(1): 124-138.

[82] 沙彦飞. 企业家决策心理锚研究[D]. 南京: 南京师范大学, 2013.

[83] 斯托尔克. 企业成长战略[M]. 赵锡军, 译. 北京: 中国人民大学出版社, 1999.

[84] 宋安勇. 产品创新是占领市场的不二法门[J]. 中国农资, 2015(17): 7.

[85] 苏海涛, 王建月, 周娟. 基于离差最大化的组合评价模型对产业技术创新评价的应用研

究[J]. 工业技术经济, 2018, 37(5): 112-118.

[86] 孙爱英, 李垣, 任峰. 企业文化与组合创新的关系研究[J]. 科研管理, 2006, 27(2): 15-21.

[87] 孙群英, 毕克新. 企业创新要素协同模式研究现状及发展趋向[J]. 商业研究, 2011(8): 44-50.

[88] 孙喜, 路风. 从技术自立到创新: 一个关于技术学习的概念框架[J]. 科学学研究, 2015, 33(7): 975-984, 1016.

[89] 孙晓光, 屈燕妮. 我国民营企业文化的类型及特征研究[J]. 中国乡镇企业会计, 2012 (3): 178-179.

[90] 孙忠娟, 范合君, 侯俊. 制造型企业创新战略组合对产品和流程创新的影响[J]. 经济管理, 2018, 40(12): 88-104.

[91] 汤鸿, 王学军, 饶扬德. 创新协同与企业代际成长[J]. 思想战线, 2009, 35(4): 113-116.

[92] 阿马比尔, 凯尔. 创造力不是"管"出来的[J].商业评论, 2009(4): 14.

[93] 王彩霞. 技术创新与管理创新的和谐发展[J]. 哈尔滨学院学报, 2007, 28(2): 40-43.

[94] 王国海. 浅谈企业营销文化建设[J].科技经济导刊, 2019(25): 2.

[95] 王美英, 陈宋生, 曾昌礼, 等. 混合所有制背景下多个大股东与风险承担研究[J]. 会计研究, 2020 (2): 117-132.

[96] 王伟强. 技术创新研究新思维: 组合创新研究[J]. 科学管理研究, 1996(5): 15-18.

[97] 王秀江, 彭纪生. 组合能力、自主创新与技术机会的关系研究[J]. 科技管理研究, 2009(8): 23-25.

[98] 王秀伦. 现代工艺管理技术[M]. 北京: 中国铁道出版社, 2004.

[99] 王秀山, 南镁令. 企业内部协同创新管理研究: 以联想集团为例[J]. 现代商业, 2015 (17): 191-193.

[100] 吴昌德. 创新驱动发展势在必行: 读《一个真实的创新中国》有感[J]. 中国政协, 2020(9): 58-59.

[101] 吴画斌, 许庆瑞, 李杨. 创新引领下企业核心能力的培育与提高: 基于海尔集团的纵向案例分析[J]. 南开管理评论, 2019, 22(5): 28-37.

[102] 吴志辉. 系统设计组合创新[J]. 纺织导报, 2014(10): 58-61.

[103] 赫伯特. 市场风险管理的数学基础[M]. 陈昭晶, 译. 北京: 机械工业出版社, 2016.

[104] 夏皮罗. 跨国公司财务管理[M]. 北京: 首都经济贸易大学出版社, 2007.

[105] 小力. 技术进步高投入促进了美国生产率增长[J]. 科学新闻, 2000(2): 14.

[106] 谢科范. 技术创新项目组合的风险决策模型[J]. 武汉工学院学报, 1994(3): 91-98.

[107] 徐礼伯, 沈坤荣. 双重战略导向、创新模式组合与企业战略转型[J]. 江海学刊, 2015 (1): 84-91.

[108] 徐英吉, 徐向艺. 企业持续成长的创新理论: 技术创新与制度创新协同的经济学分析[J]. 山西财经大学学报, 2007, 29(9): 6-10.

[109] 许朋飞. 企业内部协同创新要素分析[J]. 合作经济与科技, 2015(1): 118-119.

[110] 许庆瑞, 陈劲, 郭斌. 组合技术创新的理论模式与实证研究[J]. 科研管理, 1997(3): 29-35.

[111] 许庆瑞, 刘景江, 赵晓庆. 技术创新的组合及其与组织、文化的集成[J]. 科研管理, 2002(6): 38-44.

[112] 姚宇, 袁祖社. 从生产要素新组合到创新性组织: 创新内涵的演化及其启示[J]. 求是学刊, 2019(6): 76-84.

[113] 许庆瑞. 研究、发展与技术创新管理[M]. 北京: 高等教育出版社, 2000.

[114] 宣烨, 孔群喜, 李思慧. 加工配套企业升级模式及行动特征: 基于企业动态能力的分析视角[J]. 管理世界, 2011(8): 102-114.

[115] 杨建君, 李垣, 薛琦. 基于公司治理的企业家技术创新行为特征分析[J]. 中国软科学, 2002(12): 124-127.

[116] 杨丽, 陈煜. 浅谈技术创新管理[J]. 硅谷, 2010(12): 110.

[117] 杨丽娟, 徐亮. 工艺与企业产品的创新[J]. 软件工程, 1998(3): 14-15.

[118] 杨瑛哲, 黄光球, 郑皓天. 企业技术变迁路径与转型绩效关系研究: 基于中国制造型企业的实证分析[J]. 统计与信息论坛, 2018(8): 101-109.

[119] 杨颖, 刘娟娟, 李兴国. 创新项目组合管理绩效关键影响因素的实证研究[J]. 工业技术经济, 2016(2): 9-17.

[120] 杨震宁, 赵红. 中国企业的开放式创新: 制度环境、"竞合" 关系与创新绩效[J]. 管理世界, 2020, 36(2): 139-160.